Steven Beller

Franz Joseph

Eine Biographie

Steven Beller

Franz Joseph

Eine Biographie

Aus dem Englischen
übersetzt von Ulrike Döcker

Döcker Verlag

Druck gefördert durch das Bundesministerium für Wissenschaft und Verkehr
und die Abteilung für Stadtentwicklung und Stadtplanung
/ Gruppe Wissenschaft der Stadt Wien

Die Deutsche Bibliothek – CIP-Einheitsaufnahme

Beller, Steven:
Franz Joseph : Eine Biographie /
Aus dem Englischen übersetzt von Ulrike Döcker
Steven Beller. - Wien : Döcker, 1997
ISBN 3-85115-243-3

ISBN 3-85115-243-3

A-1030 Wien, Hintzerstraße 11

Druck: MA-TISK, Marburg

Titel der englischen Originalausgabe:
Profiles of Power: Francis Joseph

INHALT

Vorwort 7

Einleitung 9
Der gute alte Kaiser 9
Die Frage der ›Unvermeidbarkeit‹ 11
Die Rolle der Persönlichkeit 16
Der Machtspielraum 19

Tradition 21
Geschichte als Genealogie 21
Die österreichische Staatsidee 24
Legitimität 28

Absolutismus 1830 – 1859 33
Der Aufstieg eines Kaisers 33
Der Vormärz 36
Das Nationalismusproblem 37
Der März 1848 und die Folgen 46
Der Neoabsolutismus 50
Die Ära Bach 57
Deus ex machina? 64

Der Liberalismus, 1859 – 1879 73
Ein wenig Parlamentarismus 73
Deutsche Scylla – ungarische Charybdis 77
Der Dualismus 85
Franz Joseph als konstitutioneller Monarch 90
Die Okkupation von Bosnien-Herzegowina 97

Die Phase des Fortwurstelns, 1879 – 1897 103
Der »Eiserne Ring« 103
Der Kaiser an der Macht 111
Auf dem Weg zur Badeni-Krise 122

Der alternde Franz Joseph, 1887 – 1914 135
Das Donnergrollen des Himmels 135
Neuerlich Absolutismus? 137
Der Kaiser, sein Reich und seine Völker im Jahre 1914 150
Mit einem Fuß im Grab 163

Tod und Verklärung 179
Der Weg in den Krieg 179
Krieg und Tod 184
Die Verklärung 188

Anhang
Anmerkungen 195
Literatur 213
Chronologie 218
Karten 227

Vorwort zur deutschen Ausgabe

Die englische Fassung dieses Buch wurde im Verlag Addison-Longman-Wesley in der Reihe *Profiles of Power* publiziert. Das Buch handelt von der politischen Position Kaiser Franz Josephs in der Habsburgermonarchie und seiner Rolle in den Machtbeziehungen Europas im 19. und frühen 20. Jahrhundert. Genaue Einzelheiten über das Privatleben Franz Josephs wird man in der vorliegenden Biographie vermissen. So interessant Franz Josephs Beziehung zu seiner Ehefrau Elisabeth (»Sissy«) oder seiner »Seelenfreundin« Katharina Schratt gewesen sein mag und so dramatisch das Leben einzelner Mitglieder der habsburgischen Familie (Rudolf, Maximilian, Franz Ferdinand usw.), in diesem Buch liegt die Konzentration auf den politischen Strukturen der Monarchie und dem dynastischen Selbstverständnis ihres Regenten.

Heutzutage wird Kaiser Franz Joseph oft als »gütiger und toleranter Monarch« beschrieben, der ohnmächtig zusehen mußte, wie sein Reich von »nationalen Kräften« ausgehöhlt und von Freund und Feind in Kriege und Konflikte verwickelt wurde. Mein Anliegen ist es zu zeigen, daß Franz Joseph den »historischen Kräften« (Nationalismus, Modernisierung, Wirtschaftswachstum etc.) nicht willenlos ausgeliefert war, sondern einen erheblichen Entscheidungsspielraum hatte, wann er mit wem und in welcher Sache zusammenarbeitete – oder eben nicht.

Franz Joseph bestimmte das Schicksal der Habsburgermonarchie von der Revolution 1848 bis zur Kriegserklärung 1914 (und darüberhinaus), indem er die Sicherung seiner Macht und seiner dynastischen Ziele – oft genug – nationaler Eintracht, innenpolitischer Übereinkunft oder sozialer Gerechtigkeit vorzog. Gleichzeitig wurde der österreichische Kaiser (und ungarische König) von den politischen Verhältnissen im Übergang vom Ancien régime zur parlamentarischen Demokratie in seinen Handlungsmöglichkeiten klar beschränkt. Die daraus resultierenden Machtkämpfe zwischen den beteiligten Parteien und Franz Josephs Umgang mit seiner Macht stehen im Brennpunkt der vorliegenden Biographie, bestimmen sie doch bis heute den Entwicklungsgang jener Länder, die Kaiser Franz Joseph einst regierte.

Ich danke Ulrike Döcker für die Bereitschaft, dieses Buch ins Deutsche zu übersetzen und in ihrem Verlag zu publizieren. Mit meinem Beitrag zur historischen Aufarbeitung der Rolle Franz Josephs in der Geschichte Europas hoffe ich, einen neuen und vielleicht für manche überraschenden Aspekt in die Diskussion einzubringen: Franz Joseph als machtpolitisch bewußte, dynastisch denkende Führungsfigur eines im Umbruch befindlichen Zeitalters.

Steven Beller, Washington D.C., Oktober 1997

Einleitung

Der gute alte Kaiser

Zwei Bilder dominieren unser Verständnis von Franz Joseph: Das bekannteste ist jenes, das man von den Ansichtskarten kennt, die in Wien und anderen ehemaligen Hauptstädten der habsburgischen Länder an Touristen und Nostalgiker verkauft werden: Im rechten Teil der Karte sind – in der Sprache, die im jeweiligen Teil des früheren Reiches gesprochen wird – die ersten Zeilen der Kaiserhymne zu lesen: »Gott erhalte, Gott beschütze unsern Kaiser, unser Land«. Im linken Teil ist das Porträt des Kaisers zu sehen, genauer des ›guten alten Kaisers‹, des alten Patriarchen in seiner Uniform, der seinen Völkern gütig zulächelt. Dieses Bild vermittelt Wohlgeordnetheit und Sicherheit, und der Kaiser versinnbildlicht die vermeintlich gute alte Zeit, als Österreich noch etwas darstellte und sich Zentraleuropa an Frieden, Sicherheit und Wohlhabenheit, geordneten Regierungen und einer relativ freien und toleranten, politischen und kulturellen Atmosphäre erfreute – bevor in Europa die Lichter erloschen.

Das zweite Bild, nicht mehr ganz so in Mode wie früher, stellt den Monarchen als den »abstrakten Monarchen schlechthin« dar: Der Kaiser ist hier ebenso alt wie auf der bekannten Ansichtskarte, doch fehlt ihm jede Güte.[1] Franz Joseph wird hier als Beamter dargestellt, der sein Reich über Jahrzehnte korrekt, aber mechanisch führt, während ihn – und seine Monarchie – die Moderne überholt. Es ist das Bild eines Mannes, der, stets von Papieren umgeben, wenig Kontakt zur Gesellschaft hat und der die Staatsgeschäfte und die Außenpolitik nach Prinzipien ausrichtet, die in Franz Josephs Jugend bereits völlig veraltet, nun aber endgültig anachronistisch geworden waren. In dieser Darstellung des Kaisers gerinnt Franz Josephs Unterschrift unter die Kriegserklärung von 1914 zum symbolischen Höhepunkt: Die Väter verurteilen ihre Söhne zum Tode.

Beide Bilder haben gemeinsam, daß Franz Joseph als alter Mann, dem Tode nahe, dargestellt wird. Beide Bilder versinnbildlichen Niederlage und Untergang. Beide bergen das bestimmendste Faktum der zentraleuropäischen Geschichte in sich: den Zusammenbruch der Habsburgermonarchie mit all seinen furchtbaren Konsequenzen. Franz Joseph ist stets die Symbolfigur all der tragischen Ereignisse der Monarchie und ihrer nostalgiegetränkten Vergangenheit.

Es gibt jedoch auch andere Bilder von Franz Joseph, die den Kaiser und König in einem anderen Lichte zeigen: Da ist zum Beispiel das heute wenig gefragte Bild von Franz Joseph als ›Krimineller‹ und ›Tyrann‹, der den Nationen Zentraleuropas die Freiheit vorenthält und seine Untertanen im Ersten Weltkrieg der Ehre und dem Ansehen der Dynastie opfert. Da ist weiters das Bild von Franz Joseph als ›deutscher Fürst‹, der die deutsche Hegemonie in Zentraleuropa, vorrangig auf Kosten der Slawen, aufrechterhält und noch mit Preußen-Deutschland verbündet bleibt, als dies schon längst ein großes Risiko ist. Und dann gibt es noch das Bild des jungen, strahlenden Franz Joseph in der Uniform eines österreichischen Offiziers, auf dem er als absoluter Monarch eines geeinten Reiches dargestellt wird, Kaiser von Gottes Gnaden und beschützt durch die Bajonette seiner ergebenen Truppen, die Inkarnation der ›Reichsidee‹ und des ruhmreichsten Herrscherhauses der europäischen Geschichte.

Franz Joseph war freilich nicht immer der alte Mann der nostalgischen Erinnerung. Er war einst der 18jährige, der glaubte, ganz selbstverständlich ein multinationales Reich regieren zu können. Er war jener Monarch, der einst die konstitutionelle Regierung ablehnte und sie später wieder aufgezwungen bekam; der versuchte, Ungarn vollständig zu unterwerfen und genötigt wurde, Ungarns konstitutioneller König zu werden; der die gute Stellung der Habsburger in Italien und in Deutschland einbüßte und dessen einziger Gebietserwerb für die Dynastie ausgerechnet Bosnien-Herzegowina blieb. Auch war er derjenige, der eine der herausragendsten königlichen Schönheiten seiner Zeit heiratete und dessen privates Leben dennoch eine ununterbrochene Tragödie blieb; er war ein überzeugter Katholik, der ein Konkordat mit dem Vatikan schloß und sich später gezwungen sah, eine im wesentlichen antiklerikale Gesetzgebung zu akzeptieren; in seinen letzten Jahren wurde er schließlich zu einer Symbolfigur für religiöse Toleranz und religiösen Pluralismus. Er vertrat absolutistische Haltungen und aristokratische Vorrechte und unterstützte trotzdem das allgemeine Wahlrecht wenigstens der Männer. Er war nach den Schicksalsschlägen der Jahre 1866 und 1867 stolz darauf, ein ›Friedenskaiser‹ zu sein und ging schließlich als der Mann in die Geschichte ein, der den Ersten Weltkrieg begann.

Die Klischees über den alten Franz Joseph verschleiern, wie es der Nostalgie eigen ist, die Vielschichtigkeit und die Spannungen, denen der Monarch zeitlebens ausgesetzt war. Seine Regentschaft erstreckte sich von den Revolutionen des Jahres 1848 – eine der größten Umwälzungen in Europa – bis zu den Schreckenstagen des Ersten Weltkrieges – einer noch größeren Katastrophe. Er regierte, als sich die Gesellschaft von einer feudalen und traditionellen in eine urbane und moderne verwandelte, in der die Massenindustrialisierung stattfand und sich die Massenparteien entwickelten, und die Sigmund Freud, Ludwig Wittgenstein, Franz Kafka, Georg Lukács und Adolf Hitler hervorbrachte. Unter seiner Regentschaft ergriff der Nationalismus, mit all seinen Zwängen und Problemen – besonders für einen dynastischen, multinationalen Staat wie die Habsburgermonarchie –, die Völker Europas. Franz Joseph stand an der Spitze, als die Monarchie von einer der führenden Großmächte Europas zu einem Satellitenstaat ihres

Bündnispartners (und in vielerlei Hinsicht auch ihre Nemesis), dem Deutschen Reich, herabsank. Was Franz Joseph hinterließ und was er verabsäumte zu hinterlassen, prägt bis heute den Charakter Zentraleuropas.

Franz Joseph ist nicht nur für die Geschichte der Monarchie, die er über ein halbes Jahrhundert regierte, von zentraler Bedeutung, sondern auch für die Geschichte des modernen Zentraleuropa und Europas im allgemeinen. Es ist nahezu unmöglich, Franz Joseph als politischen Akteur aus der prächtigen Umrahmung der habsburgischen und zentraleuropäischen Geschichte des 19. und frühen 20. Jahrhunderts herauszulösen. In vielerlei Hinsicht ist der Kontext, in dem Franz Joseph agierte, interessanter als er selbst. Für die Beantwortung der Frage, ob das habsburgische Reich hätte überleben können – eine Frage, die die moderne zentraleuropäische Geschichtswissenschaft so sehr beschäftigt – ist Franz Joseph jedoch von größtem Interesse.

Die Frage der ›Unvermeidbarkeit‹

Die Frage der ›Unvermeidbarkeit‹ des Zusammenbruchs der Monarchie wird mehr oder weniger seit diesem Zusammenbruch diskutiert. Zwar trat die Monarchie – und Zentraleuropa im allgemeinen – immer wieder in den Hintergrund der Geschichtsdebatten, besonders wenn sie – in Neville Chamberlains unnachahmlichen Worten – als ein »Land weit weg, bewohnt von Menschen, von denen man nichts weiß« angesehen wurde oder wenn sie in der Zeit des Kalten Krieges Osteuropa zugeschlagen wurde. Wann immer Zentraleuropa jedoch ins Zentrum der weltpolitischen Auseinandersetzungen rückte, brach die Debatte über den Zusammenbruch der Monarchie wieder aus. Heutzutage besteht daher wahrscheinlich mehr Interesse an der Monarchie, als in der Periode nach ihrem Untergang.

In der Zeit nach dem Ersten Weltkrieg konzentrierte sich die Debatte zunächst darauf, die Gründe für den Untergang zu suchen. In England dominierten die Diskussion Personen wie Henry Wickham Steed und R. W. Seton-Watson, in den Vereinigten Staaten Oskar Jászi und Josef Redlich, dessen Werk aus dem Deutschen ins Englische übersetzt wurde. Auch wenn sich Steed und Seton-Watson vor dem Ersten Weltkrieg über zahlreiche politische Handlungen der Habsburger kritisch äußerten, besonders was die Verweigerung Habsburgs anlangte, angesichts der Verfolgung der Minoritäten in Ungarn einzuschreiten, waren sie für die Probleme der Monarchie weder völlig blind noch völlig pessimistisch, was ihre Lösung betraf.[2] Während des Ersten Weltkrieges verhärteten sich jedoch ihre Ansichten, bis sie nach dem Krieg in ihren Analysen die Haltung »Ich habe es vorausgesagt« einnahmen. Dem Titel von Steeds Rede im Jahr 1936 *The Doom of the Habsburgs* ist nichts mehr hinzuzufügen. Die Selbstbezogenheit der Dynastie habe die nationale Emanzipation auf der einen Seite und jeden Zusammenhalt in den herrschenden Klassen auf der anderen zunichte gemacht. So habe die »Unmoral des dynastischen Prinzips« das Schicksal der anachronistischen Monarchie in einem Zeitalter besiegelt, das sich zunehmend in Richtung demokratischer Nationalstaat entwickelte.[3]

Oskar Jászis Diagnose war ganz ähnlich. In einer mittlerweile klassischen Analyse des Themas, *The Dissolution of the Habsburg Monarchy*, beschrieb Jászi, ein ungarisch-jüdischer Emigrant mit linksliberalem Hintergrund, die zentripetalen und zentrifugalen Kräfte, die seiner Einschätzung nach die Geschichte und das Schicksal der Monarchie bestimmt hatten. Obwohl er glaubte, daß eine Art von Donaukonföderation sehr wünschenswert, ja für den Wohlstand und die Sicherheit des ganzen Gebietes sogar notwendig wäre, betonte er, daß die Monarchie selbst – genauer: die dynastischen und quasi-konstitutionellen Institutionen, die das Reich strukturierten – letztlich verheerend gewesen sei, weil sie ihren Völkern und Untertanen die schlimmste Art von »staatsbürgerlicher Erziehung« (das eigentliche Thema seines Buches) angedeihen habe lassen: Machtausübung von oben oder Verhandlungen mit der korrupten und korrumpierenden Bürokratie in den Hinterzimmern. Das habe stets als Nullsummenspiel geendet, in dem der Sieg einer Nation die Niederlage einer anderen bedeutet habe. Der Einschätzung Jászis zufolge brach die Monarchie nicht nur unter ihren eigenen internen Widersprüchen zusammen, sie hinterließ als gefährliches Erbe auch eine besondere Abhängigkeit von der Bürokratie sowie heftige nationale Rivalitäten.[4] Redlich argumentierte, in erster Linie in seiner klassischen Biographie über Franz Joseph, ganz ähnlich. Er meinte, daß das Reich seit 1897 zum Untergang verurteilt gewesen sei und zwar aufgrund der Unfähigkeit der »dynastischen Macht, verkörpert in Franz Joseph«, zu erkennen, daß es an der Zeit war, das Reich mit Würde an die neuen nationalen Kräfte zu übergeben.[5]

In den 1920er Jahren war man sich, zumindest in der englischsprachigen Welt, im negativen Sinn einig: Die Monarchie sei dazu verdammt gewesen, unterzugehen und habe dies auch verdient. Warum hätte man ihr Schicksal auch beklagen sollen, wenn man an ihrer Stelle vorbildliche, liberale, demokratische Staaten wie die Tschechoslowakei hatte, welche von einer heroischen Persönlichkeit wie dem Philosophenpräsidenten Thomáš Masaryk angeführt wurden? Sogar Monarchisten und andere Sympathisanten der Monarchie, etwa Alexander Margutti, der Flügeladjutant Franz Josephs, konnten wenig mehr tun als die besondere Anständigkeit der habsburgischen Dynastie und der habsburgischen Verwaltung ins Treffen zu führen, und sie konnten wenig gegen die These der Unvermeidbarkeit des Untergangs des Reiches einwenden.[6]

Als sich die großen Hoffnungen der zentraleuropäischen Demokratien in den 1930er Jahren trübten und das Machtvakuum, das nach dem Zusammenbruch des Reiches entstanden war, von einem neuerlich mächtig gewordenen Deutschland unter nationalsozialistischer Herrschaft gefüllt wurde, veränderte sich auch der Blick auf die Monarchie. Was die Außenpolitik anbelangt, so begann die Idee, daß Österreich als ausgleichende Kraft in Europa zwischen Deutschland und Rußland »notwendig« gewesen sei, Einfluß auf westliche Politiker zu gewinnen, vor allem auf Winston Churchill. Auch als die ›zentraleuropäischen‹ Exilregierungen während der Herrschaft der Nationalsozialisten versuchten, verstärkt zusammenzuarbeiten, empfand man das Fehlen einer eingespielten Kooperationsebene – jedoch nicht der Monarchie als solcher – als Mangel.[7]

Die führenden geschichtswissenschaftlichen Interpretationen der Ära nach dem Zweiten Weltkrieg, jene von Robert Kann (in den USA) und von A.J.P. Taylor (in Großbritannien), setzten hier an und entwickelten die bekannten Themen weiter. Beide Zugänge liebäugeln mit der Idee einer zentraleuropäischen Zusammenarbeit, doch stimmen beide darin überein, daß die Habsburgermonarchie nicht imstande gewesen sei, diese zu gewährleisten. Kann machte sowohl interne, als auch externe Kräfte für den Zusammenbruch verantwortlich. Letztlich strich er jedoch die internen Ursachen des Zusammenbruchs heraus, vor allen Dingen die Unfähigkeit der führenden habsburgischen Kreise, sich mit dem Nationalitätenproblem – Kanns bevorzugtem Gegenstand – auseinanderzusetzen.[8] Taylor war, wie immer, etwas unverblümter: »Hoffnung in einen Habsburger zu setzen, hieße die Natur der Habsburgermonarchie gründlich mißzuverstehen. Kossuth mußte für all seine Fehler mit der Erkenntnis büßen, daß der Sturz der Habsburger die Voraussetzung für einen Wiederaufbau Zentraleuropas war.«[9]

Für Kann und Taylor standen die Habsburger einer echten nationalen Zusammenarbeit im Wege, wobei Kann es als tragisch ansah, daß die Dynastie 1849 den Konstitutionalismus zurückgewiesen hatte, während Taylor (wie Jászi und Steed) eher das liberal-demokratische Moment in den Vordergrund stellte und die Verweigerung der dynastischen Autoritäten, der Bevölkerung echte Verantwortung zu übertragen, als Wurzel der Probleme der Monarchie ansah.[10] Beide meinten, daß die Monarchie 1914 in einem erbärmlichen Zustand gewesen sei; doch stimmten beide auch darin überein, daß es nur die in diesem Jahr erfolgte Entscheidung für den Krieg – unabhängig von seinem Ausgang – gewesen sei, die das Schicksal der Monarchie besiegelt habe.[11] Jenen, die äußere Kräfte wie die Auswirkungen des Ersten Weltkrieges und die Entscheidung der Alliierten, den Zerfall der Monarchie zu unterstützen, für den Zusammenbruch verantwortlich machten, hielten sie entgegen, daß es die habsburgischen Obrigkeiten gewesen seien, die aufgrund von innenpolitischem Druck den Krieg begonnen hätten, und daß viel von dem Druck, der das Reich schließlich zusammenbrechen habe lassen, von emigrierten nationalen Führern gekommen sei – das heißt neuerlich von internen Kräften.

Ab den 1950er Jahren, als Zentraleuropa von der sowjetischen Besetzung zu Osteuropa verwandelt wurde, verschwand langsam die Deutung der Monarchie als anachronistische und ›zum Untergang verurteilte‹ Macht, zugunsten einer nostalgiegetränkten Version: Die Monarchie, so meinte man nun, sei nicht so schlecht gewesen, jedenfalls besser, als das, was danach gekommen sei. Die Meinung, daß die Monarchie sowohl nützlich als auch lebensfähig gewesen wäre und 1918 nur durch eine Laune der ignoranten, westlichen Mächte zerstört worden sei, war bereits im Umlauf, als Robert Kann in den 70er Jahren seine wohlüberlegten Thesen zur Habsburgermonarchie publizierte.[12]

Die revisionistische Geschichtsschreibung über Habsburg ist nicht besonders stringent, doch hat sie während der letzten Jahrzehnte den früheren Konsens über die Habsburgermonarchie graduell aufgeweicht und ihn durch eine wohlwollende, ja positive Darstellung ersetzt. Ein prominenter früher Versuch einer zumindest teilweisen Rehabilitierung der Monarchie in der englischsprachigen Welt (in Österreich hat es immer eine lautstarke Lobby pro Habsburg gegeben), war Edward Crankshaws Buch *The Fall of the House of Habsburg* (1963). Als ›populäre‹ Arbeit mit relativ großer Verbreitung beeinflußte dieses Buch die Ansichten über die Monarchie wahrscheinlich mehr als die meisten anderen Bücher. Crankshaw vertrat darin die Meinung, daß Franz Josephs Regentschaft nicht so schlecht gewesen sei, daß der Kaiser in den letzten Jahrzehnten eher einem konstitutionellen Präsidenten geglichen habe und die Monarchie, hätte man sie selbst ihre Probleme lösen lassen, auf dem Weg zu einer konstitutionellen Monarchie im westlichen Sinn gewesen wäre. Der Tenor von Crankshaws Argumentation läßt sich in seinen Worten zusammenfassen: »Außerhalb der ungarischen Reichshälfte war alles in bester Ordnung«.[13] Crankshaw strich – wie auch andere spätere Verteidiger von Franz Joseph und der Monarchie – heraus, daß »im Vergleich zu dem, was kommen sollte, das Zeitalter Franz Josephs ein überaus aufgeklärtes« gewesen sei.[14] Der Erste Weltkrieg, den Crankshaw als Ursache der Zerstörung der Monarchie ansieht, sei nicht Österreichs Schuld, sondern eher auf eine ›tiefsitzende moralische Krankheit‹ zurückzuführen gewesen, die sich über ganz Europa ausgebreitet habe.[15]

Auch auf der anderen Seite des Atlantiks tendierten Historiker wie Arthur J. May dazu, die Monarchie in einem positiven Licht zu zeichnen. Ohne die großen Probleme der Monarchie in Abrede zu stellen, betonten sie ihre Stärken – Jászis zentripetale Kräfte – und sie beklagten den Verlust, den ihr Untergang bedeutet habe.[16]

Fritz Fischers ›Enthüllung‹, daß die Verantwortung für den Beginn des Ersten Weltkriegs Deutschland trage, stellt die Rolle der Monarchie in ein völlig anderes Licht: Sie ist die Geprellte und nicht die Anstifterin ihrer eigenen Zerstörung.[17] In den USA und in Westeuropa begann eine zunehmend pluralistische Gesellschaft, das Vertrauen in das Prinzip des Nationalstaats zu verlieren, der den Zerfall der Monarchie gutgeheißen hatte. Und amerikanische Historiker sahen die Habsburgermonarchie vermehrt als eine Art Übungsgelände für multinationale und pluralistische Lösungen, für eine Form von »Vereinigte Staaten von Europa«, an.

Das Anwachsen der Bedeutung von supranationalen Institutionen wie der gemeinsame europäische Markt begünstigten diesen Aspekt, und auch die Desillusionierung angesichts der ›sozialistischen‹ Herrschaft in Osteuropa trug das ihre dazu bei, daß die Geschichte der Monarchie einen rosigeren Anstrich bekam. Wenn die Alternativen zur habsburgischen ›Unterdrückung‹ entweder der Nationalsozialismus oder eine vorgetäuschte nationale Unabhängigkeit unter der Vorherrschaft des Kommunismus waren, verwundert es wenig, daß sich in den »Volksrepubliken« und unter den emigrierten Historikern an den westlichen Universitäten nostalgische Bewunderung für die Monarchie breitmachte.

Eine andere Entwicklung – das Entstehen eines stärkeren und selbstbewußteren Westdeutschland – beeinflußte die Debatte über die Habsburgermonarchie ebenfalls. Im sogenannten Historikerstreit der 1980er Jahre wurde eine der Annahmen der westlichen Geschichtswissenschaft über Deutschland – daß sich Deutschland seit Bismarck ›geirrt‹, den Weg einer liberalen, demokratischen Moderne verlassen und einen Sonderweg eingeschlagen habe, der im Holocaust und der ›Stunde Null‹ geendet habe – von einer Gruppe konservativer deutscher Geschichtswissenschafter einerseits und eher linksorientierter englischer Historiker andererseits, wenn auch aus völlig unterschiedlichen Blickwinkeln, hinterfragt.[18] Im Fokus dieser Debatte schien sich Deutschland nicht allzusehr von anderen westlichen kapitalistischen Staaten zu unterscheiden und seine historische Rolle als Erzfeind des 20. Jahrhunderts eher das Ergebnis eines Zufalls und nicht der Vorherbestimmung zu sein. Wenn sich nun Deutschland nicht so sehr von seinen westlichen Nachbarn unterschied und auch keiner linearen Entwicklung folgte, warum sollte dies nicht auch für den Rest Zentraleuropas, insbesondere für Österreich-Ungarn, gelten? Während Fritz Fischers Anklage, daß Deutschland den Ersten Weltkrieg begonnen habe, der Habsburgermonarchie die Verantwortung nahm, bewirkte die Infragestellung der Sonderwegthese, daß sich das Ansehen der Monarchie weiter verbesserte. Nicht nur, daß Österreich nicht mehr länger schuldig war, die Monarchie war auch nicht länger dem Untergang geweiht.

Jener Vielzahl von Historikern, die, wie Solomon Wank, weiterhin das traditionell negative Bild der politisch kranken, wenn nicht sogar notwendigerweise durch seine eigenen, inneren Konflikte zum Untergang verurteilten Monarchie zeichnen,[19] steht heute eine Gruppe von Historikern unterschiedlicher Provenienz gegenüber, die die Monarchie als eine lebensfähige, wenn nicht sogar positive Kraft ansehen, deren Verschwinden, in unterschiedlichem Ausmaß, auf einen unglücklichen Zufall zurückgeführt wird. Vor allem werden heutzutage die Vorzüge der wirtschaftlichen Union, die die Monarchie dargestellt hat, in den Vordergrund gestellt, besonders wirkungsvoll etwa von David Good.[20] Österreichs Kriegserklärung im Jahre 1914 wird eher diplomatischem Ungeschick und dem Druck der Deutschen zugeschrieben, denn als Folge von internen Auseinandersetzungen gesehen. Ein prominenter Historiker internationaler Beziehungen, Paul Schroeder, machte sogar Großbritannien für Österreichs Kriegserklärung verantwortlich und tadelte die seiner Meinung nach für einen Garant des Friedens unverantwortliche Haltung der Briten.[21]

Seit dem Zerfall der Sowjetunion in den 1980er Jahren und dem Wiedererstehen der Nationalstaaten in Ost- und Zentraleuropa seit 1989 haben manche Historiker wie István Deák vorgeschlagen, die Monarchie nicht als negatives Beispiel dafür anzusehen, was man besser nicht tun sollte, sondern als ein ›positives Lehrbeispiel‹ dafür, wie supranationale Zusammenarbeit funktionieren könnte.[22] Interessanterweise befinden sich heute unter den glühendsten Bewunderern des früheren Reiches ungarische Historiker. Anstatt die Dynastie als Hindernis der Entwicklung der Nationen anzusehen, klingt es bei ihnen fast so, als hätten sich die Nationen dem in den Weg gestellt, was sie – und implizit auch uns – vor dem Terror des 20. Jahrhunderts bewahrt hätte: der Habsburgermonarchie. In einem der letzten Versuche über *Decline and Fall of the Habsburg Empire* (1989) findet sich gar der Schluß, daß die Monarchie keinerlei Abstieg durchgemacht habe und bis 1914 lebensfähig gewesen, ja sogar ganz gut vorangekommen sei. Damit kommen wir zu einer interessanten These. Der Autor des zuletzt genannten Werkes, Alan Sked, erklärt uns nämlich, daß der beschleunigte Zusammenbruch der Monarchie nicht durch Nationalitätenkonflikte, sondern durch den Fortbestand der feudalen Werte, Ehre und Prestige, in den Machtzentren Österreich-Ungarns zustandegekommen sei. Diese Werte hätten Franz Joseph gezwungen, in den Krieg gegen Serbien zu ziehen: nicht aus staatspolitischen Gründen, sondern, um die Ehre und die Position der habsburgischen Dynastie zu retten.[23]

Die Rolle der Persönlichkeit

Alan Skeds Zusammenfassung führt uns zu etwas zurück, das schon erwähnt wurde: In all dem Hin und Her zwischen ›Lebensfähigkeit‹ und unvermeidlichem Zusammenbruch, zwischen ›Unglück‹ und schuldiger Begünstigung des Zusammenbruchs, steht der Monarch der Habsburgermonarchie im Zentrum der Handlung. Ob es 1851 die Rückkehr zum Absolutismus, 1867 die Wende zum Liberalismus oder die Weigerung war, gegen die Magyarisierung in Ungarn einzuschreiten, ob es sich um die Okkupation und spätere

Annexion von Bosnien oder – am berühmt-berüchtigsten – um die Entscheidung für den Krieg im Jahre 1914 handelte, alle großen Entscheidungen wurden von Franz Joseph getroffen – oder eben nicht. Franz Joseph war der ›oberste Bürokrat‹, dem die riesige habsburgische Beamtenschaft Rechenschaft abzulegen hatte, und er war der Herrscher über eine Monarchie, die je nach geschichtswissenschaftlicher Deutung entweder ganz gut vorankam oder auf ihren Untergang zustrebte. Wie zentral war Franz Joseph jedoch wirklich für die politischen Entscheidungen in der Habsburgermonarchie?

Obwohl alle großen politischen Entscheidungen bis zu Franz Josephs Tod im Jahre 1916 offiziell durch den Kaiser und König getroffen wurden, hatten beide Reichshälften der Monarchie nach 1867 konstitutionelle oder zumindest quasi-konstitutionelle Institutionen, sodaß Franz Joseph die Entscheidungen nicht alleine treffen konnte. Mehr als das führte die Bürokratie, auch in einem absolutistisch regierten Reich, ihr eigenes Leben, und sie war für den Monarchen oft schwierig zu kontrollieren, gleichgültig welche Macht er auf dem Papier innehatte. Wenn Bürokratien schon schwierig zu kontrollieren sind, so sind es die weitreichenden sozialen und ökonomischen Kräfte, mit denen Historiker so oft die Ereignisse erklären, erst recht. Kein geringerer als Karl Marx sagte: »Die Menschen machen ihre eigene Geschichte, aber sie machen sie nicht aus freien Stücken, nicht unter selbstgewählten, sondern unter unmittelbar vorgefundenen, gegebenen und überlieferten Umständen.«[24]

Ganz ähnlich verhält es sich mit der Auseinandersetzung über die Vorrangigkeit der individuellen Entscheidung gegenüber den historischen Kräften (›Modernisierung‹, ›Nationalismus‹, ›Klassenkampf des Proletariats‹ usw.) – oder umgekehrt. Die Debatte zwischen den beiden Denkschulen wirft auch auf die Frage ›Lebensfähigkeit der Monarchie‹ versus ›unvermeidlicher Zusammenbruch‹ ihren Schatten. Die Frage nach Franz Josephs Bedeutung für die Geschichte der Habsburgermonarchie erscheint mir nämlich als aktuelle Fassung der alten Debatte ›freier Wille‹ versus ›Vorherbestimmung‹, in der das ›calvinistische Lager‹ Franz Joseph – wenig überraschend – als zu machtlos ansieht, um den unvermeidlichen Untergang der Monarchie aufzuhalten. Jene Historiker, die – unter dem Einfluß des marxistischen Erklärungsmodells – für die Unabwendbarkeit historischer Entwicklungen votierten, beherrschten in der Nachkriegszeit die Lehre. Sie richteten ihr Augenmerk auf die weitreichenden, sozialen und ökonomischen Faktoren, die sie für die neue, moderne Massengesellschaft als relevant ansahen. Man arbeitete über soziale Klassen, Eliten und ökonomische Faktoren als Antriebskräfte von Geschichte und verwarf die ›romantische‹ Vorstellung einer individuellen Wahl- und Handlungsmöglichkeit. In jüngster Zeit erlebt das Individuum jedoch ein Comeback. Die Gründe für diese Wende sind vielfältig. Vielleicht haben sie am ehesten mit der postmodernen Skepsis gegenüber der Erklärungskraft von weitreichenden sozialen Theorien zu tun oder mit dem Untergang der mächtigsten ›Theologie der Unvermeidbarkeit‹, dem Marxismus-Leninismus. Was auch immer die Erklärung ist, Versuche, zusammenhängende sozio-ökonomische Modelle zur Erklärung historischen Wandels heranzuziehen, sind unmodern geworden. Die Folge sind zwei hinlänglich bekannte Erklärungsansätze, nämlich Glück und individueller Charakter.

Dieser Trend wird in der jüngsten Arbeit über zwei von Franz Josephs wichtigsten monarchischen Zeitgenossen, Nikolaus II. von Rußland und Wilhelm II. von Preußen-Deutschland, mehr als deutlich.[25] In beiden Fällen wird die Wichtigkeit der Persönlichkeit des Monarchen – und in weiterer Folge auch die Macht jedes einzelnen – betont, die Politik im allgemeinen und den Stil der jeweiligen Regierung im besonderen zu bestimmen. Damit stehen diese beiden Biographien in einem starken Gegensatz zu den deterministischen Erklärungen früherer Historiker. Tatsächlich wurden die Monarchien in Rußland und Deutschland viel mehr von den Monarchen bestimmt, als dies bisher angenommen wurde. In der zuletzt publizierten Biographie über Franz Joseph wird Ähnliches behauptet, und auch Alan Skeds oben angeführte Interpretation stützt die These vom großen Entscheidungsspielraum des Herrschers.[26]

Aber auch bei größeren Entscheidungsspielräumen kann eine Entscheidung immer nur innerhalb bestimmter Grenzen fallen, und wenn Franz Joseph als historischer Akteur die Freiheit hatte zu wählen, so waren die komplexen Strukturen der Habsburgermonarchie, Zentraleuropas und des europäischen Großmächtesystems der Rahmen, der seine Freiheit begrenzte. Franz Josephs Macht hing somit untrennbar mit der Geschichte der Machtstrukturen der Habsburgermonarchie im 19. und frühen 20. Jahrhundert und den Machtbeziehungen in Zentraleuropa zusammen. In einem Ausmaß, das vielleicht überraschend ist, spielte Franz Joseph bei der Strukturierung dieser Macht jedoch eine wichtige Rolle und zwar von seiner Thronbesteigung bis zu seinem Tod. Unter seinen freiesten Entscheidungen waren jedoch stets jene, die sich als die verhängnisvollsten erwiesen.

Wann immer Franz Joseph die Macht beanspruchte, waren seine Entscheidungen ein Produkt seiner persönlichen Lebensgeschichte, erzwungener Parteinahme oder des Mangels an anderen Optionen. Darüberhinaus war er als Mensch geprägt von der Erfahrung, daß seine Entscheidungen so oft auf das Gegenteil dessen hinausliefen, was er erwartet oder erhofft hatte. In seiner außergewöhnlich langen Auseinandersetzung mit den strukturellen, sozialen und nationalen Komplexitäten seines Reiches bestimmte Franz Joseph das Schicksal seiner Monarchie und wurde zugleich selbst durch deren komplexe Strukturen bestimmt.

Der Machtspielraum

Die Debatte über ›freie Wahl‹ oder ›Zwang der Strukturen‹ beruht ebenso wie jene über ›Verhängnis‹ oder ›Lebensfähigkeit‹ der Monarchie auf der Frage, wie die Macht im 19. und frühen 20. Jahrhundert in Zentraleuropa im allgemeinen und Franz Josephs Macht im besonderen beschaffen war.

Die erste Frage, die gestellt werden muß, ist die nach dem tatsächlichen Ausmaß an Macht, die Franz Joseph innehatte. Genauer wieviel Macht und welche Art von Macht? Denn über je mehr Macht er verfügte, desto größer war auch sein Entscheidungsspielraum und desto ausschlaggebender waren seine Persönlichkeit und seine Vorlieben für die Gestaltung der Verhältnisse in der Monarchie. Ebenso wichtig ist die Frage nach der Qualität dieser Macht. So könnte man etwa für die letzten Jahre einwenden, daß Franz Josephs politische Macht eingeschränkt war, während seine moralische Macht weiterbestand und er sogar als eine Persönlichkeit angesehen wurde, die das ansonsten wackelige Gebäude zusammenhielt. Obwohl Franz Joseph, wie wir sehen werden, über viel Macht verfügte – auch nach der Aufgabe seines Anspruchs auf die absolute Macht – hatte seine formale Macht wenig Wert, wenn sie mit dem Machtanspruch der anderen Großmächte auf der einen Seite oder mit sozialen und nationalen Ambitionen auf der anderen kollidierte. Von noch größerer Bedeutung ist jedoch die Frage, was Franz Joseph mit seiner Macht tat und für welche Seite er sich jeweils entschied. Und wie wirkte sich dies umgekehrt auf Franz Josephs Entscheidungsgewalt in anderen Fragen aus?

Wie wir sehen werden, war Franz Josephs Macht durch seine Erziehung und seinen konservativen Charakter, der Abweichungen von dem, was er kannte und wovon er das Gefühl hatte, es bewahren zu müssen – allem voran das Erbe seiner Familie –, gewöhnlich ablehnte, klar beschränkt. Welche Wahlfreiheit Franz Joseph auch immer eigen war, sie war durch seine Präferenzen und Vorurteile vorstrukturiert. Was auch immer die Pros und Kontras der jeweils debattierten Pläne waren – etwa die Modernisierung der Monarchie betreffend –, angesichts des Widerwillens der Regierung, andere Optionen zu prüfen, waren sie bedeutungslos.

Eine weitere wichtige Frage beschäftigt sich damit, welchen Effekt Franz Josephs Gebrauch der Macht auf seine Nachfolger hatte. Wenn Franz Josephs Umgang mit Macht so sehr auf seinen eigenen Status und seine eigene Rolle im zentraleuropäischen Kontext konzentriert war, so hatte dies auch weitreichende Auswirkungen auf alle, die nach ihm kamen. Worin bestand Franz Josephs Erbe, das er seinem unmittelbaren Nachfolger Karl hinterließ? Wie weit kann Franz Joseph zwei Jahre nach seinem Tod für den Zusammenbruch der Monarchie verantwortlich gemacht werden? Welche direkte und indirekte Verantwortung ist ihm für den Zustand der Nachfolgestaaten zuzuschreiben? Und was war Franz Josephs Beitrag zu dem, was nach 1933 – im Nationalsozialismus wie im Stalinismus – in jenem Teil Zentraleuropas, den er regierte, geschah? Hatte er der Region ein halbes Jahrhundert Frieden gegeben, bevor die unvermeidbare Sintflut kam? Oder ist er dafür verantwortlich, daß die Monarchie zusammenbrach und das Beste der zentraleuropäischen Zivilisationen mit sich riß?

Eine Biographie über Kaiser Franz Joseph muß einen weiteren Aspekt berücksichtigen: sein hohes Lebensalter. Während seiner fast 70jährigen Regentschaft erlebte Franz Joseph beachtliche Veränderungen politischer, sozialer, ökonomischer oder kultureller Natur. Das politische System veränderte sich vom Konstitutionalismus zum Neoabsolutismus, zum dualistischen Konstitutionalismus und schließlich zum quasi-konstitutionalistischen Bürokratismus mit allgemeinem männlichen Wahlrecht. Die Gesellschaft verwandelte sich von einer feudalen, agrarischen und traditionellen in eine moderne, industrielle und urbane. Die Wirtschaft veränderte sich von einer dominant agrarischen und rückständigen zu einer, in der manche Wirtschaftszweige sogar an der vordersten Front der kapitalistischen Entwicklung standen. In kultureller Hinsicht war Wien bis zum Jahr 1914 das eigentliche Zentrum der einflußreichsten und radikalsten intellektuellen und kulturellen Entwicklungen des Jahrhunderts, mit Freuds psychoanalytischer Bewegung allen voran. Der gleiche Mann, der regierte, bevor Sigmund Freud geboren wurde, war da, als dieser Alfred Adler und Carl Gustav Jung von seiner Nachfolge ausschloß. Jener Mann, der Nikolaus I. im Jahr 1849 um Hilfe gegen die Ungarn bat, war derselbe, der 1914 einen Weltkrieg begann, der sowohl die Habsburger als auch die Romanows zur Strecke brachte.

Die bloße Dauer seiner Regentschaft zeigt, daß jeder Versuch, Fragen nach Franz Josephs Macht in einer starr untersuchenden Art zu stellen, ungenügend ist. Das ist der Grund, warum ich die Antworten in chronologischen Schritten versuche. Während der (fast) sieben Jahrzehnte dauernden Herrschaft veränderte sich so viel, daß es nur anhand einer Darstellung der Stadien dieses Wandels möglich ist, Franz Josephs Anteil an diesem Wandel darzustellen und begreiflich zu machen, wie sehr er von seiner lebenslangen Beschäftigung mit den Geschäften der Monarchie geprägt war beziehungsweise wie sehr er die Ereignisse um ihn herum gestaltete. Indem man auf diese Weise in sein Leben blickt, kann man die Frage, wie sehr der Monarch für den Zusammenbruch seiner Monarchie und die schrecklichen Nachwirkungen verantwortlich zu machen ist, vielleicht schlüssiger beantworten, als dies bisher versucht wurde.

Tradition

Geschichte als Genealogie

Franz Joseph wurde 1848 bei seiner Geburt der Herrscher eines riesigen, zentraleuropäisches Reiches. Zwar gab es dafür, wie wir sehen werden, auch andere charakteristische Gründe, doch war sein Hauptanspruch ein vergleichsweise einfacher: Er war qua Geburt der Erbe der Casa Austria, der Habsburger. Diese Dynastie hatte die wahrscheinlich erstaunlichste Karriere aller europäischen Herrscherhäuser. Ihr Aufstieg erstreckte sich über mehr als 500 Jahre, und die Habsburger paßten sich mehrfach den jeweiligen Autoritäts- und Machtverhältnissen in Europa perfekt an. Ihr Ziel war es stets, die Macht und das Prestige ihres Hauses zu bewahren und auszubauen. Darin sollten sich die Habsburger als die dynastischste aller europäischen Dynastien erweisen.

Der Ursprung der Habsburger war nicht das Gebiet des heutigen Österreich, sondern des heutigen Südwestdeutschland und der Nordschweiz. Erst im 13. Jahrhundert übernahmen sie die Länder der erloschenen Babenberger-Dynastie im Südosten des Heiligen Römischen Reiches. Von hier bauten sie ihre feudale Macht und ihren Einfluß aus. Rudolf I., der die österreichischen Lande für die Habsburger erwarb, wurde 1273 zum Deutschen König gewählt, doch erst 1452, als Friedrich III. zum Heiligen Römischen Kaiser gekrönt wurde, erreichten die Habsburger das eigentliche Ziel einer mittelalterlichen Dynastie in Zentraleuropa: das erbliche Kaisertum.

Die Habsburger richteten nun ihre Aufmerksamkeit weniger auf kriegerische Eroberungen, denn auf Eroberungen auf dem Heiratsmarkt. Dies drückt der oft zitierte Ausspruch »Bella gerant alii, tu, felix Austria, nube« treffend aus. Aufgrund geschickter Heiratspolitik und genealogischen Glücks gelangte das Haus Habsburg bis in das Jahr 1526 nicht nur in den Besitz der ›Erblande‹ von Österreich, sondern auch der meisten Länder des Königreichs Burgund (einschließlich der reichen Niederlande) und der Länder des spanischen Königreichs, einschließlich eines großen Teils von Italien und des (potentiell) riesigen Reiches der Neuen Welt. Der Tod des Jagiellonen Ludwig II. in der Schlacht von Mohács im gleichen Jahr bedeutete die Nachfolge der Habsburger in den wohlhabenden Ländern der böhmischen Krone und, sofern sie das Land von den Türken zurückerobern konnten, auch der reichen Länder der Stephanskrone.

Aufgrund dieser herausragenden Erfolge überrascht es wenig, daß das Herrscherhaus weitreichende, kaiserliche Vorrechte anstrebte und sich durch göttliche Vorsehung für eine Führungsrolle in der Welt auserwählt sah. Die Habsburger unternahmen erhebliche Anstrengungen, um zu beweisen, daß die Dynastie von Aeneas abstamme, und sie die wahren Erben Roms und des römischen Imperium romanum seien.[1] Das Initialwort, das sich die Familie zulegte, war ähnlich ehrgeizig: A.E.I.O.U. Dies meinte entweder: ›Al[le]s Erdreich ist Österreich unterthan‹, oder ›Austria erit in orbe ultima‹ (was soviel bedeutet wie Österreich wird die anderen überdauern). Keine der beiden Auslegungen spricht für besondere Bescheidenheit.

Inmitten der bestehenden Sammlung an habsburgischen Ländern waren die ursprünglichen österreichischen Gebiete in Zentraleuropa von nachrangiger Bedeutung. Als Karl V. 1519 das habsburgische Erbe antrat und sich dafür entschied, das riesige und schwer zu bewältigende Erbgut zu halbieren, legte er die Kontrolle über seine österreichischen (böhmischen und ungarischen) Länder in die Hände seines jüngeren Bruders Ferdinand. Auf diese Weise kamen die ursprünglichen österreichischen Länder an den weniger bedeutenden Zweig der Casa Austria. Der bedeutendere Zweig der Familie lebte in den nächsten 200 Jahren in Spanien und nicht in Zentraleuropa.

Die Vorrangstellung der Habsburger blieb nicht unwidersprochen. Es gab mehr oder weniger fortwährend Krieg mit Frankreich; das damals noch vergleichsweise unbedeutende England widersetzte sich erfolgreich der großen habsburgischen Armada; in Italien bestritten die größeren Staaten und Länder, insbesondere Venedig, die kaiserlichen Ansprüche. Im Osten bedrohten die Türken noch immer die zentraleuropäischen, habsburgischen Länder, und sie okkupierten einen Großteil des ungarischen Erbes. Wirklich bedroht wurde die habsburgische Macht jedoch im religiösen Bereich. Die von Martin Luther inspirierte Reformation unterhöhlte die kaiserliche Autorität des Hauses Habsburg, das der etablierten katholischen Kirche sehr nahe stand. Gleichzeitig war die Reformation im Heiligen Römischen Reich auch ein idealer Sammelpunkt für die deutschen Landesfürsten, die sich der aufsteigenden habsburgischen Zentralmacht, die an den Kaisertitel gebunden war, widersetzten.

Gleichzeitig führte die Krise der religiösen Autorität dazu, daß die Habsburger jene zentrale europäische Position erlangten, die sie bis 1918 beibehalten sollten: Träger der Gegenreformation. Der österreichische Zweig widersetzte sich viel zögerlicher der Verbreitung des Protestantismus als der spanische, doch hatten die österreichische Gegenreformation und der Dreißigjährige Krieg, der sie begleitete, nachhaltige Konsequenzen für die Dynastie und die Länder, die sie regierte: Für die internationale Position der Habsburger war der Krieg verhängnisvoll und zwar sowohl für den Herrscher von Spanien, als auch für den Heiligen Römischen Kaiser; er führte jedoch gleichzeitig zur absoluten Herrschaft der Habsburger in ihren zentraleuropäischen Ländern. Dies traf besonders auf Böhmen zu, wo die Niederlage des aufständischen Adels 1620 in der Schlacht auf dem Weißen Berg den Habsburgern eine gute Gelegenheit bot, ihre Macht erheblich auszubauen. Die Verbündeten der Habsburger und die gegenreformatorische Kirche wurden mit beträchtlichen Ländereien aus dem enteigneten adeligen Grundbesitz belohnt. Die daraus resultierende Allianz von Dynastie, Kirche und Aristokratie entwickelte sich bis ins späte 17. Jahrhundert zu einem komplexen System, das in der Ideologie und in der Kultur des Barocks seinen Ausdruck fand. Obwohl die Ansprüche Habsburgs insgesamt weitaus begrenzter waren als früher, konnte die dynastische Macht in den eigenen Ländern aufgrund der neuen Funktion als gegenreformatorische Kraft ausgebaut werden.[2]

Bis zum Ende des 17. Jahrhunderts erwies sich die barocke Form der Machtausübung für die habsburgischen Obrigkeiten allmählich als unzeitgemäß. Die Religion war nicht mehr länger der Hauptmotor der internationalen Politik. Sogar ein so religiöser Fanatiker wie Leopold I., der 1670 die Juden aus Wien vertreiben ließ, wurde ein enger Verbündeter des führenden protestantischen Fürsten, Wilhelm von Oranien, gegen den sehr katholischen Ludwig XIV. von Frankreich. Auch innerhalb der Monarchie begannen sich die Ideen der Säkularisierung des Staates durchzusetzen, die jene Art von religiöser Autorität, wie sie die Habsburger zur Rechtfertigung ihrer Macht anwendeten, in Frage stellten. Unglücklicherweise behinderten und komplizierten rein dynastische, ja genealogische Probleme die Anpassung der Habsburger an die Säkularisierung der Gesellschaft.

Das Problem in beiden Zweigen der Familie war das Fehlen eines direkten männlichen Nachkommen. Die Unfähigkeit des spanischen Zweiges, einen männlichen Nachfolger hervorzubringen, führte 1700 zum Spanischen Erbfolgekrieg, der darin resultierte, daß der österreichische Zweig in Italien und den Niederlanden große Zugewinne an Land machen konnte, während das noch immer große spanische Reich an die Bourbonen fiel. Die dynastische Verlegenheit im österreichischen Zweig – Karl VI. hatte keinen männlichen Erben – war sogar noch kritischer, weil es die Karriere der berühmten Dynastie zu beenden drohte. Um dies zu vermeiden, begann Karl VI. umfangreiche Verhandlungen. Er erreichte so eine Vereinbarung, die später unter dem Begriff der Pragmatischen Sanktion bekannt werden sollte, der alle beteiligten Parteien innerhalb und außerhalb der habsburgischen Gebiete zustimmten. 1713 aufgesetzt, bekräftigte das Dokument zwei wichtige Punkte: Erstens, daß die Territorien, die zu diesem Zeitpunkt unter habsburgischer Herrschaft standen, ungeteilt bleiben. Zweitens, daß die Herrschaft nach dem Tod Karl VI. zunächst auf seine Tochter Maria Theresia und danach auf ihre Nachkommen übergeht.[3] Während die Nachfolge in Großbritannien durch einen parlamentarischen Beschluß zustandekam, beruhte sie in Österreich auf einer Reihe von Verträgen zwischen Karl, anderen Monarchen und verschiedenen repräsentativen Institutionen und Ständen, denen er unterschiedliche Zugeständnisse machte, um die Pragmatische Sanktion abzusichern. Hatten die Habsburger bisher auf brillante Weise verstanden, das ›dynastische Spiel‹ zu spielen, fanden sie sich im Jahre 1740 als Geisel des dynastischen, um nicht zu sagen genealogischen Schicksals wieder.

Diese Erbfolge blieb nicht unangefochten. 1740 marschierte Friedrich II. von Preußen in Schlesien ein, einem der wohlhabendsten (deutschen) Gebiete der Habsburger. Trotz erheblicher Anstrengungen Maria Theresias und zweier großer Kriege (dem Österreichischen Erbfolgekrieg 1740–1748 und dem Siebenjährigen Krieg 1756–1763) gelang es Preußen, Schlesien bis auf einen kleinen Landstrich zu halten. Der Verlust Schlesiens machte unübersehbar, was die österreichischen Niederlagen gegen die Franzosen und die Türken in den 1730er Jahren bereits angekündigt hatten: die Unzulänglichkeit der barocken Machtpolitik für den Fortbestand der Habsburgermonarchie als eine führende Großmacht Europas.[4]

Die Pragmatische Sanktion war aufgrund ihrer Proklamation der Unteilbarkeit der habsburgischen Länder eine Teilanerkennung der Notwendigkeit, daß die habsburgischen Gebiete nicht mehr nur dynastisch – als eine Sammlung von Ländern – regiert, sondern als Staat organisiert werden mußten. Die Erniedrigung, die Habsburg durch das kleine, aber gut organisierte Preußen zugefügt worden war, verlangte darüberhinaus nach einem weitreichenden und tiefgehenden Umdenken der habsburgischen Machtträger. Die Antwort auf den Verlust von Schlesien bestand jedoch bloß darin, daß die Habsburger versuchten, sich die Waffen der erfolgreichen Rivalen zu eigen zu machen – so gut dies die Berater der Kaiserin vermochten und es die katholischen Prinzipien der Dynastie erlaubten. Dies führte, wie Blanning beschreibt, zu einer Kursänderung: von der ›Reichsidee‹ zur ›Staatsidee‹, von der Peripherie zum Zentrum.[5]

Das Schlüsselmodell für Österreich war, wenig überraschend, Preußen. Der kleine preußische Staat, zunächst eine bunte Sammlung von über die norddeutsche Tiefebene verstreuten Gebieten, hatte sich seit dem 17. Jahrhundert in einen zentralisierten Staat verwandelt, getragen von merkantilistischem Wirtschaftsgeist, einer relativ toleranten Einstellung gegenüber religiösen Minoritäten und einem riesigen stehenden Heer, das in keiner Relation zur Größe der Bevölkerung oder der Wirtschaft des Landes stand. Wenn England in den internationalen Beziehungen mit seiner großen Marine und seiner Fähigkeit, große Erlöse zu erzielen und Allianzen zu erkaufen, die Macht des Geldes repräsentierte, so demonstrierte Preußen – unter Friedrich II. sogar mit brutaler Offenheit – den Vorzug einer überlegenen militärischen Macht, unabhängig von den zur Verfügung stehenden Ressourcen.

Die Lektion, die Maria Theresia und ihr Beraterkreis, allen voran Fürst Wenzel Kaunitz-Rietberg und Friedrich Graf Haugwitz, aus dem Tiefpunkt der Jahrhundertmitte gelernt hatten, war, daß sich Österreich, wollte es in der neuen europäischen Ordnung weiterhin seine Position behaupten, zu einem Staat entwickeln mußte. Um im Europa Friedrichs II. konkurrenzfähig zu bleiben, mußte es sogar ein Staat modernsten Zuschnitts werden. Nun lenkte man die Aufmerksamkeit auf die eigenen habsburgischen Territorien, anstatt auf die Position im Reich, und versuchte, jene als Einheitsstaat zu organisieren, mit direkter Kontrolle durch den Souverän. Wie ein Blick in die Geschichte zeigt, konnten dies nur Staaten mit zusammenhängenden Gebieten erfolgreich bewerkstelligen, weshalb man sich nun noch mehr auf die Kernlande der Habsburger in Zentraleuropa konzentrierte; zu Lasten der Aufmerksamkeit gegenüber den Ländern an der habsburgischen Peripherie, in den Niederlanden, in Südwestdeutschland, in Italien und – in Ungarn.[6]

Die Reformen, die von Maria Theresia und ihren Beratern verfügt wurden, waren weitreichend. Im Herzen der habsburgischen Länder wurden die österreichischen und böhmischen Hofkanzleien zusammengelegt. Sie bildeten die Basis für eine neue, modernisierte Bürokratie. Die Macht des Monarchen und der Zentralregierung über die Lokalgewalten wurde erheblich ausgeweitet und die Steuern und Abgaben dramatisch erhöht, wodurch sich auch die Möglichkeit verbesserte, ein größeres stehendes Heer zu erhalten. Industrie und Handel bekamen wesentlich mehr Unterstützung. Die Rückständigkeit der von den Jesuiten getragenen Erziehung wurde in den habsburgischen Kernlanden durch eine weitreichende Enteignung religiöser Institutionen und die Übergabe der Erziehungsaufgaben an ›nützlichere‹ Träger wie Schulen oder den Säkularklerus teilweise beseitigt. Es waren katholische Reformer, die den barocken Katholizismus im habsburgischen Zentraleuropa in den späteren Jansenismus beziehungsweise die katholische Aufklärung, wie man diese Zeit auch nennt, verwandelten.[7]

Maria Theresia selbst blieb eine mitunter sogar ›abergläubische‹ Anhängerin des Katholizismus. Im Interesse der Errettung und Behauptung der Dynastie war sie jedoch bereit, ihren Beratern zu glauben, die im Reformprogramm die einzige Möglichkeit sahen, Friedrichs Preußen Widerpart zu bieten. Die aufgeklärten Reformen waren notwendig, weil sie ›Bausteine‹ für die Staatsbildung darstellten und für die dynastische Macht nützlich waren: Erziehung, um eine Reihe von effizienten Verwaltern heranzubilden; Religion, um gehorsame und strebsame Untertanen zu schaffen; Wohlstand, um Ressourcen zur Verfügung zu haben; eine von Vernunft getragene Bürokratie, um diese Ressourcen zu verwalten und sie in eine Kampfkraft zu verwandeln, die imstande war, Preußen zu besiegen. Dies alles geschah zum Zwecke der Etablierung eines einheitlichen österreichischen Staates bei gleichzeitiger Fortsetzung des dynastischen Prinzips.

Die Regentschaft von Maria Theresias Sohn Joseph II. erfüllte die begonnene Reform mit dem Geist der Aufklärung. Joseph II. war seit dem Tod seines Vaters 1765 Mitregent Maria Theresias, kam jedoch erst 1780 nach dem Tod seiner Mutter zur vollen Macht. (Mit der Eheschließung Maria Theresias war aus dem Hause Habsburg das Haus Habsburg-Lothringen geworden.) Er erließ eine Fülle von radikalen Reformen, die Österreich ins 19. Jahrhundert steuern sollten. Dabei ging er viel weiter, als es seine Mutter jemals ins Auge gefaßt hatte. Was die Religion anbelangte, lancierte Joseph II. einen radikalen Angriff auf die kirchlichen Privilegien, zum Teil um die (aufgeklärte) Religion näher an das Volk heranzubringen. Um die Nützlichkeit seiner Untertanen zu erhöhen, erließ Joseph II. die Toleranzpatente für Protestanten und Juden. Im Bereich der Kultur lockerte Joseph die Zensur der Presse, zumindest so lange, bis diese gegenüber seinen Reformen allzu kritisch wurde. Gleichzeitig entwarf Joseph eine radikale Reorganisation der Regierung nach modernsten Prinzipien. Durch die Ausweitung der im Entstehen begriffenen Staatsbürokratie drang Joseph in Herrschaftsbereiche vor, die Maria Theresia unberührt gelassen hatte.[8] Bekannt ist in diesem Zusammenhang sein Versuch, im Interesse einer größeren administrativen Wirksamkeit (und nicht eines deutschnationalen Sentiments), die lokale feudale Verwaltung in Ungarn, deren Amtssprache Latein war, durch eine neue, zentralisierte, deutschsprachige Bürokratie zu ersetzen.[9]

Das Hauptziel von Josephs aufgeklärtem Absolutismus war es, einen Staat der Gleichförmigkeit und Einheitlichkeit zu errichten, in dem der Monarch, um eine Formulierung von Friedrich II. zu verwenden, als erster Diener des Staates über eine Bevölkerung herrschte, die ihm gleichermaßen untertan war. Joseph II. war ein eifriger, wenn auch oft nur abstrakt denkender Bewunderer der Idee der Menschlichkeit. Seine Versuche, die Bauernschaft seines Reiches von einigen der drückendsten Beschränkungen, etwa der bäuerlichen Untertänigkeit, zu befreien, entsprangen zumindest teilweise einem aufgeklärten Idealismus. Doch letztlich hatten alle derartigen Maßnahmen mehr mit seiner Bevorzugung eines gleichen, einheitlichen und starken Staates zu tun als mit Philanthropie.

So sah Joseph II. etwa die Befreiung der Bauern als eine Voraussetzung an, um die ökonomische Leistungskraft in seinem Reich zu erhöhen und so eine größere Armee zu finanzieren, die wiederum eine effizientere Außenpolitik ermöglichte. Das Eintreten Joseph II. für die Bauern war daher Teil eines Planes, um das verbliebene feudale Machtssystem durch den Zugriff auf seine Untertanen, gleichgültig ob adelig, bürgerlich oder bäuerlich, durch den Staat und für den Staat zu ersetzen. Unter Joseph II. wurde die österreichische Bürokratie zur Vorhut der Modernisierung und der Reform, zu einem Staat im Staate. Es überrascht nicht, daß ihm der Versuch, die existierende Ordnung wesentlich radikaler zu verändern, als dies seine Mutter beabsichtigt hatte, die heftige und unnachgiebige Opposition einer ganzen Reihe von Personen und Gruppierungen in seinem Herrschaftsbereich einbrachte.[10]

Die Straffung und Vereinheitlichung der österreichische Verwaltung in all seinen Herrschaftsgebieten, nicht nur in Österreich-Böhmen, sondern auch in Ungarn, den Niederlanden und dem neu hinzugewonnenen Galizien, brachte die enormen Schwierigkeiten zutage, die diesem habsburgischen Projekt der Umwandlung seiner Macht von einer rein dynastischen – in der

der Kaisertitel mehr oder weniger bequem neben anderen Ansprüchen und Leistungen existieren konnte – in eine zeitgemäßere Variante zugrundelagen. Der Versuch Josephs, das dynastische Prinzip mit den Prinzipien eines modernen Staates, der durch absolute Macht und die Beseitigung aller sozialen, konstitutionellen, geographischen und nationalen Unterschiede charakterisiert war, in eins zu setzen und alle partikularistischen und sozial privilegierten Interessen zu beseitigen, scheiterte – wie wir noch sehen werden, ein schweres Vermächtnis für alle seine Nachfolger.

Das augenscheinlichste Dilemma, das sich aus der Transformation der habsburgischen Länder in einen modernen Staat ergab, war jedoch die daraus resultierende Position dieses Staates im Heiligen Römischen Reich, sozusagen dem institutionellen Rahmen aller deutschen Länder. Während Joseph zunächst versuchte, das Reich von innen zu reformieren, konzentrierte er sich bald auf die österreichischen Interessen in Europa. Eines der typischen Projekte des aufgeklärten Absolutismus war etwa Josephs Versuch, die Theorie, daß ein Staat aneinandergrenzende Gebiete haben müsse, um zentralistisch verwaltet werden zu können, in die Praxis umzusetzen, indem er den Austausch der österreichischen Niederlande (heute Belgien) gegen das benachbarte Bayern vorschlug. Blickt man auf eine Landkarte, macht dies machtpolitisch und strategisch Sinn. Josephs Ansinnen gefährdete jedoch das fragile Gleichgewicht im Reich und in weiterer Folge auch das Prestige Österreichs unter den deutschen Fürsten. Der Versuch, den österreichischen Staat in seiner Rivalität mit Preußen zu stärken, spielte letztlich in die Hände Friedrich II., wie die Gründung des Deutschen Fürstenbundes 1785 beweist.[11] Auch Josephs hochmütiger Umgang mit seiner kaiserlichen Macht verstärkte die deutlich wahrnehmbare Kluft zwischen den Reichsinteressen und den innenpolitischen Interessen.[12]

Der Zweck von Josephs Staat waren Machterweiterung und Gebietsgewinn, ob für ihn selbst oder die Herrscherfamilie war eine zweitrangige Frage; das österreichische Interesse war auch unter Joseph II.: ›mehr Land‹. Joseph mag zwar ein Bewunderer von Humanität gewesen sein, aber er war ein ebenso eifriger Bewunderer des Militärs. Er sah in seiner Armee den wichtigsten Ausdruck seiner Staatsmacht und glaubte, daß Österreich ohne schlagkräftig bewaffnet zu sein keine Großmacht sein könne und daß ohne eine große Armee all seine Anstrengungen vergeblich sein würden. Als Prüfstein für die Überlebensfähigkeit eines Staates erschien ihm nämlich dessen Fähigkeit, seine Grenzen auszudehnen. Es ist daher kein Zufall, daß die massive Krise, in der Josephs Regentschaft endete, im Schatten eines Krieges gegen die Türken entstand. Es waren die anfänglichen Mißerfolge an dieser Front, die viel von jenem Widerstand gegen seine Reformen entfesselten, sodaß sein Reich bei seinem Tod 1790 von Unruhe erfüllt war und die österreichischen Niederlande den offenen Aufstand probten. Der erste Versuch, die Monarchie mit den Mitteln des zentralistischen Absolutismus in einen modernen, mächtigen Staat zu verwandeln, schlug aufgrund von militärischen Problemen und dem von partikularistischen Interessen getragenen Widerstand innerhalb der Monarchie fehl.[13]

Legitimität

Während sich die Versuche Joseph II., den habsburgischen Staat zu modernisieren als Mißerfolge erwiesen, machten die Ereignisse rund um seine Schwester Marie Antoinette, Königin von Frankreich, endgültig offensichtlich, daß sein Nachfolger und Bruder Leopold II. (1790–1792) den Rückzug, den Joseph bereits zu Lebzeiten begonnen hatte, würde fortsetzen müssen. Die Französische Revolution, weit davon entfernt, die Modernisierung Europas zu beflügeln, brachte die Reformversuche, die in vielen kontinentalen Ländern in Gang gekommen waren, zum Erliegen.[14] Dies traf auch auf Österreich zu, wo alle Reformgedanken angesichts der ernsthaften Bedrohung der habsburgischen Position durch den revolutionären französischen Staat hinweggefegt wurden.

In jene Krise, die Europa in ein weiteres zerstörerisches Vierteljahrhundert stürzen sollte – gemeint sind vor allem die französischen Revolutions- und die Napoleonischen Kriege – war die Monarchie bis zum Ende involviert und zwar neuerlich mit Konsequenzen für seine Zukunft. Unter der Herrschaft Franz II. (1792–1835), Leopolds Sohn, marschierten die österreichischen Armeen von einem Desaster zum nächsten. Der Aufstieg Napoleons machte die Dinge noch schlimmer. Als sich Napoleon 1804 selbst zum Kaiser von Frankreich ernannte, legte sich Franz II. einen ähnlichen, erblichen Kaisertitel zu: Kaiser von Österreich. Dies stand jedoch im Gegensatz zu dem von den Kurfürsten ›gewählten‹ Amt des Heiligen Römischen Kaisers. Die vernichtende Niederlage von Austerlitz ein Jahr später führte zu einem Friedensschluß, der Österreich zerstückelte. Die Schaffung des Rheinbundes 1806 veranlaßte Franz als Heiliger Römischer Kaiser abzudanken; das Heilige Römische Reich, das Napoleon erfolgreich von der europäischen Landkarte gefegt hatte, existierte nicht mehr. (Nun wurde aus Franz II. des Heiligen Römischen Reiches Franz I. von Österreich.) Eine weitere militärische Niederlage im Jahre 1809 machte Österreich endgültig zum Satellitenstaat, und Napoleon nahm die Tochter von Franz, die Großnichte Marie Antoinettes, Marie Louise, zur Frau. Nie zuvor waren die Habsburger an einem derartigen Tiefpunkt gewesen.

Innerhalb von fünf Jahren wurde die Monarchie jedoch wieder zum Doyen der Großmächte und zum Angelpunkt einer neuen anti-revolutionären, internationalen Ordnung. Der Architekt dieser bemerkenswerten Wende – groß geworden durch Napoleons eigene Tollkühnheit – war Klemens Lothar Fürst Metternich, der von 1810–1848 österreichischer Kanzler war.

Die Lehre, die er aus den dramatischen Schicksalsschlägen der Revolutionszeit zog, sollte die Gestalt Österreichs und Europas in der nach-napoleonischen Ära erheblich verändern. Da eine gänzliche Wiederherstellung des Ancien régime 1815 beim Wiener Kongreß unmöglich erschien, begann Metternich, die Monarchie als Bannerträger des Legitimitätsprinzips zu stilisieren und die anderen Mächte, zumindest Rußland, davon zu überzeugen, daß die Betonung der Legitimität – die Bewahrung der traditionellen Autorität und des wiedergewonnenen Status quo – das wichtigste Mittel war, um Europa den Frieden und seinen Monarchen den Thron zu sichern.[15]

Österreich verkehrte sich unter Metternich von einem Land mit aufgeklärtem Etatismus in ein Land, das sich in konservativer Manier auf die dynastischen Rechte berief, wie sie in der Schlußakte des Wiener Kongresses niedergelegt sind. Nach der Auflösung des historisch gewachsenen Status quo war die Monarchie unter Metternichs Führung dabei, eine konservative Wende in Europa voranzutreiben, um das Recht eines jeden noch im Amt befindlichen Monarchen – allen voran jenes der Habsburger – gegen den Druck der in Modernisierung begriffenen Gesellschaften zu verteidigen. Die Habsburger konnten diese Position leidlich in Anspruch nehmen, weil sie die politische Krise durch die Wiederherstellung ihrer zentraleuropäischen Territorien, die Erlangung einer führenden Rolle im Deutschen Bund – dem Ersatz des Wiener Kongresses für das ausgelöschte Heilige Römische Reich – und die Sicherung ihrer Position in einem Großteil des wohlhabenden Norditalien und in weiten Teilen von Zentralitalien überwinden konnten. Habsburgs Politik in Europa und in der Monarchie wurde so neuerlich eine Politik der Verteidigung der Rechte von Monarchen und der herrschenden Eliten.

Josephs Wende von einem dynastischen zu einem staatspolitisch orientierten Vorgehen war nicht von langer Dauer. Jede Identifikation mit dem österreichischen Staat jenseits einer Identifikation mit dem Herrscherhaus wurde im Keim erstickt. Die Preisgabe der ›patriotischen‹ Rebellion von Andreas Hofer in Tirol durch die habsburgischen Obrigkeiten war nur das offensichtlichste Zeichen, daß die Habsburger nicht daran interessiert waren, einen Staatspatriotismus zu fördern, der nicht deckungsgleich mit ihrem Haus war. Daß Franz I. eines Tages auf die Bemerkung, daß ein patriotisch gesinnter Mann bei ihm eine Audienz wünsche, angeblich antwortete: »Aber ist er ein Patriot für mich?«, faßt meiner Meinung nach die Rückkehr zu einem traditionellen, auf dynastischen Ansprüchen basierenden Verständnis der Monarchie gut zusammen.[16]

Die unterstellte Legitimität, die Metternich innerhalb und außerhalb der Monarchie zu verteidigen suchte, stand auf einer schwankenden Grundfeste. Der kaiserliche Titel war nicht mehr länger der des altehrwürdigen Heiligen Römischen Reiches, sondern ein künstlicher Titel von fragwürdiger Legalität, geschaffen durch die Imitation eines emporgekommenen (nunmehr gescheiterten) Korsen. Der Deutsche Bund war eine neue Körperschaft, die vorgab, das Erbe des Reiches zu verkörpern, sich aber ganz offensichtlich davon unterschied und keine traditionelle Autorität besaß. Österreich hatte noch immer seinen Anteil an der polnischen Teilung, die ihrerseits ein offenkundiger Bruch mit dem Legitimitätsprinzip gewesen war.

Auch innerhalb der Monarchie erinnerte das Verwaltungssystem wenig an traditionelle Vorformen. Es war die josephinische Bürokratie – ursprünglich unter Maria Theresia und Joseph II. entwickelt, um Österreich in einen modernen aufgeklärten Staat zu verwandeln –, die nun genötigt wurde, als ein Instrument der Reaktion zu dienen und gegen jede Form der radikalen Veränderung oder besser gesagt, gegen jedwede Form von Veränderung einzutreten. Sogar die Zensur und die Geheimpolizei, die ein berüchtigtes Instrument des Systems Metternichs darstellten, waren von Joseph II. eingeführt worden.[17] Welche Versuche der Veränderung Metternich und die anderen Berater von Franz I. auch immer unternahmen – etwa durch die Aufwertung der Landstände – es wurde dem verbliebenen System der bürokratischen Regulierung und der militärischen Dominanz immer nur die Maske der Legitimität übergestülpt.[18]

Trotz der Verteidigung des Status quo, auf die die Politik der Legitimität zunehmend hinauslief, konnte nicht verhindert werden, daß der josephinischen Staatsmaschine bald nach 1815 der Dampf ausging. Ähnlich wie im späten 17. Jahrhundert verflüchtigte sich die politische Brillanz der Habsburger in Ineffektivität und Rückständigkeit.[19]

Teilweise ist diese Entwicklung der Unfähigkeit des Herrschers Franz anzulasten, der trotz Metternichs Reputation und seines großen Einflusses die Schlüsselfigur der österreichischen Politik blieb. Franz vermittelte nach außen den Eindruck von kleinbürgerlicher Respektabilität und Hausbackenheit, der ihn bei den Wienern beliebt machte, und er erzeugte den Eindruck eines gewissenhaften Bürokraten, der, wann immer er konnte, über seinen Papieren saß. Das Problem war jedoch, daß sich seine Verwaltung des Staates oft darauf beschränkte, die Papiere wieder in jene Richtung zu schicken, aus der sie gekommen waren, oder sie in seinem Schreibtisch verschwinden zu lassen. Der Grund, warum während der Herrschaft von Franz kaum größere Reformen durchgeführt wurden, war, daß er alles, was nach einer konkreten Handlung verlangte, zurücklegte, um weitere Überlegungen anzustellen. So garantierte sein Zaudern, daß nichts geschah.[20] Ebenso stellte er sicher, daß seine wesentlich talentierteren Brüder von jedweder Form der Machtausübung ferngehalten wurden. Vielleicht war die Hartnäckigkeit von Franz, die Dinge so zu belassen, wie sie waren, auf seine negativen Erfahrungen in der Weltpolitik zurückzuführen. Der Einfluß auf die habsburgische Bürokratie war jedenfalls äußerst nachteilig.

Seine Einstellung zu den Gebildeten in seinem Reich hatte ebenso negative Auswirkungen. Franz' ausgesprochene Vorliebe für blinden Gehorsam anstelle selbständigen Denkens verlieh Österreich das Image eines umnachteten Landes und »Völkerkerkers«[21]. Der Bildungsrückstand gegenüber Norddeutschland, der bereits zu Maria Theresias Zeit erheblich gewesen war und den Joseph zu verringern versuchte hatte, war neuerlich unübersehbar und verschaffte Preußen einen weiteren Vorsprung im Rennen um die kulturelle Vormacht in der deutschen Kultur.[22]

Auch in ökonomischer Hinsicht bedeutete die Regentschaft von Franz, obwohl sich die Monarchie von den Folgen der Kriegsjahre erholte, daß sie gegenüber den Ländern nördlich und westlich der Monarchie, die in den Anfängen des Wirtschaftswachstums und der technologischen Entwicklung steckten, die später als Industrielle Revolution bekannt wurde, ins Hintertreffen geriet. Metternich mag daran interessiert gewesen sein, die Wirtschaft anzukurbeln, doch sein Kaiser, die ineffiziente Bürokratie, der Bildungsrückstand und die politische Unterdrückung sowie die ständigen Finanzprobleme machten es schwierig, wenn nicht sogar unmöglich, dieses Ziel zu erreichen. Umgekehrt verhinderte die ökonomische Schwäche, daß die Monarchie in finanzieller Hinsicht der Rolle hätte gerecht werden können, die ihr Metternich vermeinte: Beschützerin der konservativen Übereinkunft von 1815.[23]

Metternichs Rückkehr zum Prinzip der Legitimität, die Franz unterstützte, führte dazu, daß sich die Probleme Österreichs weiter verschärften. Bis in die 1830er Jahre hatten sich nämlich Formen von Legitimität entwickelt, die das dynastische oder religiöse Vorrecht auf Autorität in Frage stellten: So bedrohten der Liberalismus, der Nationalismus und das Fortschrittsdenken im allgemeinen das eigentliche Fundament der habsburgischen Stellung, wie es von Metternich wiederhergestellt worden war. Der Liberalismus stand mit seiner Befürwortung der Volkssouveränität, der Bürgerschaft und der Freiheit des einzelnen in klarer Opposition zum Führungsanspruch der Dynastie, die für sich in Anspruch nahmen, kraft göttlichen Rechtes zu regieren. Der Nationalismus, der seine Legitimität aus der Autorität einer spezifischen Volksgemeinschaft ableitete, bedrohte die Habsburger, die es immer verabsäumt hatten, eine spezifische Identität, unabhängig vom Herrscherhaus, zu fördern. Im Zentrum der nationalen Identifikation standen nämlich keine Einrichtungen des Staates, sondern Länder oder Volksgruppen. Österreich sollte sich auch in seinen Kernlanden als Nationalitätenstaat und nicht als Nationalstaat erweisen. Die Ambivalenz des Herrscherhauses in diesem Punkt, das weder a-national noch überzeugend deutsch war, sollte die Entwicklung der Monarchie im 19. Jahrhundert besonders prägen.

In gewisser Weise erwies sich die Idee des Fortschritts für das Prinzip der Legitimität am zerstörerischsten, denn sie bedeutete in internationalen Zusammenhängen eine Rückkehr zu den Prinzipien, die zur Invasion in Schlesien, zur Teilung von Polen und zum Verschwinden des Heiligen Römischen Reiches geführt hatten. Das hegelianische Konzept ›Die Weltgeschichte ist das Weltgericht‹ war die Totenglocke einer internationalen Ordnung, die auf Legitimität und Status quo beruhte, denn es gab die Ansprüche der Tradition und der angestammten Rechte (auch wenn sie nicht so alt waren) für das preis, was funktionierte und erfolgreich war. Wenn man davon ausgeht, daß ›Fortschritt‹ in politischer, bildungsmäßiger und ökonomischer Hinsicht zur führenden Ideologie der westlichen Mächte und weiter Teile der deutschen Gebildeten wurde und ›Nützlichkeit‹ und ›Freiheit‹ den politischen Diskurs der führenden Finanzmacht dieser Zeit, England, dominierten, so wird deutlich, wie fragwürdig Metternichs Politik bereits geworden war.

Zum Zeitpunkt des Todes von Franz im Jahre 1835 war Österreichs Stern im Sinken begriffen. Außenpolitisch war Metternich nicht imstande gewesen, die Verbreitung von Liberalismus und Nationalismus erfolgreich zu verhindern, während dies etwa britische Schiffe in Belgien oder an der iberischen Halbinsel sehr wohl geschafft hatten und russische Eigeninteressen, etwa in Griechenland, Argumente für kaiserliche Solidarität hatten außer Kraft setzen können.[24] Innerhalb der Monarchie wurden dem absolutistischen Regime in Ungarn, wo der ungarische Reichstag 1825 nach vielen Jahren erstmals wieder zusammentreten durfte, Zugeständnisse abgerungen.[25] Die Finanzen waren noch immer in einem prekären Zustand – eine denkbar schlechte Basis für Metternichs Verpflichtung, in den österreichischen Interessensphären in Deutschland und Italien den Frieden zu sichern und die Revolution zu verhindern. Die Monarchie, die sich als die ›europäische‹ Verteidigerin von Legitimität, Status quo und Reaktion in Szene gesetzt hatte, wurde nun zur bevorzugten Zielscheibe von Reformern, Revolutionären, Liberalen und Nationalisten in ganz Europa, besonders jedoch in den habsburgischen Einflußgebieten in Deutschland und in Italien. Als Ferdinand, ein liebenswürdiger, aber von Epilepsie geplagter und geistesverwirrter Mensch in strikter dynastischer Nachfolge den Thron bestieg – neuerlich ein dynastisches ›Unglück‹ –, sah die Zukunft der Habsburger nicht vielversprechend aus.

Absolutismus 1830 – 1859

Der Aufstieg eines Kaisers

Kaiser Franz Joseph wurde am 18. August 1830 in eine Familie geboren, deren Herrschaft stabil war, auch wenn sie Zeichen von Stagnation aufwies und aufgrund der revolutionären Erhebungen dieses Jahres Grund zur Sorge bestand. Der Großvater des Neugeborenen, Franz I., war nach wie vor an der Macht, und er stand einer Hofgesellschaft vor, die zuverlässig konservativ war, auch wenn die Anwesenheit des Herzogs von Reichstadt, des Sohnes aus der Ehe Napoleon Bonapartes mit der Tochter von Franz I., Marie Louise, an andere Zeiten erinnerte. Damals war Franz bereit gewesen, am dynastischen Kampf um die Macht teilzunehmen, doch nun zeichnete sich – in seinen alten Tagen – ein sehr bedrohlicher Aspekt seiner dynastischen Herrschaft ab: die Unsicherheit der Nachfolge.

Sein ältester Sohn, Ferdinand, war zwar der legitime und von Franz auserwählte Nachfolger, doch ließen es sein physischer und psychischer Zustand zweifelhaft erscheinen, ob er die herausfordernde Position eines absoluten Herrschers würde einnehmen können. Zweifelhaft war auch, ob er seinerseits Nachkommen haben würde, und tatsächlich blieb seine Frau kinderlos. Der nächste in der Nachfolge war der zweitälteste Sohn von Franz, Franz Karl. Er war nicht sehr viel cleverer als Ferdinand, doch zumindest gesund an Körper und Geist. Die Herrschaft in einer mehr oder weniger unkomplizierten Form zu sichern, hatte zur Voraussetzung, daß seiner Ehe mit der bayerischen Prinzessin Sophie (der Schwester der vierten Frau von Franz I.) ein männlicher Nachfolger entsprang. Die ›Ankunft‹ Franz Josephs, das erste Kind der beiden, war daher sehr willkommen, sicherte sie doch die Nachfolge.

Niemandem war die Geburt von Franz Joseph willkommener als seiner Mutter. Sophie von Bayern hatte von Anbeginn an große Pläne für ihren Sohn und legte in ihn all die Hoffnungen auf zukünftige Macht und Größe, die sie – eine weibliche Außenseiterin aus Bayern an einem österreichischen Hof, hauptsächlich damit beschäftigt, die männliche Linie fortzusetzen – niemals für sich hätte realisieren können. Zu Sophies machtpolitischen Ambitionen kamen eine hohe Intelligenz, eine ausgeprägte katholische Frömmigkeit und ein Anflug von konservativem, deutschen Romantizismus hinzu. Sie verschrieb sich ganz Franz Joseph, über den sie ein Leben lang einen starken Einfluß behalten sollte.[1]

Als Ferdinand 1831 heiratete, bangte Sophie um die politische Zukunft Franz Josephs, doch wurde bald offensichtlich, daß der Ehe keine Kinder entspringen würden und Franz Joseph, der gesund und zumindest von mittelmäßiger Intelligenz war, ganz nach Sophies Plänen als der nächste

Kaiser erzogen werden konnte. Die Erziehung von ›Franzi‹, wie Franz Joseph als Kind gerufen wurde, war an der habsburgischen Hoftradition ausgerichtet, und Sophie wohnte selbst vielen Unterrichtsstunden bei.[2] Mit sechs Jahren wurde ›Franzi‹ der Aufsicht seiner Aja (Kinderfrau) entzogen und unter die Aufsicht seines ›primo-ajo‹, Heinrich Graf Bombelles, gestellt, womit seine formelle Erziehung begann. Bombelles, der Abkömmling einer adeligen Emigrantenfamilie aus dem revolutionären Frankreich und Metternichs persönliche Wahl für diese wichtige Aufgabe, entwickelte einen ausgeklügelten Erziehungsplan für den zukünftigen Herrscher.[3]

Unter seiner Aufsicht und jener des ›secundo-ajo‹, Alexius Graf Coronini-Cronberg, hatte ›Franzi‹ im Alter von sechs Jahren 13 Stunden Unterricht pro Woche, im Alter von sieben Jahren bereits 32 Stunden. Zu diesem Zeitpunkt bestand sein Unterricht aus Deutsch, Schreiben, Geographie, Religion, Zeichnen, Tanzen, Gymnastik, Fechten, Schwimmen und militärischen Übungen sowie aus Französisch, Ungarisch und Tschechisch.[4] Bald kamen weitere Gegenstände wie Geschichte, Reiten und Musik sowie als weitere Fremdsprache Italienisch hinzu. In seinem zwölften Lebensjahr absolvierte Franz Joseph bereits 50 Unterrichtsstunden in der Woche. Der sehr gewissenhafte und pünktliche Schüler gab sein bestes, obwohl er dabei von seinem jüngeren und lebendigeren Bruder, Ferdinand Max, überstrahlt wurde, im Lesen nicht allzu gut war und Zeichnen und die Kriegskunst bevorzugte. Alles in allem wurde ihm das Aufgebürdete bald zuviel. Mit 13 Jahren führte seine Überarbeitung zu einer streßbedingten Krankheit. Doch nach einer kurzen Atempause wurden ihm noch mehr Fächer auferlegt.[5] Ab 1844 lehrte ihn Othmar von Rauscher Philosophie, und im Alter von 16 studierte Franz Joseph zusätzlich Rechtswissenschaft, Diplomatie, Astronomie, Technologie und Polnisch. Sein Unterricht begann um sechs Uhr früh und dauerte bis 21 Uhr an.[6]

Das belastende Programm war mit seiner speziellen Betonung der Fremdsprachen auf die Bedürfnisse und Zwänge des Oberhauptes eines dynastischen und multinationalen Staates ausgerichtet, der zudem eine europäische Großmacht war. Ein Herrscher mußte nicht nur die Sprachen seiner Untertanen sprechen (zumindest jene, die wichtig waren). Er mußte auch in der Lage sein, sich in internationalen Zusammenhängen in französischer Sprache zu verständigen (Franz Joseph lernte nie Englisch). Für den zukünftigen absoluten Herrscher war es aber nicht vorgesehen, daß er sein Volk oder dessen Repräsentanten direkt ansprach. Daher wurde er trotz zahlreicher Stunden in Fechten, Tanzen usw. niemals in der Kunst der öffentlichen Rede unterrichtet.[7]

Was man Franz Joseph hauptsächlich und vor allem lehrte, war die Kriegskunst. Schon als Jugendlicher entwickelte er an der Seite seines Vaters eine Vorliebe für die Jagd, die er ein Leben lang beibehielt. Noch war das Schießen nur eine Freizeitbeschäftigung. Seine größte Liebe entwickelte er jedoch – und zwar seit seinen frühesten Jahren – für eines der Hauptgebiete eines absoluten Herrschers in der nachnapoleonischen Ära: die Armee. Franz Joseph bekam seine erste Uniform mit drei und sein erstes Regiment mit 13 Jahren.[8] Er kam in den Genuß aller Aspekte des militärischen Lebens, von der Ausbildung der kaiserlichen Leibgarden, die er als kleines Kind vom Fenster seines Zimmers beobachtete, bis zu den Lektionen, die ihm sein militärischer Lehrer Franz von Hauslab als Halbwüchsiger gab. Die Familie stärkte seine Vorliebe für das Militär und machte ihm zu Weihnachten Geschenke, die mit dem Militär zu tun hatten. So erklärte Franz Joseph auch zu Weihnachten 1835 im Alter von fünf Jahren: »Das, was Militärs ist, ist mir das liebste.«[9] Seine Identifikation mit dem Militär und seine Vorliebe für das Tragen militärischer Uniformen begleiteten ihn ein Leben lang.

Franz Joseph hatte einen starken Eigensinn, der zwar nicht dem blinden Gehorsam des Soldaten entsprach, für einen Oberbefehlshaber jedoch sehr geeignet erschien. Auch Pünktlichkeit, peinliche Genauigkeit, Gewissenhaftigkeit, Pflichtbewußtsein und vor allem die Bereitschaft, Ordnungen anzuerkennen, alles Eigenschaften, die Franz Joseph als Kind zur genüge erlernt hatte, waren wichtige Tugenden für den militärischen Alltag. Außerdem paßte die Kultur der habsburgischen Armee gut zu Franz Joseph, der die Dinge lieber empirisch betrachtete und Probleme aufgrund von Alltagserfahrungen löste und nicht aufgrund eines komplexen Politikverständnisses oder theoretischen Wissens. Er war niemals ein großer Denker, und das verband ihn mit dem Korpsgeist der österreichischen Armee.[10]

Franz Joseph kannte keine eigenen Prinzipien jenseits derer, die er von seinen in der Ära Metternich groß gewordenen Erziehern übernommen hatte. So wie ihn Rauscher ›Philosophie‹ aus dem Blickwinkel eines besonders konservativen Katholiken lehrte, lehrte ihn Joseph Fielo Geschichte, indem er ihm eintrichterte, ›Liberalismus‹ und ›Konstitution‹ seien zwei Dinge, die ein selbstbewußter Habsburger und zukünftiger Herrscher von göttlichem Recht mit allen Mitteln zu verhindern habe.[11] Diese konservative, absolutistische Weltsicht wurde durch die gleichfalls reaktionäre Sichtweise seiner Mutter verstärkt, die 1830 für die Zerstörung des revolutionären Paris kraft göttlicher Macht gebetet hatte, von den ›liberalen Blödheiten‹ Wilhelm IV. sprach und das ›illegitime‹ Regime der Orléans in Frankreich niemals hinnehmen wollte.[12] Franz Josephs Erziehung in Theorie und Praxis des Absolutismus wurde gekrönt durch eine Serie von sonntäglichen Nachmittagsstunden über die Staatskunst, die der Halbwüchsige ab November 1847 zunächst von Metternich selbst erhielt. In diesen Stunden lernte Franz Joseph, daß der Herrscher der habsburgischen Länder die Außenpolitik stets vor die Innenpolitik zu reihen hat.[13]

Der Vormärz

Die Probleme, die sich bis zum Ende der Regentschaft Franz I. innerhalb der habsburgischen Zentralverwaltung entwickelt hatten, wurden durch die Nachfolge des stark beeinträchtigten Ferdinand nicht geringer. Teilweise hatten diese Probleme mit Ferdinand selbst zu tun. Wie es Franz Josephs Mutter Sophie ausdrückte, war es schwierig, zu einem Befehlshaber ›aufzuschauen‹, der das physische Erscheinungsbild von Ferdinand bot.[14] Das Hauptproblem war jedoch, daß die de facto regierende Körperschaft, die Staatskonferenz, bestehend aus Metternich, Kolowrat, Erzherzog Ludwig und Franz Josephs Vater, Franz Karl, niemals imstande war, jenes Vakuum auszufüllen, das durch Ferdinands Probleme entstand. Metternich und Kolowrat stritten sich fortwährend, wer welchen Teil der Verwaltung übernehmen sollte, während sich Erzherzog Ludwig als ein noch größerer Zauderer erwies, als es Franz I. gewesen war.[15]

Metternich drängte weiterhin auf eine strengere Kontrolle mancher Länder, vor allen Dingen Italiens und Ungarns, und forderte mehr Geld für das Heer, während Kolowrat jeder weiteren Belastung der Finanzen, die ohnedies in einem schlechten Zustand waren, ablehnend gegenüberstand. Erzherzog Ludwig tendierte dazu, den Weg des geringsten Widerstandes zu gehen, was in der Regel hieß, Kolowrat zu unterstützen und ansonsten nicht allzu viel zu tun.[16] Während die Politik im Zentrum vor sich hin schlitterte, sank das Gehalt der josephinischen Beamten, was sie immer mehr demoralisierte. Schließlich kam die Kritik sogar aus den Regierungsstellen selbst, die nur mehr aus einem schäbigen Budget finanziert wurden, und die frustrierten Beamten verlangten nach einer Reform der Regierung, die ihren modernen und zunehmend liberalen Vorstellungen entsprach. Nun wurde der habsburgische Staat, der eine Schicht von gebildeten Beamten hervorgebracht hatte, zur Zielscheibe der oft intellektuellen, oft aber auch materiellen Unzufriedenheit dieser Beamten. Der österreichische Liberalismus kam, wie auch andernorts, aus dem Inneren des Staatsapparates.[17]

Das Hauptproblem der Habsburgermonarchie in der Periode vor dem März 1848 bestand darin, daß es nie genügend Geld oder Ressourcen gab, um die außenpolitischen Verpflichtungen zu erfüllen oder/und im eigenen Land eine durchschlagskräftige Regierung aufzubauen. Metternichs Politik hatte kostspielige militärische Interventionen beziehungsweise Vorbereitungen für Interventionen notwendig gemacht – etwa in Italien, wo die Armee stationiert wurde, um der französischen Bedrohung zu begegnen –, wobei die Monarchie die Finanzierung dieser Armee kaum mehr bewältigen konnte. Zum Teil war dies durch die relative ökonomische Rückständigkeit der Habsburgermonarchie bedingt, was bedeutete, daß es weniger Ressourcen auszubeuten gab, als etwa in England. Das andere Problem war, daß auch die Ressourcen, die es gab, aufgrund der in der Zwischenzeit entstandenen

Ambivalenzen des absolutistischen Staates, weitgehend unbesteuert blieben.[18] Die Aufgabe der josephinischen Politik hatte nämlich dazu geführt, daß die absolutistische Kontrolle der Habsburger über ihren Staat nur teilweise funktionierte. Vor allem Ungarn war noch im Besitz von Privilegien und privilegierten Einrichtungen wie der Komitatsverfassung, die den absolutistischen Ansprüchen Habsburgs im Wege stand.[19] Habsburgs Sparhaushalt hatte zumindest teilweise auch damit zu tun, daß, wann immer man Geld von Ungarn brauchte, der Reichstag angerufen werden mußte, der immer mehr Konzessionen erzwang – und oft auch bekam –, je öfter er zwischen 1825 und 1848 zusammentrat.[20] In jenen Teilen, in denen es eine absolutistische Kontrolle gab, wurden Investitionen in lokale Belange so sehr vom Zentrum gefürchtet, daß sie nicht allzu sehr vorangetrieben wurden. Das Ergebnis waren ständige Liquiditätsprobleme. Sie beschränkten im Gegenzug die Möglichkeit der Habsburger, Soldaten und Beamte zu bezahlen, die notwendig gewesen wären, um die Zentralgewalt in Ländern wie Ungarn auszudehnen. Dies führte wiederum dazu, daß sich Ungarn weigern konnte, mehr Steuern zu zahlen usw. usw.

In den 1840er Jahren versuchte Metternich, die Provinzen und Länder – allen voran Italien und Ungarn – einer noch strafferen, wenn auch weitgehend heimlichen Kontrolle durch die Zentralgewalt zu unterwerfen. Dies führte zu noch größerem Widerstand, was weitere Ausgaben für Truppen und Polizei nach sich zog, um der Unruhen Herr zu werden. Die Durchsetzungspolitik, die begonnen wurde, um die habsburgischen Zentralautoritäten reicher und daher auch mächtiger zu machen, wurde so weitgehend sinnlos.[21] Der Kampf zwischen Zentrum und Peripherie steuerte auf eine Kraftprobe zu, in der es alles andere als klar war, daß das Zentrum überlegen sein würde.

Das Nationalismusproblem

Der Widerstand der Provinzen und Länder gegen eine Ausweitung der habsburgischen Macht entwickelte sich in engem Zusammenhang mit dem in den 1840er Jahren unter den europäischen gebildeten Eliten um sich greifenden Nationalismus. Wie bereits ausgeführt, war der Nationalismus als eine im wesentlichen liberale Ideologie aufgekommen, die den historischen Rechten eines legitimierten, dynastischen Herrschers, die Metternich verteidigte, das Recht der historisch gewachsenen Völker auf ihre eigenen nationalen Regierungen entgegensetzte. Was auch immer die Gründe waren, es mehrten sich im 19. Jahrhundert unter den gebildeten und politisch bewußten Eliten in Europa – das heißt unter jenen Teilen der Bevölkerung, die zählten – die Stimmen, die nach einer Veränderung der europäischen Landkarte verlangten, sodaß die Grenzverläufe die von den Nationen selbst bestimmten Staaten gewährleisteten.

Nicht jede Nation ohne eigenen Staat gehörte zur Mitte des 19. Jahrhunderts zur gleichen Kategorie: So gab es große ›historische‹ Nationen wie die Deutschen oder die Italiener, die über verschiedene Staaten verstreut waren. Es gab mittlere ›historische‹ Nationen, deren etablierte historische Gebiete einem größeren Reich angehörten, etwa die Magyaren, oder solche, die auf verschiedene Reiche aufgeteilt waren wie die Polen. Dann gab es noch kleinere ›geschichtslose Nationen‹, oft als Nationalitäten bezeichnet, die entweder als unabhängige politische Einheit (die Hauptfrage zu dem so wichtigen ›historischen Status‹), etwa im Fall Sloweniens, sehr wenig ›historische‹ Tradition aufzuweisen hatten oder deren ›Geschichte‹ durch eine Eroberung getilgt worden war, wie im Fall der Tschechen in der berühmten Schlacht auf dem Weißen Berg im Jahre 1620.[22]

Die Tatsache, daß der Ausschluß der Tschechen aus dem Bund der ›ersten‹ historischen Nationen so genau bestimmt werden kann, wurde dann ein Problem, wenn die Tschechen in der Taxonomie des 19. Jahrhunderts in die Kategorie ›geschichtslos‹ eingereiht wurden, doch die Dezimierung der tschechischen politischen Nation (Adel) im 17. Jahrhundert und die Zäsur in der kulturellen Entwicklung der Tschechen waren schlagkräftige Argumente gegen die Tschechen im Kampf um ihre historische Zuordnung. Die Bedeutung von Geschichte, auch die ›Erfindung‹ von Geschichte in Zentraleuropa, hat viel mit dem Faktum zu tun, daß der Status einer Nation erheblich davon abhing, auf welcher Stufe der Klassifikation sie eingereiht wurde.[23] Die Fähigkeit der Tschechen, ihre Geschichte ›wiederherzustellen‹, sodaß sie eine ›historische‹ Nation wurden, war daher nicht nur Ausdruck ihrer wachsenden Macht, sondern deren eigentliche Ursache.

Während einzelne Nationalitäten um die Jahrhundertwende aus ihrem ›geschichtslosen‹ Schlummer noch nicht ganz ›erwacht‹ waren, waren die großen historischen Nationen und so manche andere Nation, vor allem die Tschechen, hellwach. Was auch immer die Masse einer Bevölkerung über nationale Pflichten und Rechte gedacht haben mag, jede Nation hatte ihre selbsternannten Führer, die nach Anerkennung, Autonomie und Unabhängigkeit ihrer Nation oder zumindest nach einem erklecklichen Anteil an den Staatsgeschäften verlangten. Daß die Nationen im 19. Jahrhundert von diesen Staatsgeschäften ausgeschlossen beziehungsweise zu wenig berücksichtigt wurden, war auch die Ursache für die zahlreichen nationalistischen Erhebungen, die den politischen Status quo herausforderten.

Das Problem, das der Nationalismus für die Habsburgermonarchie aufwarf, kann nur richtig beurteilt werden, wenn man bedenkt, daß es sich bei all den oben angeführten Beispielen um Völker handelte, die entweder ganz oder zum Teil innerhalb der Grenzen der Habsburgermonarchie lebten. Wie erwähnt hatte sich aufgrund des dynastischen Charakters des Reiches keine vorherrschende Staatsnationalität entwickelt und somit auch keine österreichische Identität, die mit den eher ethnisch oder sprachlich strukturierten

Identitäten, ganz zu schweigen von den Identitätensebenen auf Gemeinde- und Länderebene, auch nur Gleichheit erlangen hätte können.[24] Im Zentrum gab es zwar einen österreichischen Patriotismus unter den aufgeklärteren Teilen der Bürokratie, aber selbst dies wurde durch die legitimistische Identifikation des Staates mit den Habsburgern überschattet.[25]

Unter anderen Umständen wäre dies kein Problem gewesen: Man hätte nur eine dominante nationale Gruppe gebraucht, die über die anderen die Oberhand gewinnt. Jeder ›Nationalstaat‹ in Europa hatte, und viele haben es noch immer, Minoritäten innerhalb seiner Grenzen, die, sofern sie nicht unterdrückt werden, für die endgültige nationale Einigung ein Problem darstellen. England etwa hatte die Waliser, die Schotten und vor allem die Iren. Trotzdem kann die dominante Nation diese Gruppen, wenn es genügend von ihnen gibt, unter Kontrolle und innerhalb des Staatswesens halten. Das traf auf die Habsburgermonarchie nicht zu. Denn, wie Kjellen es formuliert: »Eine Großmacht kann ohne Schwierigkeiten ein Irland aushalten, wie es England gelungen ist, ja sogar drei, wie es im kaiserlichen Deutschland (Polen, Elsaß, Schleswig) der Fall war. Ganz anders liegt der Fall, wenn eine Großmacht aus fast nichts anderem als aus Irlanden besteht, wie in Österreich-Ungarn.«[26]

Der Zufall wollte es, daß die demographischen Verhältnisse in Zentraleuropa und die Zufälle im dynastischen Zuerwerb oder Verlust von Land darauf hinausliefen, daß die Habsburgermonarchie zu einem Reich wurde, das keine demographisch dominante, nationale Sprachgruppe oder Ethnie aufwies. Wenn Schlesien nicht verloren worden oder Bayern statt Galizien gewonnen worden wäre, wenn Prinz Eugens Gewinne gegen die Türken nicht ganz so weitreichend gewesen wären, wenn es Joseph II. geschafft hätte, Deutsch als Sprache der Verwaltung im ganzen Reich durchzusetzen, dann hätte die deutsche Position eine lebensfähigere Basis bekommen, auf der sich eine einheitliche Identität entwickeln hätte können. So wie die Dinge lagen, waren die Deutschen jedoch keine prozentmäßig dominante Gruppe der Bevölkerung, auch wenn sie in vielen anderen Belangen deutlich vorherrschend waren.

Daß die gegenläufigen Argumente so früh genannt werden, sagt so manches über den Charakter der Habsburgermonarchie und ihre geschichtliche Entwicklung aus. Man könnte nämlich genau so gut sagen, daß die Monarchie in jedem Fall eine andere gewesen wäre, wenn die Deutschen dominanter gewesen wären. Man könnte sogar noch weiter gehen: Die vielsprachige Struktur des Reiches war nicht nur ein Produkt des Schicksals oder der Geographie. Wichtig dafür war auch die Einstellung der Dynastie, die sich nie irgendeiner nationalen oder proto-nationalen Identität verschrieb, auch nicht irgendeinem besonderen Teilstaat, nicht einmal ihrem eigenen. Begabungen und Talente suchte man, wo man sie finden konnte, denken wir nur an den Savoyer Prinz Eugen, den Holländer van Swieten, die im Grunde irische Familie Taaffe oder die Deutschen Beethoven und Mozart. Wie wir gesehen haben, wurden Gebietsgewinne gesucht, wo immer man konnte, unabhängig von der Nationalität, der Nachbarschaft oder den Interessen der Staatsintegration.

Man könnte sogar mit Ernest Gellner sagen, daß es in der vormodernen Zeit – als die Massenkommunikation noch kein Haupterfordernis war, um ökonomischen oder politischen Erfolg zu haben – eher im Interesse einer Dynastie lag, über Völker zu herrschen, die durch die Sprache getrennt wurden, weil es weniger wahrscheinlich war, daß sich diese gegen den kleinsten gemeinsamen Nenner, die Zentralmacht, zusammenschließen würden.[27] Aber was in einem vormodernen, dynastischen Staatsgebilde Erfolg versprach, funktioniert in einem modernen Staat weit weniger gut. Ganz im Gegenteil: Jedes einschlägige Projekt wurde blockiert, wie Joseph II. allzu deutlich erfahren mußte. Dennoch blieb, wie wir noch sehen werden, die Trennung der Völker aufgrund ihrer unterschiedlichen Sprache für die dynastische Macht von einigem Wert.

1848 bestand die Habsburgermonarchie aus vielen ›Irlanden‹: Die Deutschen waren meist im Westen und im nordwestlichen Grenzland zum Rest des Deutschen Bundes angesiedelt; zusätzliche Siedlungen waren über das ganze Reich verteilt. Wie erwähnt waren sie dem am nächsten, was man eine dominante Nation nennen könnte; sie verhielten sich auch so und wurden noch am ehesten als das angesehen, was man ein Staatsvolk nennen könnte.[28] Die zentrale Verwaltung sprach Deutsch, und die Dynastie hatte deutsche Ursprünge, ja war sogar stolz darauf, die führende deutsche Fürstenfamilie zu sein. Franz Joseph sollte sich später als deutscher Fürst bezeichnen und aufgrund seiner Herkunft lag er darin auch weitgehend richtig. Er war zumindest mütterlicherseits Bayer und heiratete eine Bayerin. Die Deutschen waren zur Mitte des 19. Jahrhunderts auch die dominante Erscheinung in den Städten Zentraleuropas; neben Wien stellten sie in Prag (Praha), Preßburg (Bratislava), Buda/Pest, jedoch auch in kleineren Zentren, etwa in Budweis (heute České Budějovice) oder Brünn (Brno) die Majorität.[29]

Teilweise war die städtische Dominanz des Deutschen jedoch trügerisch, da viele ›Deutsche‹ einen nicht-deutschen Hintergrund hatten, die deutsche Sprache jedoch aufgrund der Tatsache, daß Deutsch fast im ganzen Reich die Sprache des Handels und der Verwaltung war, für sich übernommen hatten. Viele dieser ›Deutschen‹ waren ebenso wie weite Teile der deutschsprachigen Aristokratie den Habsburgern gegenüber loyaler eingestellt, als sie es irgendeinem Volk gegenüber waren. Ihre Loyalität galt zudem eher vormodernen Institutionen, etwa der Dynastie oder ihrem eigenen Stand, als modernen Konzeptionen, etwa der Nation. Andere Deutsche gehörten, vor allem weil sie zu den wohlhabendsten und gebildetsten Bevölkerungsgruppen der Monarchie zählten (die Ausnahme war Lombardo-Venetien), zur Vorhut der Modernisierung. Der gebildeten deutschen Mittelschicht gehörten auch die Führer des österreichischen Liberalismus gegen die von Metternich entwickelte (habsburgische) Unterdrückung an. Daß diese Führer Liberalismus mit deutschem Nationalismus identifizierten, sollte rasch zu größeren Komplikationen führen.[30]

Die Italiener, die in der Monarchie lebten, waren wohlhabender und gebildeter als die Deutschen, doch waren die habsburgischen Italiener in Lombardo-Venetien (im Unterschied zu der viel älteren habsburgisch-italienischen Bevölkerung in Tirol und entlang der adriatischen Küste) in den Teil des Reiches jenseits der Alpen wenig integriert, sodaß sie nicht so sehr mit der Monarchie identifiziert wurden wie die Deutschen. Das Machtzentrum war Wien, nicht Mailand oder Venedig, und die mailändischen und venezianischen Eliten waren darüber ebenso verstimmt wie über die anmaßende, wenn auch mitunter effiziente habsburgische Bürokratie. Daß es für ihre Söhne nicht leicht war, in dieser Bürokratie aufzusteigen, machte die Habsburger in den Augen des italienischen Adels nicht sympathischer. Der Ausschluß vom habsburgischen Hof verschlimmerte die Beziehungen zusätzlich. So wurden die italienischen Provinzen unter habsburgischer Herrschaft bis 1848 von großer Unruhe erfaßt; daher waren sie auch empfänglich für nationalistische Propapanda und die Schmeicheleien der Piemonteser. Sie wurden dadurch zu einem riesiges Problem, denn für die Stützung der habsburgischen Finanzen und zur Abwehr der französischen Interessen in Italien waren sie unentbehrlich.[31]

Die Magyaren, besser gesagt die magyarischen politischen Eliten aus dem Adel und dem Landadel, waren ebenso unzufrieden mit ihrem Schicksal, doch hatten sie im Unterschied zu den Italienern mehr institutionellen Raum, um ihre Forderungen formulieren und durchsetzen zu können. Ungarn war für die Habsburger immer eine Herausforderung gewesen. Da weite Teile des Königreiches erst an der Wende vom 17. zum 18. Jahrhundert von den Türken zurückerobert worden waren, war die Dynastie nie imstande gewesen, der traditionellen ungarischen Verwaltung – sie baute auf den Komitaten auf, die von den Versammlungen lokaler Landadeliger regiert wurden – ihren absoluten Willen aufzuzwingen. Joseph II. hatte diesbezüglich den radikalsten Versuch unternommen, als er versuchte, Latein als die traditionelle Sprache der Verwaltung durch Deutsch zu ersetzen. Der magyarische Adel und der Landadel konnten jedoch die historisch angestammten Rechte der ungarischen Stände und die feudalen Privilegien, die damit verbunden waren, erfolgreich verteidigen.[32] Im frühen 19. Jahrhundert wurden die Habsburger gezwungen, die ungarischen Stände beziehungsweise den Reichstag als Rechtsgrundlage für die Besteuerung im Königreich zu St. Stephan anzuerkennen. Auch wenn sich Franz und Metternich gesagt haben mögen, daß dies nur dekorativen Charakter habe, spielten die magyarischen Führer die theoretische ›konstitutionelle‹ Macht des Reichstags geschickt aus, sodaß sich Ungarn bis zum Jahre 1848 in der Habsburgermonarchie als

Machtzentrum – und Dorn im Fleisch der Habsburger – etablieren konnte. Die Entwicklung einer modernen Theorie des Konstitutionalismus, basierend auf den mittelalterlichen Rechten der ungarischen ›Nation‹ (Adel und Landadel) und der Ersatz des Lateinischen nicht durch das Deutsche, sondern durch eine modernisierte und verjüngte ungarische Sprache beflügelten nicht nur den eloquent zum Ausdruck gebrachten ungarischen Nationalismus, sondern auch die Forderung nach umfassenderen konstitutionellen Rechten, wenn nicht sogar einer Autonomie für die Länder der Stephanskrone.[33]

Auch die Polen gehörten zu den ›historischen Nationen‹, und sie stellten den politischen Favoriten des Liberalismus des frühen 19. Jahrhunderts dar. Die polnische Elite in Galizien spielte immer wieder eine Rolle bei den zeitweise sehr lebendigen Versuchen, das polnische Königreich aus der russischen, preußischen und österreichischen Umklammerung zu befreien. Der letzte Versuch, die österreichischen Fesseln abzuschütteln, hatte 1846 in einer Katastrophe geendet, als die nationalistische Erhebung nicht nur an der österreichischen Obrigkeit, sondern vor allem an einer Revolte der unterdrückten, polnischen und ukrainischen Bauern scheiterte. Die nationalen Angelegenheiten dominierten die sozialen Fragen zu dieser Zeit noch nicht zwingend, ja sie konnten sogar durch soziale Probleme in den Hintergrund gedrängt werden. 1848 war Galizien jedenfalls relativ friedlich.[34]

Nach wie vor damit beschäftigt, sich aus der auf der dramatischen Degradierung des Jahres 1620 beruhenden Zuordnung zu den ›geschichtslosen‹ Ländern zu lösen, befanden sich die Tschechen – 1848 hauptsächlich in den böhmischen Kronländern im Nordwesten der Monarchie ansässig – inmitten eines Prozesses nationalen Erwachens. Am frühesten wurde dies in der Sphäre der Kultur sichtbar, wo der tschechische Nationalismus politische Züge annahm und sich die gebildeten, bürgerlichen Führer mit den Mitgliedern des böhmischen Adels zusammentaten, deren Vorfahren zu den Nutznießern der habsburgischen Freigiebigkeit zur der Zeit des gegenreformatorischen Übergriffs auf die böhmische Gesellschaft gezählt hatten. Obwohl sie gegenüber den Ungarn zeitlich zurücklagen, begannen auch die tschechischen Nationalisten die Anerkennung des ›Staatsrechts‹ der böhmischen Länder zu fordern, das heißt die an den Ländergrenzen festgemachten ›historische Rechte‹ für nationalistische Zwecke zu nutzen.[35]

An der Südflanke der Monarchie erschienen die verschiedenen südslawischen Völker, die Slowenen, die Kroaten und die Serben, nicht als eine Bedrohung für die Integrität des habsburgischen Staates. Zwar gab es einige, die von einer Wiederherstellung des napoleonischen Königtums von Illyrien träumten, das weiten südslawischen Gebieten eine kurzlebige Unabhängigkeit gebracht hatte. Doch wurde jede derartige Haltung durch eine sehr starke pro-habsburgische Tradition, besonders unter den Kroaten und in den Ländern an der südlichen Grenze der Monarchie, bekannt als die Militärgrenze, mehr als ausgeglichen, wo Kroaten und Serben mit ihren Familien angesiedelt worden waren, um die türkische Gefahr abzuwenden. (Die große Zahl von Serben, die vor dem jüngsten Krieg in Ex-Jugoslawien weit im Westen von Serbien lebten, ist teilweise das Resultat dieser imperialen habsburgischen Politik.) Die Loyalität der Kroaten gegenüber den Habsburgern wurde durch ihre feindselige Einstellung gegenüber den benachbarten Ungarn verstärkt.[36]

Dieses Beispiel zeigt, daß es auch Entschädigungen dafür gab, daß man ein Reich mit einer so großen Anzahl unterschiedlicher Bevölkerungen war. Während die großen Unterschiede gemeinsame Aktionen schwierig machten, wenn man sich, wie Gellner betont, damit begnügte, als dynastische Macht zu handeln, ermöglichten diese Unterschiede auf der anderen Seite auch weite Spielräume für die traditionellste Form von Machtpolitik: teile und herrsche. Von dieser Politik sollten die habsburgischen Obrigkeiten in den nächsten Jahren noch oft profitieren, wenn auch oft unbeabsichtigt.

Die augenscheinlichste Trennlinie zwischen den Nationen verlief entlang der Unterscheidung ›historisch/nicht-historisch‹, auch wenn sie nicht völlig damit ident war: die Linie zwischen Slawen und Nichtslawen. Obwohl die Ungarn und die Deutschen die führenden Gruppen innerhalb des Staates (nördlich der Alpen) waren, machten die Slawen fast die Hälfte der Bevölkerung aus. Wenn sich diese slawischen Völker ökonomisch und kulturell entwickelt hätten, wie es die Tschechen bereits taten, wäre die deutsche und die ungarische Hegemonie ernsthaft gefährdet worden. Die Tschechen waren für die Deutschen bereits ein Problem und die Kroaten für die Ungarn. Noch waren die Slowaken und die Rumänen, die der ›geschichtslosen‹ Gruppe angehörten, weitgehend ruhig, doch war auch hier das Potential für Komplikationen und eine Verschärfung der ethnischen und nationalen Situation der Habsburgermonarchie gegeben.

Wenn das Problem des Nationalismus in der Habsburgermonarchie schon schlimm war, so war es in zwei zentralen Interessensphären der Habsburger im Europa Metternichs noch schlimmer: in Italien und in Deutschland. In Deutschland war Österreich im Deutschen Bund mit Preußen und mehr als 30 weiteren Staaten der Seniorpartner. Die Schlußakte des Wiener Kongresses, die aus der durch die Französische Revolution ausgelösten Krise resultierte, hatte den österreichischen Monarchen als einen quasi Heiligen Römischen Kaiser zum Anführer der deutschen Staaten gemacht, um gegen jedes Wiederaufleben der französischen Bedrohung und gegen jede Revolution innerhalb Deutschlands einzuschreiten. Gleichzeitig wurden die Habsburger als Stabilisatoren der Macht in Italien eingesetzt, wo österreichische Gebiete (in der lombardischen Tiefebene) geschaffen wurden, um die Südflanke Frankreichs abzusichern, und obwohl andere Zweige der Dynastie in der Toskana, in Parma und Modena an die Macht gebracht wurden. Ein Bündnis mit dem Königreich Neapel und als Hauptverteidiger der katholischen

Tradition die Position des informellen Beschützers des Papstes einzunehmen, bedeuteten, daß Italien fast zur Gänze – mit Ausnahme des Piemonts – unter habsburgerischer Kontrolle war.[37] Diese Gebiete blieben bis 1848 aufgrund von Metternichs westlicher Orientierung auch die Hauptinteressensgebiete der habsburgischen Außenpolitik. Auch Deutschland war für Habsburg von traditionellem Interesse, und politisch bedeutete die Ausrichtung der habsburgischen Position in beide ›geographischen Richtungen‹ die diplomatische Daseinsberechtigung als Garant der europäische Ordnung (gegen Frankreich), die das strategische Hauptziel Metternichs war. Zusätzlich waren Österreichs italienische Besitzungen für den permanent strapazierten Staatshaushalt steuermäßig profitabel.

Ökonomisch und kulturell waren Deutschland und Italien zweifellos auf einem höheren Entwicklungsniveau als die andere österreichische Einflußsphäre: der Balkan. Vor 1848 war diese Region für die Monarchie vergleichsweise unbedeutend. Metternich trachtete hier bloß danach, soweit als möglich die Grenzen zu halten. In Griechenland hatte er gezwungenermaßen gegenüber dem russischen und dem westlichen Pan-Hellenismus nachgeben müssen, aber im allgemeinen versuchte er, so diplomatisch wie möglich, die russischen Versuche, die Türken zurückzuschlagen, zu behindern und sich stattdessen mit England – ansonsten das Verderben seiner Politik – zu verbünden, um die türkische Position zu stärken. Der Balkan war demnach ein Nebenschauplatz für ihn; er interessierte sich vielmehr für die europäische Bühne.[38]

Metternich war insofern ein ›Europäer‹, als er für die Monarchie die Rolle des Beschützers der Legitimität und der etablierten Ordnung in Europa durchsetzte, wie es in der Schlußakte des Wiener Kongresses vorgesehen war. Paradoxerweise brachte Metternich die Konzentration auf Deutschland und Italien zur Mitte des 19. Jahrhunderts nicht nur in die beiden gefährlichsten Löwenhöhlen des liberalen Nationalismus in Europa, denn die Schlußakte des Wiener Kongresses, die Österreich die schwere Pflicht aufgebürdet hatte, in beiden Gebieten die Ordnung aufrechtzuerhalten, schuf gewissermaßen jene Kerngebiete, in denen sich die nationalen Hoffnungen bald vereinigen sollten.

In Deutschland hatten die Unterzeichner der Schlußakte, um der Gefahr eines weiteren französischen Expansionskrieges entgegenzuwirken, nicht nur Österreich die Verantwortung für ›Deutschland‹ aufgebürdet, sondern Preußen auch große Gebietsteile abgetreten, sodaß der ›Juniorpartner‹ – der traditionelle Rivale – in Norddeutschland die dominante Position innehatte. Die nachfolgenden Entwicklungen, vor allem die Ausweitung des Zollvereins, verbanden nicht nur die preußischen Gebiete untereinander, sondern diese Gebiete de facto auch mit den umliegenden Staaten. Während der preußische König, Friedrich Wilhelm IV., von einem romantischen Anflug von Treue gegenüber den Habsburgern erfüllt war, schielten Teile der preußischen Meinungsträger, innerhalb und außerhalb der Regierung, bereits auf den Nationalismus als Hebel zur Ausweitung der preußischen Macht.

Auch für Italien sah die Schlußakte eine Abgrenzung gegenüber der französischen Bedrohung vor, nicht nur durch die Indienstnahme Österreichs, sondern auch durch den Aufbau der letzten noch verbliebenen, unabhängigen, italienischen Macht, Piemont-Sardinien. Wie bei Preußen wurde auch hier ein Zentrum installiert, um das sich bald nationalistische Ambitionen ranken sollten, und es wurde ein potentieller Rivale für die Österreicher im Streit um die Hegemonie in einem ihrer Hauptinteressensgebiete geschaffen. Nicht zum ersten Mal mündete der Wunsch, den letzten Krieg nicht wieder aufleben zu lassen, darin, daß ein Ungleichgewicht der Macht und die entsprechenden Umstände für einen neuen Krieg geschaffen wurden.

Doch der Wiener Kongreß allein kann dafür nicht verantwortlich gemacht werden. Der wesentlich bessere Brennstoff für die Revolutionen des Jahres 1848 war nämlich die Zunahme von Forderungen nach Freiheit und nationaler Gleichheit, wie sie oben beschrieben wurden. Es mag schon sein, daß ökonomische und soziale Umwälzungen in den meisten Teilen Zentral- und Südeuropas um 1848 noch nicht sehr deutlich zu erkennen waren, doch waren die städtischen Bevölkerungen in diesen Ländern größer geworden, das Beamtentum vergleichsweise gewachsen und damit auch die gebildeten Mittelschichten. Zudem bedeuteten neue Wege der Kommunikation, genauer die Verbreitung der Massenpresse, daß auch die legendären Anstrengungen der Zensur unter Metternich nicht verhindern konnten, daß die politisch bewußten Eliten erfuhren, was ›im Westen‹ geschah, besonders über die dramatischen Veränderungen in der Wirtschaft, der Gesellschaft, der politischen Struktur und der damit verbundenen Ideen in England. Diese Ideen schwappten weit schneller in den Osten über als jeder ökonomische oder soziale Wandel.

Ein sichtbares Zeichen davon war, daß die führenden Kreise des Liberalismus und des liberalen Nationalismus in der ›österreichischen Zone‹ neben den gebildeten Mittelschichten auch einen hohen Anteil an Adeligen aufwiesen, vor allem in Ungarn und in Italien.[39] Ein anderes Zeichen dafür, wie sehr die habsburgische Position im Vergleich zu den neuen, ideologisch geprägten Bewegungen in Bedrängnis geriet, war die Verachtung, die Louis Philippe vom habsburgischen Hof und von Sophie entgegengebracht wurde, als er 1830 den französischen Thron bestieg. Als er im Februar 1848 abdankte, wurde sein Abgang vom selben Hof als großer Verlust empfunden.[40] Nun bestand tatsächlich Grund zur Beunruhigung. Als die ›illegitime Dynastie‹ der Orléans fiel und die Französische Revolution wiederzukehren drohte, entpuppte sich das ganze System von vernetzten Territorien, Bündnissen, verstärkten Polizeikräften und Bürokratien, die diese Bedrohung abwenden sollten, als Kartenhaus. Die Monarchie, die durch die Politik Metternichs in diese Position gekommen war, fand sich nun im Zentrum von Revolten außerhalb und innerhalb seiner Grenzen gegen die habsburgische absolutistische Herrschaft von Wien wieder. Metternichs ›System‹ wurde allen zum Verhängnis. So gesehen erscheint es nur logisch, daß die Flamme, die den leicht entzündlichen Brennstoff entfachte, vom Fall des Hauses Orléans einmal abgesehen, eine Steuerkrise in Wien war.

Der März 1848 und die Folgen

Am 13. März 1848 wurde Metternich infolge des Aufruhrs in den Straßen von Wien und der Aufregung darüber am habsburgischen Hof entlassen, und Zentraleuropa versank in der Revolution. Die Thronbesteigung Franz Josephs im folgenden Dezember war die Antwort auf die Ereignisse, die zur Revolution 1848, dem sogenannten Völkerfrühling,[41] geführt hatten.

Hinter den Ereignissen, die die führenden Kreise Europas im Jahre 1848 bis ins Mark erschütterten, verbirgt sich eine Reihe von Gründen. Im Hintergrund drohte seit einiger Zeit eine ernsthafte Krise der Lebensmittelproduktion in einer noch immer großteils auf Landwirtschaft beschränkten Ökonomie. Aufgrund des erheblichen Bevölkerungswachstums führten Mißernten zu bitterer Not, zu Unruhen und sich ausbreitenden Bauernrevolten.[42] Zur gleichen Zeit wuchs in Zentraleuropa der nicht-landwirtschaftliche Sektor, der von dem verspäteten Einsetzen der Industrialisierung im Westen profitierte.[43] Der Beginn der Industrialisierung wurde jedoch aufgrund des raschen Bevölkerungszuwachses von einer Bevölkerungsexplosion in den Städten, etwa in Wien, begleitet, die auf die Einwanderer vom Land schlecht vorbereitet waren. Es waren genau jene Städte und Regionen, die unter der erst beginnenden und daher mangelhaften Industrialisierung litten, die für die Revolution von 1848 am empfänglichsten waren.[44]

Das ökonomisch und sozial bedingte Aufbegehren der Unterschichten führte zusammen mit der oben angesprochenen ideologischen und materiellen Unzufriedenheit der gebildeten Mittelschichten und des Adels dazu, daß im Winter 1847/1848 überall in West- und Zentraleuropa Unruheherde entstanden. Sie waren nicht auf die habsburgischen Gebiete oder auf die habsburgischen Einflußsphären beschränkt, wie die Februarrevolution von Frankreich zeigt, doch waren es die Habsburger, die aufgrund der Politik Metternichs im vormärzlichen Europa ins Zentrum des Wirbelsturms gerieten.

Im Jahr 1848 kam es zu einer Verkettung von Revolutionen, doch es war mehr der Zusammenbruch des alten Regimes als die Stärke der Revolution, der zu dem gewaltigen Umsturz führte. Innerhalb der Monarchie gab es bereits weitreichende Unzufriedenheit: In Italien hatten der ›Zigarettenrummel‹ in Mailand im Jänner 1848 und andere Unruhen zur Einführung des Kriegsrechts geführt.[45] In Ungarn befürwortete im Reichstag eine Majorität von Abgeordneten, ganz gegen die habsburgischen Absichten, weitere Reformen. In Wien hatten die Probleme mit Lombardo-Venetien und die Revolte von Sizilien,[46] beide innerhalb der habsburgisch-italienischen Interessensphäre, zu einer finanzpolitischen Vertrauenskrise, dem ›Banktumult‹, geführt, als klar wurde, daß sich die Metternichsche Regierung keine weiteren Ausgaben mehr leisten konnte, ohne den Bankrott zu riskieren.[47] Die Nachricht von der Abdankung Louis Philippes und die Aussicht auf ein Wiederaufflammen der Revolution in Frankreich verbreiteten sich aufgrund der modernen Medien im Rest von Europa sehr rasch, was nicht nur dazu führte, daß die Geldgeber der Monarchie zunehmend nervöser wurden, sondern auch dazu, daß die Liberalen begannen, ihren Regierungen Konstitutionen und Reformen abzuringen.

Eine Kettenreaktion führte zum Ausbruch der Revolutionen in den westlichen deutschen Staaten. Eine weitere Kettenreaktion bewirkte, daß Lajos Kossuths Rede vor dem ungarischen Reichstag, in der er eine konstitutionelle Regierung für das ganze Reich forderte, zu Rufen nach Reformen durch das Metternichsche Regime in den böhmischen und niederösterreichischen Landtagen führte, das mehr oder weniger bankrott und daher nicht mehr in der Lage war, die zusätzlichen Militärkräfte zu bezahlen, um den – bislang noch relativ zurückhaltenden – Aufruhr niederzuschlagen. In der nachfolgenden Aufregung wurde eine Gruppe von Demonstranten, die den niederösterreichischen Landtag um Reformen anrief, in der Herrengasse von Truppen beschossen. Dies löste ein Chaos aus, und die Stadtgarden liefen zu den ›Revolutionären‹ über.[48] Angesichts einer Regierung, die offensichtlich nicht mehr funktionierte, ließen die Habsburger ihren früheren ›Retter‹ im Stich und gaben dem Druck der Ereignisse nach. Die Entlassung Metternichs öffnete die Schleusen für die Revolution. Am 15. März versprach Kaiser Ferdinand seinem Reich eine Verfassung. Am 22. März bildete Lajos Graf Batthyány eine eigene ungarische Regierung.[49] Am 18. März erreichte die Revolution Berlin. Am gleichen Tag brach in Mailand der offene nationale Aufstand aus, der Radetzky zwang, sich am 22. März zurückzuziehen, und bewirkte, daß Piemont Österreich den Krieg erklärte.[50] Innerhalb weniger Tage war die gesamte Struktur Zentraleuropas, ja Europas im allgemeinen, in Frage gestellt. Der Weg zu einem fundamentalen Wandel in liberaler und nationalistischer Hinsicht schien geebnet.

Unklar waren der Charakter und der Inhalt der bevorstehenden Veränderungen. In den Monaten nach dem März erwiesen sich die Kräfte, die die Revolution gemeinsam getragen hatten, als unfähig, bei der Durchsetzung der Veränderung zusammenzuarbeiten. Obwohl die sozial motivierte Erhebung der niederen Gesellschaftsschichten, der Bauern und der städtischen Massen, ein wichtiger Ansporn für die Aufstände – auch in Wien – gewesen war, war der Großteil der Revolutionsführer weit mehr an liberalen Reformen und an nationaler Einigung interessiert als an sozialen Fragen. Bis zur Radikalisierung der Revolution im Oktober geschah wenig, um das Elend in den Städten zu verbessern. Die einzige größere Reform in der Habsburgermonarchie, die mit sozialen Belangen zu tun hatte, nämlich die Aufhebung des bäuerlichen Untertänigkeitsverhältnisses (›Bauernbefreiung‹), führte jedoch dazu, daß die Bauern zufriedengestellt wurden und danach in eine revolutionsfeindliche, politische Apathie verfielen.[51]

Da die dynastischen Obrigkeiten für liberale Forderungen offen zu sein schienen – dies wäre vor dem 13. März undenkbar gewesen –, diskutierten die Liberalen, die Radikalen und die Nationalisten unterschiedlichen Typs darüber, was mit der Habsburgermonarchie geschehen solle. Während des Sommers 1848 wurden die internen Widersprüche zwischen den revolutionären Gruppen immer offensichtlicher. Was in Wien als Kombination von sozialer Revolution und liberaler Forderung nach Reform begonnen hatte, nahm zunehmend die Züge einer Bewegung für die nationale Vereinigung mit dem Rest der deutschen Länder an. Es ging so weit, daß die schwarz-rot-goldene Fahne der deutschen Nationalisten nicht nur vom Stephansdom, sondern auch von der Hofburg wehte.[52] Das Zentrum der Aktivität verlagerte sich von Wien nach Frankfurt am Main, wo die Versammlung in der Paulskirche die Umrisse und die Politik eines neuen nationalen deutschen Reiches debattierte. Diese Umstrukturierung hätte eine radikale Veränderung der Habsburgermonarchie verlangt, wenn nicht sogar ihr Verschwinden. Beinahe gleichzeitig beriefen die Tschechen in Prag einen Slawenkongreß ein, um zu verdeutlichen, daß die böhmischen Kronländer, die von den Deutschen als ein integraler Teil der historischen deutschen Territorien gesehen wurden, nicht so leicht in das anvisierte größere Deutschland einbezogen werden könnten.[53] In der Zwischenzeit wurden in Ungarn, wo die nicht-ungarische Bevölkerung mehr als die Hälfte ausmachte, in der revolutionären Regierung, die letztlich durch ihren Finanzminister, Lajos Kossuth, angeführt wurde, magyarisch-nationalistische Stimmen laut.[54]

Nachdem ihnen die Revolutionsbeute praktisch ohne Kampf zugefallen war, zerstritten sich die Revolutionsführer über der Frage, ob und wie diese Beute aufgeteilt werden soll. Während manche in Wien die Monarchie auflösen und sich an Deutschland anschließen wollten, wollten sie andere als Mittel behalten, um den Slawen die deutsche Zivilisation zu bringen, während wieder andere aus der Monarchie einen liberalen, multinationalen Staat machen wollten. (Daß sich all dies nicht gegen Habsburg richtete, zeigt sich daran, daß der Inhaber des Amtes des Reichsverwesers in Frankfurt Erzherzog Johann war.) Wie mit den anderen Nationalitäten der Monarchie umgegangen werden sollte, war ein ebenso großes Problem, wobei die Ungarn in den Augustdebatten (in Frankfurt und Wien) mit mehr Sympathie angehört wurden als die ›lästigen‹ Tschechen.[55] Währenddessen blieb die habsburgische Regierung in Wien unter der formellen Herrschaft von Ferdinand im Amt, doch gaben die Generäle zunehmend den Ton an.

Im Rückblick wird deutlich, daß der Grund, warum die Revolution 1848 so rasch niedergeschlagen werden konnte, darin bestand, daß die Revolutionäre in Wien niemals die Kontrolle über die Armee der habsburgischen Dynastie erlangen beziehungsweise, wenn sie schon darin versagten, auch keine effektive, eigene Kampftruppe aufstellen konnten. Bedenkt man, daß die Leichtigkeit des revolutionären Sieges zu zeigen schien, daß die Macht der Ideen und der Wille des Volkes sogar ein System Metternich überwinden konnten, das für alle, die beteiligt waren – auch in der habsburgischen Verwaltung – tot und begraben zu sein schien, so wird die Naivität der Revolutionsführer verständlich. 1848 bewies jedoch das genaue Gegenteil: Ideen allein waren zuwenig. Was wirklich zählte, war die Loyalität der Armee und die Fähigkeit, sie einzusetzen. Man kann die Revolutionäre dafür kritisieren, schwache Argumente in unwichtigen Angelegenheiten vorgebracht zu haben, und ihr Versagen anprangern, die wechselseitige Abhängigkeit von sozialen und nationalen Angelegenheiten nicht wirkungsvoll hervorgehoben zu haben. Tatsache ist jedoch, daß die Revolution letztlich niedergeschlagen und die Habsburgermonarchie mit militärischer Gewalt gerettet wurde.

›In deinem Lager ist Österreich.‹ Was auf viele Klischees zutrifft, trifft auch auf Franz Grillparzers häufig benütztes Zitat über die Habsburger Armee im Jahre 1848 zu, es stimmt! Der Schlüssel zur Wiedererrichtung der habsburgischen Macht waren die militärischen Siege im Sommer und im Herbst 1848. Feldmarschall Joseph Graf Radetzkys Sieg über die italienischen und piemontesischen Militärkräfte bei Custozza war ein entscheidender, wenn auch unerwarteter Sieg, der zusammen mit Alfred Fürst zu Windischgrätz' Erstürmung von Prag und Franz Freiherr von Jellačić' Invasion in Ungarn von Kroatien aus, den Verlauf der Revolution maßgeblich veränderte. Als Jellačić und Windischgrätz ihre Truppen vereinten, um die radikale Revolution in Wien im Oktober und danach einen Versuch der ungarischen Armee, den Wiener Revolutionären zu Hilfe zu kommen, niederzuschlagen, war der Boden für eine Wiedererstellung der habsburgischen Ordnung bereitet.[56]

Die kaiserliche Familie hatte die Hauptstadt zweimal verlassen müssen, zuerst nach Innsbruck, dann, bald nach ihrer Rückkehr nach Wien, nach Olmütz. Nun war sie samt Gefolgschaft in das noch nicht unterworfene Wien zurückgekehrt. Dies hätte nicht notwendigerweise zu einer Wiederkehr des habsburgischen Absolutismus führen müssen. Die magyarischen Truppen waren noch immer ungeschlagen, Deutschland noch immer im Prozeß der nationalen Einigung begriffen, und es gab einen in Kremsier tagenden Reichstag, der eine funktionierende Verfassung entwerfen sollte. Zudem hatte sich dieser Reichsrat, dessen Mitglieder mit allgemeiner Zustimmung gewählt worden waren und hauptsächlich aus moderaten Liberalen und Nationalisten bestand, in seiner Majorität dafür ausgesprochen, daß die Armee die Ordnung wiederherstellen soll.[57] Während der Ereignisse des Jahres 1848 war in einem großen Teil der Unterschichten und der gebildeten Klassen eine starke moralische Unterstützung für die Dynastie erhalten geblieben. Die Probleme des Vormärz wurden nur Metternich zum Vorwurf gemacht und spätere Probleme schlechten Beratern angelastet. Die Öffentlichkeit war großteils gegen die radikale Oktober-Revolution und für das Einschreiten der Armee gewesen, wenn nicht sogar darüber bestürzt, wie wenig die Armee durchgegriffen hatte.[58]

Als die kaiserliche Familie beschloß, dem Plan ihres neuen ›Diktators‹ Windischgrätz und dem Rat des neuen Ministerpräsidenten, Felix Fürst zu Schwarzenberg – dem Schwager von Windischgrätz –, zu folgen und Ferdinand zur Abdankung zu bringen, seinen Bruder, der für die Aufgabe ungeeignet erschien, zu übergehen, und den an Jahren jungen, aber eleganten ältesten Sohn zum Kaiser zu machen, kam darin eine große Hoffnung zum Ausdruck, daß dieser junge Mann den dynastischen Staat in einer Art wiedererrichten würde, die den neuen Zeiten entsprach.[59] Der Name, der zur offiziellen Angelobung gewählt wurde, Franz Joseph, versinnbildlichte den Versuch, nicht nur an die Legitimität des Großvaters, Franz I., anzuschließen, sondern auch an den ›Liberalismus‹ seines radikalen Vorfahren, Joseph II.[60]

Schwarzenberg und Windischgrätz mögen angenommen haben, daß der junge Mann ihrem ›Rat‹ sklavisch folgen würde, doch war die Situation offen für vieles, wofür sich der neue Monarch entscheiden konnte. Während der Abdankungszeremonie am 2. Dezember 1848 sagte Ferdinand zu dem neuen Kaiser Franz Joseph: »Gott segne Dich! Bleib nur brav, Gott wird dich schützen.«[61] Franz Joseph war sein Leben lang ›brav‹, doch im Sinne seiner absolutistischen Erziehung. Die Folgen sollten bald allen klar werden.

Der Neoabsolutismus

In den ersten, entscheidenden Jahren seiner Regentschaft blieb Franz Joseph der gehorsame Schüler, der er vor seiner Thronbesteigung gewesen war, doch war sein Lehrer nun nicht Bombelles oder Metternich, sondern der neue Ministerpräsident, Schwarzenberg. In gewisser Weise war es unwahrscheinlich, daß er die Habsburger retten würde. Schwarzenberg war Soldat und Diplomat. Sein Leben war, wie jenes von Lord Byron, bestimmt von Skandalen und gebrochenen Herzen; sie wurden vielleicht noch übertroffen von seinem Pessimismus. Sein lebensverneinender Zynismus und sein gegen Traditionen gerichteter Skeptizismus sollten einen entscheidenden Einfluß auf spätere Ereignisse haben.[62]

Schwarzenberg hatte Prinzipien, an vorderster Stelle seine Loyalität gegenüber den Habsburgern, die er innerhalb und außerhalb der Grenzen der Monarchie auf ihren angestammten Platz zurückführen wollte. Obwohl er eines der berühmten Mitglieder der österreichischen Aristokratie war, stand er den traditionellen Rechten der Aristokratie und ihrer Rolle in der Gesellschaft kritisch gegenüber und sah sie eher als eine Bedrohung der habsburgischen Ordnung, denn als eine Unterstützung an. Stattdessen vermeinte er in der Bauernschaft der Monarchie einen wesentlich verläßlicheren und effektiveren Bündnispartner für den dynastischen Staat zu finden; für die verläßlichste Unterstützung hielt er jedoch die Armee, auf die er sich auch zu verlassen gedachte.[63] Im Unterschied zu Metternich tendierte Schwarzenberg weit weniger dazu, die Prinzipien der Legitimität vor die Bedürfnisse des Staates zu stellen. Unter seiner Ägide kam es zu einer Hinwendung zur Politik Friedrich II. von Preußen und zum politischen Modell eines Louis Napoléon von Frankreich. Schwarzenberg zeigte sich zwar verächtlich gegenüber den Rechten der traditionellen Gesellschaft, hinsichtlich des Rechtes der habsburgischen Dynastie auf Zentraleuropa, dem traditionellsten Recht überhaupt, machte er jedoch eine Ausnahme. Es ist daher treffend, daß jene Ära, die er einleitete, Neoabsolutismus genannt wird, denn Schwarzenberg half nicht, den alten Absolutismus wiederherzustellen, sondern er schuf einen neuen und modernen.

Schwarzenberg war zunächst nicht abgeneigt, sich mit den führenden Vertretern der Konstitutionalisten, die das Vermächtnis der Revolution darstellten, zu arrangieren. Von seinem Amtsantritt am 21. November bis zum Frühling des folgenden Jahres tolerierte er den Kremsierer Reichstag nicht nur, sondern arbeitete sogar mit ihm zusammen. Die Thronbesteigung Franz Josephs änderte zunächst nichts an den Beziehungen zwischen der Regierung und dem Parlament. Aus diesem Grund setzte dieses auch seine Debatten über den Entwurf einer Konstitution fort, die alle Uneinigkeiten, besonders die nationalen, die die Revolution ans Licht gebracht hatte, auflösen sollte.[64] Die größte Kluft bestand zwischen jenen (meist Deutschsprachigen), die eine starke zentrale Verwaltung guthießen, und jenen (meist Slawen), die mehr Autonomie für die Länder und die Nationalitäten wollten. Die Kompromißlösung sah eine Monarchie vor, in der die innenpolitische Macht zwischen einem Zentralparlament, den historischen Ländern, den ›Kreisen‹ oder Grafschaften entlang der ethnischen Grenzlinien in diesen Ländern aufgeteilt wurde. Jeder Nationalität innerhalb des Reiches wurden gleiche Rechte garantiert – ebenso die anerkannten liberalen Bürgerrechte. Die römisch-katholische Kirche wurde vom Staat getrennt und die Gleichheit aller Bürger vor dem Recht proklamiert. Im März 1849 lag es nur mehr daran, in diesem Dokument die Beistriche zu setzen.[65]

Dies geschah jedoch nicht, denn einzelne Schlüsselfiguren im innersten Kreis der habsburgischen Entscheidungsträger, allen voran Franz Joseph selbst, waren nicht bereit, ein so radikales Dokument wie den Entwurf der Kremsierer Verfassung anzuerkennen. Obwohl dies möglicherweise das geeignete Mittel gewesen wäre, das Nationalitätenproblem mit breiter Zustimmung beizulegen, waren die Nationalitäten in den Augen Franz Josephs nicht die einzigen oder gar die wichtigsten Teile des habsburgischen Machtgebäudes. Der Entwurf war für eine habsburgische Dynastie, die soeben an die Macht zurückgekehrt war und auch vorhatte, dort zu bleiben, unannehmbar. Die Unzufriedenheit mit dem ursprünglichen Kremsierer Entwurf hätte nicht größer sein können, ging es doch um die Macht im Staat. Ein Passus lautete: ›Alle Staatsgewalten gehen vom Volk aus und werden in der Art ausgeführt, wie sie in der Konstitution festgelegt sind.‹ Für jemanden, der mit Doktrinen aufgewachsen war, die sich auf göttliches Recht beriefen, wie Franz Joseph, dessen Amt auf Gottes Gnade beruhte, gemahnte diese Aussage an Blasphemie. In der Tat akzeptierte Franz Joseph die Idee der Souveränität des Volkes in Österreich niemals, nicht einmal nach 1867. Auf keinen Fall akzeptierte er sie 1849, und das Parlament war gezwungen, seinen Anspruch fallen zu lassen.[66]

Außerdem waren die Beschränkungen der kaiserlichen Macht, die im letzten der liberalen Entwürfe enthalten waren, für den jungen Kaiser und seine Berater sehr lästig. Die Minister wären dem Parlament und nicht ihm verantwortlich gewesen, er hätte nur ein aufschiebendes Veto gegen die Beschlüsse des Reichstags zur Verfügung gehabt und die Befugnis, ihn zu vertagen oder aufzulösen. Das Resultat wäre ein konstitutionelles, parlamentarisches Regime gewesen; trotz der formalen Gewährung der Souveränität und der weitreichenden Kontrolle über die Außenpolitik wäre der Kaiser kaum mehr ein traditioneller Herrscher gewesen. Zudem weigerte sich das Parlament, die aufständischen Teile Lombardo-Venetiens und Ungarns in seine Pläne einzubeziehen, wodurch die Einheit der Monarchie, eines von Franz Josephs Hauptzielen, bedroht gewesen wäre. Im Interesse der dynastischen Macht beschlossen Franz Joseph und Schwarzenberg daher Ende Jänner, das Kremsierer Parlament aufzulösen und den Entwurf einer Verfassung abzulehnen, die von vielen Historikern als die letzte und beste Hoffnung dieser Tage angesehen wird, der nationalen Krise Einhalt zu gebieten.

Der in Kremsier permanent tagende konstituierende Reichstag wurde von der Entscheidung des Monarchen am 6. März 1949 informiert, in weiterer Folge aufgelöst, und eine Reihe von Deputierten wurde verhaftet.[67] Anstelle des Kremsierer Entwurfes wurde eine andere Konstitution, die Franz Graf Stadion konzipiert hatte, in Kraft gesetzt beziehungsweise besser gesagt, den Völkern der Monarchie kraft kaiserlicher Gnade auferlegt. Als weitaus zentralistischere und gemäßigtere Version (und zwar in vielerlei Hinsicht) hatte Stadions Verfassung vor allem zwei Nachteile: Erstens fehlte ihr jene Autorität, die die Kremsierer Verfassung gehabt hätte, die von einem gewählten Reichstag beschlossen und anerkannt worden wäre und in R. Kanns Worten, »den Willen des Volkes darstellte«.[68] Stadions Version repräsentierte hingegen nur ein ungern gegebenes Zugeständnis seitens jener Gruppe, die im Besitz der Waffen war. Zweitens wurde die neu verfügte Verfassung nirgendwo in die Praxis umgesetzt, denn zu der Zeit, als die Machtinhaber die Krise mit Gewalt beigelegt hatten, erschien sie bereits als unnötiges liberales Zugeständnis.

Im Verlauf des Jahres 1849 warf das Regime Schwarzenberg die noch verbliebenen Aufstände in Italien und Ungarn mit enormen Kosten für das Prestige der Monarchie nieder. Während Radetzky den italienischen Aufstand Ende März durch seinen neuerlichen Sieg über Piemont in Novara erfolgreich beendete (Venetien sollte schließlich im August fallen), wurde das, was 1848 mit der Niederschlagung der rasch versammelten ungarischen Nationalarmee als leichtes Spiel begonnen hatte, bis zum Frühling 1849 zu einem demütigenden Rückzug. Windischgrätz, Erretter der Dynastie, die Bastion des Konservatismus und der unbezwingbaren ›Gnade der Kanonen‹, wurde seines Kommandos enthoben, was für den jungen Kaiser sehr peinlich war. Letztlich wurde Julius von Haynau das Oberkommando übertragen, der sich, so wie in Italien, als sehr erfolgreich erwies.[69] Zuvor kamen jedoch Schwarzenberg und Franz Joseph zu der demütigenden Erkenntnis, daß die einzige Möglichkeit, den drohenden katastrophalen Sieg der Ungarn zu verhindern, darin bestand, das Angebot des russischen Zaren, Nikolaus I., anzunehmen, eine russische Armee nach Ungarn zu entsenden. Dies sollte die Welt für die Monarchie wieder sicherer machen, brachte die habsburgische Monarchie jedoch tief in die Schuld Rußlands. Zwar könnte man einwenden, daß diese Erniedrigung nicht notwendig gewesen wäre, da die österreichische Armee unter einem kompetenten General wie Haynau in der Lage gewesen wäre, eine sich zunehmend auflösende ungarische Armee selbst zu schlagen, was ihr letztlich auch gelang.[70] Doch kamen die Russen den Habsburgern zu Hilfe, und die Truppen von Fürst Ivan Paskievič fielen in Ungarn ein, wo ihnen zum Leidwesen der Österreicher, die fast alle Kämpfe ausgetragen hatten, im August 1849 die Kapitulation des ungarischen Generals Artur Görgey überreicht wurde. Daß die Romanows die Habsburger neuerlich gerettet hatten, sollte weitreichende Auswirkungen haben.

Die augenblickliche Antwort des habsburgischen Regimes bestand darin, an den Besiegten primitive Vergeltung zu üben. Das kam nicht unerwartet. Nach der Niederschlagung der Oktober-Revolution in Wien hatte Windischgrätz eine nicht unbeträchtliche Anzahl an Anführern hinrichten lassen, einschließlich des Frankfurter Abgeordneten Robert Blum – und zwar trotz seiner Immunität (zu diesem Zeitpunkt trat das Frankfurter Parlament noch immer als die legitime Regierung Deutschlands auf). Auch Haynau hatte sich in Italien in seiner Strafpolitik als wenig fein erwiesen, was ihm den

Beinamen ›die Hyäne von Brescia‹ eingetragen hatte. Die Maßnahmen gegen die ungarischen Aufständischen waren jedoch besonders hart und erschütterten nicht nur die öffentliche Meinung in Europa, sie hatten auch eine nachhaltig negative Wirkung auf den Ruf der Habsburger in der ungarischen Bevölkerung.

Görgey blieb zwar die Hinrichtung erspart, doch wurden die Bedingungen einer ehrenhaften Kapitulation, die er für seine Generäle und seine Soldaten mit den Russen ausgehandelt hatte, von den Österreichern ignoriert. Während des ›Arader Blutgerichts‹ wurden 13 Generäle zum Tode verurteilt und in den folgenden Wochen insgesamt 114 ›Rebellen‹ hingerichtet. Bezeichnenderweise befand sich darunter der zu dieser Zeit bereits längst zurückgetretene ungarische Ministerpräsident, Lajos Graf Batthyány, den niemand in der Öffentlichkeit für die späteren Exzesse der Revolution verantwortlich machte. Andere, die ins Exil fliehen konnten, darunter Gyula Graf Andrássy, wurden symbolisch hingerichtet.[71]

Es ist unklar, wer für dieses von der Justiz verordnete Blutbad verantwortlich zeichnete. Daß Haynau ein enthusiastischer Vertreter dieser Politik war, ist bekannt. Daß Schwarzenberg ihn hat gewähren lassen, ist ebenso sicher. Unklar ist jedoch, wie schwierig es war, Franz Joseph zu dieser Vorgangsweise zu überreden. Doch Franz Joseph trug als Kaiser die letzte Verantwortung dafür, daß die Exekutionen zugelassen wurden, und er war auch dafür verantwortlich, daß die russische Intervention mit der habsburgischen Rachsucht in Verbindung und daher in Verruf gebracht wurde. Johann von Wessenberg, der frühere österreichische Außenminister, warnte daher: »Man nötigte den jungen Kaiser, sich über Schafott und Blutgerüste den Weg zur Macht zu bahnen, statt ihm die Möglichkeit zu bieten, daß er mit dem Ölzweig in der Hand und mit dem Geiste der Versöhnung einen dauerhaften Frieden begründe.«[72] Es ist jedoch unklar, ob Franz Joseph tatsächlich ›gezwungen‹ werden mußte: Es mag zwar sein, daß er Bedenken hatte, aber nachdem sein neuer Mentor, Schwarzenberg, Politik unter dem Motto ›Wo gehobelt wird, fallen Späne‹ betrieb, schwenkte Franz Joseph bald auf diesen Kurs ein. Im Oktober ließ sich Franz Joseph zwar erweichen, die Exekutionen zu stoppen, doch hatte die ›Gerechtigkeit‹ zu dieser Zeit ihr schadenstiftendes Werk bereits vollbracht.

Beginnend mit der Kapitulation der Ungarn und Venezianer im August 1849 kam es in der Monarchie und in den anderen Territorien zu einem kontinuierlichen Wiedererstehen der habsburgischen Macht durch das Auferlegen von Strafen. In den italienischen Provinzen erhielt Radetzky die Befehlsgewalt und setzte dort seine Politik fort, den rebellischen italienischen Adel mit zum Teil harschen Methoden, etwa Enteignung, zu bestrafen, wobei diese Methoden im Vergleich zu Ungarn nachgerade milde waren.[73] In Deutschland hintertrieben die Drohungen und ›großen Töne‹ Schwarzenbergs und die Haltung des preußischen Königs Friedrich Wilhelm IV., der sich den Habsburgern verbunden fühlte, den Versuch Preußens, anstelle des zu diesem Zeitpunkt bereits aufgelösten Frankfurter Parlaments eine engere Konföderation, das Erfurter Parlament, zur Schaffung einer Deutschen Union zu errichten. Anläßlich der Punktation von Olmütz im November 1850 verschaffte Schwarzenberg der österreichischen Seniorität im Deutschen Bund erneut Geltung, was die Preußen demütigte; doch sollte sich die erfolgte Vereinbarung schlußendlich als Sackgasse erweisen, die Österreich viel Unheil brachte. Schwarzenberg verursachte mit der Art, wie er Österreichs Macht herausstrich, so viel Widerstand unter den anderen deutschen Staaten, daß sein Plan eines »Reiches der 70 Millionen«, das ganz Österreich in den Deutschen Bund und in den von den Preußen angeführten Zollverein eingeschlossen hätte, zunichte gemacht wurde. Die österreichische Weigerung, den Vorsitz über dieses neue Reich mit Preußen zu teilen (Franz Joseph war zu diesem Zeitpunkt nicht bereit, die hochgekommenen Hohenzollern als gleichrangig zu akzeptieren), ließ das Ergebnis der Dresdener Konferenz des Jahres 1851 nur darin bestehen, daß eine Mehrheit der deutschen Staaten Preußen die Unterstützung sicherte. Zwar war die habsburgische Macht wieder geltend gemacht worden, doch war Preußen zur eindeutigen Hoffnung der deutschen Vereinigung geworden.[74]

In Wien erlaubte die wiedergewonnene Macht in der Monarchie und jenseits ihrer Grenzen dem jungen Kaiser zu überlegen, wie er mit den neuen/alten Staatsangelegenheiten umgehen solle. 1850 war Franz Joseph in seinem zwanzigsten Lebensjahr. Er war jung, voll Energie und militärischem Eifer, saß unentwegt an seinem Schreibtisch, um sich mit Regierungsfragen zu beschäftigen und um von Schwarzenberg zu lernen, doch stand er gleichzeitig unter dem starken Einfluß seiner Mutter und seines geistigen Beraters, Kardinal Othmar von Rauscher. Er war von der habsburgischen Mission zu herrschen, und zwar kraft göttlichen Rechts, völlig überzeugt. Aus dieser Perspektive war eine Verfassung, war jede Verfassung, eine Verunglimpfung der von Gott gegebenen Pflicht eines Herrschers, so zu regieren, wie es seine Überzeugung gebot. Franz Joseph war als absoluter Herrscher erzogen worden, und er blieb es aus tiefster Überzeugung, unabhängig davon, was ihm Schwarzenberg seit der Thronbesteigung geraten hatte. Österreich war praktisch seit der Auflösung des Kremsierer Reichstags im März 1849 ein absolutistischer Staat. Schwarzenberg hatte es jedoch für nützlicher befunden, zumindest formal eine konstitutionelle Regierung aufrechtzuerhalten. Darüber hinaus bedeutete die quasi Verpflichtung des Kaisers gegenüber dem (zukünftigen) Parlament einen guten Schutz vor möglichen ungestümen Handlungen des Kaisers. Nur zu bald entledigte sich Franz Joseph jedoch dieser hinderlichen Einschränkung seiner Macht.

Es ist unklar, ob der Plan, Österreich in einen formalen Absolutismus zurückzuverwandeln, von Franz Joseph, von Karl Friedrich Freiherr von Kübeck oder von einem dritten stammt. Was man weiß ist, daß Franz Joseph im Oktober 1850 den ersten Schritt setzte, als er Kübeck, einen älteren, hohen, josephinisch gesinnten Beamten, aufforderte, einen Reichsrat zu konzipieren – eine Einrichtung der Stadionschen Verfassung, deren Macht fraglich geblieben war. Während der nächsten Monate nützte Kübeck seine Aufgabe, um Franz Joseph zu überzeugen, daß das ganze System der ministeriellen Verantwortung eine Farce sei und eine unehrenhafte noch dazu, und daß es das Beste wäre, das System abzuschaffen, um die österreichische Regierung wieder in Ordnung zu bringen. Auf diese Weise würde der Ministerrat verschwinden, und die Minister würden Franz Joseph direkt unterstellt sein und nicht dem Reichsrat. Dieser sollte aus älteren Staatsmännern (ähnlich der Staatskonferenz vor 1848) zusammengesetzt sein, die den Monarchen beraten und die regieren würden.[75]

Der Reichsrat wurde im März 1851 mit Schwarzenbergs grollendem Einverständnis installiert.[76] Bis August waren die Dinge so weit vorangeschritten, daß Franz Joseph kein Hehl mehr daraus machte, daß er die ganze Verfassung abschaffen wolle. Bei einem Treffen des nach wie vor existierenden Ministerrates eröffnete Franz Joseph die Diskussion mit der Feststellung, daß die »von allen Einsichtsvollen anerkannte Unanwendbarkeit des englisch-französischen konstitutionellen Prinzips auf den österreichischen Kaiserstaat« wohl außer Frage stehe.[77] Am 20. August schrieb er triumphierend an seine Mutter: ›Ein großer Schritt weiter ist geschehen, wir haben das Konstitutionelle über Bord geworfen und Österreicht hat nur mehr *einen* Herrn. Jetzt muß aber noch fleißiger gearbeitet werden.‹[78]

Aufgrund des Drucks, der vom Herrscher selbst ausging, waren die nachfolgenden Ereignisse nicht mehr überraschend. Im August fiel die ministerielle Verantwortlichkeit, im September erfolgte die bezeichnende Rückkehr Metternichs nach Wien. Im Dezember kam es zu Vorbereitungen für einen völligen Verzicht auf die März-Verfassung. Während Schwarzenberg und der Innenminister, Alexander Bach, gegen den Strom schwammen, lief die eigentliche Deklaration des Absolutismus in den drei Erlässen, die allgemein als Sylvesterpatent bekannt sind, auf ein Dokument hinaus, das dem ›schneidigen‹ jungen Mann auf dem kaiserlichen Thron volle Unabhängigkeit garantierte. Alles, was nach Volkssouveränität ausgesehen hatte, wurde aus dem österreichischen Regierungssystem entfernt, einschließlich der gewählten Gemeinderäte, wie sie Stadion vorgeschlagen hatte. Die Befreiung der Bauern wurde bestätigt, ebenso die rechtliche Gleichstellung aller Untertanen. Die Bestimmungen über die Gleichstellung von Sprachen und Nationalitäten wurden ebenso ausdrücklich zurückgenommen wie jene über die Grund- und Freiheitsrechte. Der in Kübecks Dokument vorgesehenen Emanzipation der Juden verweigerte der junge Franz Joseph die Unterschrift.[79] Das neue System war in mehr als nur einer Hinsicht eine Rückkehr in ein früheres Zeitalter. Schwarzenberg war bereit, auch unter den neuen Unterständen zur Verfügung zu stehen, und es wurde bald offensichtlich, daß

Franz Joseph Kübecks Reichsrat wenig Beachtung schenkte und sich nach wie vor auf Schwarzenbergs Rat verließ, der die Regierung anführte. Ob Schwarzenberg seine wichtige Position beibehalten hätte, muß offen bleiben, denn er starb im April 1852.

Franz Joseph hatte in der Zwischenzeit die volle Kontrolle über die Regierung über. Dies zeigt sich allein schon an der neuerlichen Hinwendung zum Absolutismus. Als er vom Staatsstreich Louis Napoléons in Paris im Dezember 1851 hörte, sagte er: »Er hat vollkommen recht; der, der die Zügel der Regierung in Händen hat, muß auch die Verantwortung auf sich nehmen können. Ein unverantwortlicher Souverän sind für mich Worte ohne Sinn: ein solches Wesen sollte man eher eine Druckmaschine für Unterschriften nennen.«[80] Dennoch war Schwarzenbergs Tod ein großer Schock für Franz Joseph, denn er war noch nicht genügend vorbereitet, die Zügel auch praktisch in die Hand zu nehmen. Nachdem er selbst an vorderster Front dafür verantwortlich zeichnete, daß er die absolute Macht und die absolute Verantwortung wiedererlangt hatte, hatte er auch niemanden mehr, den er für etwas verantwortlich machen konnte, außer sich selbst.

Die Ära Bach

Nach Schwarzenbergs Tod war die Hauptfigur der Innenpolitik der Innenminister, Alexander Bach.[81] Unter Bach fanden die Pläne, die Schwarzenberg entworfen hatte, ihre Umsetzung. Die Stoßrichtung der Politik, die als Neoabsolutismus bekannt geworden ist, war nur ein weiterer Versuch, die Probleme der Habsburgermonarchie durch Modernisierung von oben zu lösen. In mancherlei Hinsicht bedeutete Bachs Neoabsolutismus ein Wiederaufleben der Programmatik von Joseph II. Daß Bach diesen Versuch unternahm, obwohl er als liberaler Revolutionär begonnen hatte, ist alles andere als überraschend, auch wenn seine Kritiker ihn der Abtrünnigkeit bezichtigten. Es bestand immer eine Spannung zwischen dem ›Fortschrittspostulat‹ und dem ›Freiheitspostulat‹ im liberalen Denken des 19. Jahrhunderts. Und Bach war nicht der einzige, der das erste dem zweiten vorzog, wie der Kulturkampf in Deutschland ein paar Jahrzehnte später zeigen sollte.[82]

Die neoabsolutistische ›Doktrin‹ sah so aus, daß der absolutistische Staat auf Zugeständnisse politischer Rechte verzichten konnte, weil er eine moderne Ökonomie, eine moderne Verwaltung und ein modernes Erziehungssystem für alle zur Verfügung stellte. Man kann dies als Versuch ansehen, die aufgeklärten Ideale der Gleichrangigkeit und der Gleichheit zu verwirklichen – allerdings unter kaiserlicher Oberhoheit. Ein Gebiet, auf dem sich die franzisko-josephinische Version des Absolutismus radikal von jener seines Vorgängers Joseph II. unterschied, war die aufgrund der Einflußnahme Sophies und Kardinal Rauschers sowie Franz Josephs eigener Überzeugung zustande gekommene positive Einstellung zur Religion, genauer seine Großzügigkeit gegenüber der römisch-katholischen Kirche.[83] In allen anderen Belangen brachte der Neoabsolutismus die Zerstörung der traditionellen Institutionen und der altehrwürdigen Quellen von Macht und Einfluß.[84]

Anstelle einer Autorität, die auf altem Recht und auf Gewohnheit beruht, verließ sich der Neoabsolutismus auf bloße Macht. Dies lief letztlich auf ein System hinaus, in dessen Zentrum nur mehr die Machterhaltung für den habsburgischen Staat und seinen Herrscher Franz Joseph stand, der die Position der habsburgischen Dynastie in Europa zu behaupten und zu vergrößern suchte. In seiner enganliegenden Uniform eines österreichischen Offiziers, mit der jungfräulich wirkenden weißen Jacke und den scharlachroten Hosen, umgeben von einem glanzvollen Hof, und, ab 1854, an der Seite einer der schönsten Kaiserinnen Europas, Elisabeth von Bayern (seine Cousine), hätte Franz Joseph das Image eines Märchenprinzen haben können;[85] doch die politische Praxis jenes Regimes, mit dessen Hilfe er beschlossen hatte zu regieren, kam ohne weiße Ziegenlederhandschuhe aus.

Franz Josephs selbstgewählte Rolle war ohne Zweifel die eines absoluten Herrschers. Was ihn persönlich betraf, bedeutete dies, Tag um Tag, von Sonnenaufgang bis Sonnenuntergang zu arbeiten, um seinen administrativen Pflichten nachzukommen. Kübecks Reichsrat existierte zwar noch, doch wurde er selten konsultiert. Stattdessen fragte Franz Joseph lieber Bach um Rat, obwohl dieser sein eigener Ministerpräsident und sein eigener erster Berater war.[86] Es gab keinerlei Möglichkeit einer formellen Rücksprache mit dem Volk.[87] Alle Vertretungsorgane, sogar jene, die Metternich aus kosmetischen Gründen am Leben gelassen hatte, waren in der Zwischenzeit abgeschafft und der Anspruch auf historische Legitimität praktisch preisgegeben worden.

Dies bedeutete, wie Redlich betont, einen dramatischen Bruch mit dem Regierungsstil Franz I., der, als Antwort auf die Französische Revolution, zumindest den äußeren Anschein traditioneller Legitimität beibehalten hatte, auch wenn er praktisch absolut regierte.[88] Franz Joseph installierte einen ungeschminkten Absolutismus ohne Feigenblatt der Legitimität. Altes Recht ›aus vordenklichen Zeiten‹ wurde ignoriert oder abgeschafft. Der Wandel kam in Ungarn vergleichsweise radikal zum Ausdruck, wo die Verfassung aufgrund der Revolution Lajos Kossuths nicht mehr existierte. Als Ergebnis davon wurde die gesamte Verwaltungsstruktur, insbesondere die herkömmliche Komitatsverfassung, über Bord geworfen.[89]

Auch die traditionellen sozialen und ökonomischen Strukturen Zentraleuropas wurden durch das neoabsolutistische Regime in ihren Grundsätzen erschüttert. Die Anerkennung der Bauernbefreiung bedeutete, daß alle Beziehungen zwischen Bauern und Herren – durch die Bürokratie Bachs – neu gefaßt werden mußten. Die historischen Steuerprivilegien des Adels verschwanden ebenso wie das System der feudalen Abgaben. In den höchsten Rängen der habsburgischen Gesellschaft, im Hochadel des Wiener Hofes, führte der Wandel des Rechtsstatus jedoch zu keinerlei Nivellierung. Aufgrund von Franz Josephs Überzeugung, daß nach der Armee die Vertreter des Hochadels (ausgenommen die ungarischen Magnaten) die loyalsten Verbündeten der Monarchie seien und aufgrund der von ihm bevorzugten Vetternwirtschaft, konnte diese kleine Gruppe ihre Macht sogar noch vergrößern. Franz Joseph überließ ihren Mitgliedern fast alle Spitzenpositionen.[90] Aber weiter unten in der sozialen Hierarchie bedeutete die Ära Bach die weitgehende Abschaffung der althergebrachten und institutionellen Privilegien, sei es für den mittleren und niederen Adel, sei es für die Handwerkszünfte.

Franz Joseph war sogar bereit, eine von Habsburgs traditionellsten und mächtigsten Quellen der Autorität preiszugeben, die Kontrolle über die Kirche. Das Konkordat von 1855, das am Geburtstag Franz Josephs unterzeichnet wurde, legte die Kontrolle über die Kirche wieder in die Hände des Papstes, die Grundschulerziehung und die Regulierung der Heiratsbestimmungen in die Hände der Kirchenautoritäten. Die unter Joseph II. errungene, strengere Kontrolle über Kirche und Kanzel – vor der Massenalphabetisierung das Hauptinstrument der Propaganda – wurde in ihr Gegenteil verkehrt. Das Papsttum wurde zwar ein dankbarer und begeisterter Bündnispartner von Franz Josephs konservativer Religionspolitik (eine Folge dieser Dankbarkeit war die Erhebung Rauschers zum Kardinal), doch war dies dennoch ein erhebliches Zugeständnis des Monarchen.[91]

Indem Franz Joseph mit den angestammten Rechten, mit der Legitimität, mit dem Konsens der Öffentlichkeit, mit der herkömmlichen sozialen Hierarchie und der Kontrolle über die Kirche als Basis von Autorität (politisch, moralisch und in jederlei Hinsicht) brach, verließ er sich hauptsächlich auf das dynastische Prestige, eine wirkungsvolle Verwaltung und die Armee zur Bewältigung seiner kaiserlicher Aufgaben. Zeitgenossen sagten, Franz Joseph regiere mit vier Armeen: einer stehenden (von Soldaten), einer sitzenden (von Beamten), einer knieenden (von Priestern) und einer kriechenden Armee (von Informanten). Es ist dies zwar kein besonders freundlicher Kommentar, aber er faßt die Quintessenz des neoabsolutistischen Systems gut zusammen.

Die Zustimmung zu den Hinrichtungen der Wiener und der ungarischen Revolutionäre hatte die Dynastie und besonders Franz Joseph in den Augen vieler befleckt. Aber der Kaiser konnte sich noch immer der Loyalität eines Großteils der Bevölkerung sicher sein, erst recht nach dem Anschlag auf sein Leben durch den ungarischen Schneider János Libényi im Jahre 1853.[92] Der einzige Aspekt althergebrachter Rechte und Legitimität, den Franz Joseph nicht bereit war, aufzugeben, war die Dynastie und sein göttliches Recht zu regieren. Gerade darin sollte sich die Kirche als eine enge Verbündete und

Propagandistin erweisen, trotz oder gerade wegen der neuen Freiheiten, die das Konkordat ermöglichte.

So wie die Kirche versuchte, das Volk zu beeinflussen, daß es sich gegenüber der Dynastie loyal verhielt, so stellte die Bürokratie sicher, daß dies auch geschah, und eine erweiterte Polizeimacht überprüfte wiederum mit einem engmaschigen Netz an Informanten die Beamten. Franz Joseph wollte in seiner Kontrolle so sicher sein, daß er sogar seine eigenen Minister überwachen ließ, ebenso die Bischöfe und die ausländischen Diplomaten.[93]

Worauf sich Franz Joseph jedoch am meisten verließ, war das Militär. Darin folgte er Joseph II. Dieser hatte immer eine Uniform getragen, während Franz I. und Ferdinand eher in Zivilkleidern aufgetreten waren. Auch Franz Joseph zeigte sich meistens, und dabei galt neuerlich Schwarzenbergs Vorbild, in einer Uniform. (Eine seiner ersten Reformen, die er an seinem Hof verfügte hatte, waren neue Uniformen für seine Leibgarde.)[94] Die Armee war seine große Liebe seit er ein kleiner Junge gewesen war, und seine Erfahrungen im Jahre 1848 hatten dies noch verstärkt. Er selbst hatte seine Männlichkeit durch ein paar Auftritte auf dem ›italienischen Theater‹ und bei dem letztlich erfolgreichen ungarischen Feldzug von 1849 anläßlich der Einnahme von Raab (Györ) bewiesen. Nach den Ereignissen des März 1848 war unübersehbar, daß er seinen Thron seinen Generälen und seinen Truppen verdankte, in Redlichs Worten, »daß (...) die materielle Macht, daß physische Gewalt in Gestalt des ständigen Heeres und der militärisch organisierten Polizei den wirklichen Kern des Staatswesens im monarchischen Reiche bedeuten.«[95] Während der neoabsolutistischen Ära behielt Franz Joseph die persönliche Kontrolle über das Militär bei, beraten durch den Chef des Generalstabs seiner Majestät, Baron Heinrich Heß, und durch seinen vielleicht engsten Berater, den ultrakonservativen Karl Ludwig Graf Grünne.[96] Es war die Armee, die seine absolute Herrschaft unterstrich, und in vielen der ehemals aufständischen Gebiete – in Italien, Ungarn und Kroatien – als Regierungsinstrument diente. Herrschaft durch militärische Präsenz ist jedoch die brutalste Machtbasis, die es gibt, und für eine Dynastie zutiefst paradox, die sich einst damit gebrüstet hatte, die anderen Kriege führen zu lassen.

All die erwähnte Zerstörung des Althergebrachten zugunsten eines machiavellistischen Konzepts der Gewalt brachte zwar wenig Sympathie, doch es trug ein gewisses Potential der Modernisierung des Staates in sich. Das berühmteste symbolische Ereignis der absolutistischen Ära war die 1857 getroffene Entscheidung, die Wiener Stadtbefestigungen zu schleifen, die das mittelalterliche Wien einst umgeben hatten, um Platz zu schaffen für das, was später als Ringstraße bekannt werden sollte. Es gibt wenige augenscheinlichere Versuche, die Vergangenheit zugunsten der Zukunft zu zerstören. Aber selbst in diesem Punkt waren die ›fortschrittlichen‹ Absichten – die Belebung des Handels zwischen der Inneren Stadt und den Vororten sowie die städtebauliche Modernisierung Wiens – mit ›absolutistischen‹ Zielen verknüpft, nämlich die Innere Stadt zu öffnen und weite Räume zu schaffen, um im Falle einer Revolution Truppen versammeln zu können. Überdies wurden an jedem Ende der Boulevards große Kasernen errichtet.[97] Neuerlich zeigt sich darin die Anlehnung an das Vorbild Napoleons III. (und seines Meisterarchitekten Haussmann). Der Neoabsolutismus war ein Versuch, ›ohne Geschichte‹ auszukommen und Österreich als Tabula rasa zu betrachten. Innenminister Bach führte ein Verwaltungs- und Rechtssystem ein, das Cisleithanien zum ersten Mal mit einer einheitlichen Verwaltung ausstattete. Es scheint dies ein relativ effizientes Verwaltungssystem gewesen zu sein, dessen Machtzentrum Wien war. Zum ersten und letzten Mal wurde Österreich von einer durchgehend deutschsprachigen Bürokratie regiert. Jede Provinz war in Kreise und Bezirke mit hierarchisch strukturierten Verwaltungseinheiten eingeteilt.

In Ungarn wurde die historische Komitatsverfassung durch eine Variante der administrativen Hierarchie von Kreisen und Bezirken ersetzt, wobei die mittleren Einheiten den Namen Komitat erhielten, ohne jedoch nur im geringsten jenen älteren, selbstverwalteten Körperschaften ähnlich zu sein.[98] Die neuen Beamten, die unter Bach eingesetzt wurden, waren aufgrund der Anforderung, in deutscher Sprache amtszuhandeln, meist Deutsche oder deutschsprachige Tschechen. Die Mehrzahl der führenden lokalen Beamten, die Bezirkskommissare, kam aus dem ungarischen Landadel, aber die Tatsache, daß den Ungarn das System aufgezwungen worden und der Einfluß von ›politischen Abenteurern‹ groß war, führte dazu, daß das neue Beamtentum verachtet wurde, gleichgültig welche Maßnahmen es setzte. Die sogenannten Bach-Husaren, benannt nach den Uniformen, die sie tragen mußten (die paradoxerweise das ungarische Nationalgefühl befriedigen sollten), bewältigten in den 1850er Jahren jedoch eine ungeheure Anzahl an verwaltungsbezogenen und rechtlichen Reformen. Sie führten moderne Rechtsverfahren ein, sorgten für die rechtliche und administrative Durchführung der Bauernbefreiung, implementierten ein erfolgreiches Steuersystem und schufen – zum ersten Mal – eine einheitliche staatliche Polizeimacht. Als ein Zeichen ihrer Effektivität kann angesehen werden, daß der Großteil des Bachschen Verwaltungssystems auch nach 1867 bestehen blieb.[99]

Dennoch war dies weder für Bach noch für Franz Joseph von Vorteil. Die Bach-Husaren wurden von den örtlichen Eliten in Ungarn wütend zurückgewiesen, die nun, nachdem sie ihrer traditionellen Macht beraubt worden waren, noch mehr geneigt waren, den Nationalismus zu unterstützen.[100] Sogar der üblicherweise neutrale Großteil der ungarischen Bevölkerung engagierte sich für den vom Landadel getragenen Kampf. Als Franz Joseph 1852 durch Ungarn reiste und den Bürgermeister eines Dorfes fragte, warum die Dorfbewohner bei seiner Durchreise ›Vivat‹ anstatt ›Eljen‹ gerufen hätten, erklärte der Bürgermeister, daß er dies angeordnet hätte. Die Dorfbewohner wären es nämlich gewohnt, ›Eljen Kossuth‹ zu rufen, und er hätte Angst gehabt, manche von ihnen könnten es wieder tun.[101] Beruhigend war diese Antwort nicht.

Die Einheitlichkeit, die Bach verlangte, barg das Problem in sich, daß alle Gebiete des Reiches, gleichgültig ob loyal oder illoyal, gleich behandelt werden mußten. Das kraßeste diesbezügliche Beispiel war Kroatien, dessen Ban Jellačić 1848 den Ausgang der Revolution zugunsten der Habsburger maßgeblich beeinflußt hatte. Die Belohnung für die Kroaten war, daß ihre historischen Einrichtungen den gleichen Weg nahmen wie jene der Ungarn.[102] Nationale Gleichheit bedeutete nämlich im neoabsolutistischen Verständnis die Gleichheit von Belohnung und Strafe für Freund und Feind. Dies war nicht gerade ein gelungener Umgang mit dem ›politischen Kapital‹ des Kaisers, auch wenn es sich für die Verwaltung gut eignete.

Wo auch immer das Bachsche System eingeführt wurde, beeinträchtigte der Widerstand gegen seine Durchführung den Nutzen seiner Effizienz. Seine Autorität beruhte zur Gänze auf der ›materiellen Macht‹ des absolutistischen Staates und hatte nichts von jener mächtigen Autorität an sich, die der Aura der Tradition eignet. Genau genommen widersprach die materielle Macht sogar der traditionellen Autorität, und sie verdrängte die traditionellen Autoritäten. Das gleiche Problem ergab sich in Lombardo-Venetien, wo die Bürokratie verwaltete und das Militär herrschte, während die traditionellen Eliten die wieder eingeführte österreichische Ordnung einfach boykottierten.[103]

Die weitere Ausdehnung der Polizeibefugnisse unter Johann von Kempen, vor allem jene der Geheimpolizei und ihres Netzwerks an Informanten, war nicht gerade ein gutes Zeichen für den Zustand der Herrschaft Franz Josephs. Vielmehr spiegelte sich darin eine umfassende Demoralisierung der Gesellschaft und das wechselseitige Mißtrauen von Regierenden und Regierten.[104] Der Rückgriff auf Informanten verwies auf einen Mangel an Vertrauen in das Volk, der in Angst vor dem Volk umschlug. Das klassische Symptom für diese Angst war nicht so sehr die hohe Zahl an Informanten als das Widerstreben, sich direkt an das Volk zu wenden, um es aufzufordern, ausreichend viel Steuergeld zum Gemeinwohl beizutragen und das riesige stehende Heer und die Bürokratie zu finanzieren.

In dem Maße, in dem der Neoabsolutismus die Modernisierung erfolgreich vorantrieb, zerstörte er seine eigene Grundlage. Im Bereich der höheren Erziehung waren die Reformen, die Leo Graf Thun in Angriff genommen hatte, sehr nützlich, legten sie doch den Grundstein für die hohen Leistungen der Gelehrten und Wissenschafter im späten 19. Jahrhundert. Gleichzeitig wurden diese Reformen jedoch eingeführt, um zum preußischen Niveau der weiterbildenden und universitären Einrichtungen aus der ersten Hälfte des 19. Jahrhunderts aufzuschließen. Dies führte ebenso wie der Mangel an einschlägig ausgebildeten, österreichischen Pädagogen zum Einzug von Deutschen in österreichische Institutionen, die, obwohl sie großteils Katholiken waren, deutsches liberales Gedankengut einbrachten. So gesehen war es Thun, ein Reformkonservativer und Befürworter des Konkordats mit Rom, der den Grundstein für die deutsche, liberale Hegemonie in der höheren Bildung für den Rest des Jahrhunderts legte.[105]

Auch in wirtschaftlichen Angelegenheiten zeigt sich ein ähnliches Muster. Die dominante Figur war Karl von Bruck, unter Schwarzenberg Handelsminister und von 1855 bis 1860 Finanzminister. Bruck unternahm unzählige Versuche, die Oberhoheit über die Regierungsausgaben zu erlangen, um die chronische Staatsverschuldung in den Griff zu bekommen. Obwohl seine Maßnahmen durch die außenpolitisch bedingten Ausgaben erheblich behindert wurden, konnte er eine gewisse finanzielle Stabilität und eine stabile Währung erreichen, die eine Fortsetzung einer moderaten Aufwärtsentwicklung der österreichischen Wirtschaft ermöglichte. Je nach ideologischem Blickwinkel wurde die Ära Bach früher als Zeit des ökonomischen Rückschlags oder des sprunghaft ansteigenden Wachstums dargestellt. Heute besteht unter den Wirtschaftshistorikern weitgehend Übereinstimmung, daß sich die österreichische Wirtschaft bis Ende der 1850er Jahre sichtlich gut, wenn auch nicht ganz so gut wie jene Deutschlands entwickelte.[106]

Die 1854 erfolgte Liberalisierung der Gesetze für das Eisenbahnwesen führte in diesem Jahrzehnt zum großangelegten Ausbau des österreichischen Bahnnetzes, wodurch sich die Eisenbahnindustrie zum führenden Sektor der Wirtschaft entwickelte. Die Gründung der Credit-Anstalt im Jahre 1855, die weitgehend auf Rothschildschem Kapital basierte, war für das österreichische Kreditsystem ebenfalls von großem Nutzen. Eine liberale Handelspolitik, etwa die Gründung der Zollunion zwischen Ungarn und den anderen habsburgischen Ländern oder der Handelsvertrag mit den Staaten des Zollvereins im Jahre 1853, der zu einer Verringerung der Tarife führte, beflügelte ebenfalls den Handel. Der Drang nach ökonomischer Modernisierung führte 1859 sogar zur Gewerbeordnung, die für das Zunftsystem de facto das Ende bedeutete und die österreichische Industrie weitgehend liberalisierte. Auch wenn die Rohdaten des Wirtschaftswachstums aus den 1850er Jahren nur eine Fortsetzung der Zeit vor 1848 nahelegen, gab es einen qualitativen Sprung, und ähnlich wie in der Entwicklung der modernen Bürokratie spülte die neoabsolutistische Ära zahlreiche traditionelle Hindernisse für das Wirtschaftswachstum hinweg, wodurch das Fundament für eine weitaus modernere Wirtschaft gelegt wurde.[107]

Die hauptsächlichen Nutznießer des Wirtschaftswachstums waren jedoch jene Gruppen, die die moderne kapitalistische Wirtschaft trugen: die Financiers, die Unternehmer und die Händler sowie die unmittelbar damit verbundenen gebildeten Klassen und Freiberufler, die von den jüngst reformierten Universitäten abgegangen waren, die Ärzte, Rechtsanwälte, Professoren und

Beamten. Mit anderen Worten trugen die neoabsolutistischen Reformen dazu bei, daß genau jene Gruppen wohlhabender und mächtiger wurden, die am meisten mit dem deutschen Liberalismus und dem deutschen Nationalismus sympathisierten. Zudem machte die Tatsache, daß ein erheblicher Teil des österreichischen Finanzsystems, auf das der österreichische Staat mit seinen wachsenden Schulden zunehmend angewiesen war, von einer jüdischen Finanzelite getragen wurde, die zusehen mußte, wie ihre Emanzipation durch das gleiche neoabsolutistische Regime behindert wurde. Dies machte den franzisko-josephinischen Staat für Angriffe durch die liberale Opposition noch anfälliger.

Das Grundproblem des Neoabsolutismus war jedoch, daß er seine Funktion als ›machterzeugende Maschine‹ nicht ausreichend gut erfüllte. Zwar gab es ein Wirtschaftswachstum, zwar wurde die Bürokratie verbessert und ein effektiveres Steuersystem eingeführt, doch all das reichte nicht aus, um das zu bezahlen, was für Franz Joseph am wichtigsten war: seine Armee, die seiner Außenpolitik Nachdruck verlieh. So wurde das neoabsolutistische System zu einer Geisel der mehr oder weniger erfolgreichen Außenpolitik und der mehr oder weniger siegreichen Armeen Franz Josephs. Unglücklicherweise sollte sich Franz Josephs Ideallösung für eine gelungene Außenpolitik und seine Armee als seine Archillesferse erweisen.

Deus ex machina ?

Der Neoabsolutismus mag der habsburgischen Staatsmaschine den Treibstoff geliefert haben. Österreichs Status als Großmacht hing jedoch davon ab, wie diese Maschine gesteuert wurde und ob sie in der Lage war, Hindernisse aus dem Weg zu räumen. Es war daher eine Frage der Diplomatie und des militärischen Geschicks, ob das von Franz Joseph neuerlich umgestaltete habsburgische Unternehmen bestehen würde. Franz Joseph konzentrierte sich auf jene Bereiche der Politik, die Metternich als den wichtigsten Teil monarchischer Verantwortung bezeichnet hatte: die Außenpolitik. Es wird sich jedoch zeigen, daß es ausgerechnet das Versagen der Diplomatie und der Armee war, das zur Demütigung Österreichs und zum Sturz des Neoabsolutismus führen sollte.

Es besteht kein Zweifel darüber, daß die diplomatischen und militärischen Ereignisse der 1850er Jahre für Österreich katastrophal waren. Fraglich ist nur, inwieweit dies dem stümperhaften Vorgehen der österreichischen Diplomatie, allen voran Karl Graf Buol-Schauenstein, angelastet werden kann. Fraglich ist weiters, ob die Erklärung dafür, daß Österreich bei allen anderen Großmächten in Ungnade fiel, der Sieg gieriger Berechnung über ehrenhaftes Benehmen, der Machtpolitik über die ›Metternichsche‹ Legitimität war.

Der über Jahre bestehende Konsens in der Geschichtswissenschaft, daß Österreich zumindest zum Teil an seiner mißlichen Lage selbst schuld war, wurde jüngst von Revisionisten wie Roy Austensen und Paul Schroeder in Frage gestellt. Gegen-Revisionisten wie Alan Sked griffen diese Sichtweise an. Sie wurden wiederum von anderen Historikern wie Roy Bridge kritisiert.[108] All die Debatten laufen auf eine sehr relevante Frage hinaus, nämlich, ob Franz Joseph, der formal die Kontrolle innehatte, für die Probleme unmittelbar verantwortlich zeichnete. Schließlich war er es, der seinen Außenminister ausgesucht und in der Politik das letzte Wort hatte. Es war Franz Josephs persönliche Entscheidung, dem früheren Rat Schwarzenbergs zu folgen und Buol als seinen Nachfolger im Außenministerium einzusetzen. Es war ebenso Franz Josephs persönliche Entscheidung, bis 1859 weitgehend auf Buol zu hören. Nur manchmal wies er Buols Rat zugunsten anderer Fraktionen am Hof, etwa der konservativen Fraktion im Militär oder der noch stärker pro-westlichen Fraktion in der Verwaltung, zurück: Nicht alles an der habsburgischen Politik war demnach Buols Fehler, aber alles wurde von Franz Joseph abgesegnet.[109]

Für viele Historiker ist das Schlüsselereignis der österreichischen Diplomatie in dieser Periode die Aufgabe der engen Allianz mit Rußland, die mit Franz Josephs deutlicher, wenn auch nicht enthusiastischer Zustimmung zustande kam. Zudem geschah dies in voller Kenntnis, daß dies einer Abwendung von einem früheren Verbündeten gleichkam, dem man (für die Intervention in Ungarn 1849) viel schuldete. Franz Joseph rechtfertigte dies mit dem aufschlußreichen Satz: »Vor allem muß man Österreicher sein.«[110]

Die Ursache für den Bruch zwischen den beiden führenden absolutistischen Regimen waren die Pläne Nikolaus I. für das in Auflösung begriffene Osmanische Reich in Europa. Nikolaus ermutigte Franz Joseph persönlich, mit ihm zusammenzuarbeiten, und er bot ihm im Falle eines Einverständnisses die Kontrolle über den westlichen Balkan an. Auf Buols Ratschlag hin erhob Franz Joseph jedoch Einwände – die geschwächte Türkei war für Österreich nicht von Interesse – und außerdem vertrauten weder Franz Joseph noch seine Berater dem Vorhaben der Russen. Stattdessen versuchte Franz Joseph verzweifelt, Nikolaus von seinen Angriffsplänen abzubringen, allerdings vergeblich. Das Resultat war der Krim-Krieg, in dem Rußland Frankreich, England und der Türkei gegenüberstand und die Monarchie eine Haltung einnahm, die man als feindselige Neutralität bezeichnen könnte, bis sie schließlich im Dezember 1854 mit den Feinden Rußlands kooperierte.[111]

Auf Buols Drängen schloß sich die Monarchie den westlichen Mächten an, die Rußland, um es in die Knie zu zwingen, im resultierenden Frieden von Paris 1856 derartig strenge Bedingungen auferlegten, daß es unter anderem das Schwarze Meer demilitarisieren und das südliche Bessarabien und die Donaumündung an das Fürstentum Moldau abtreten mußte. Diese Haltung zerstörte die Grundfeste der habsburgischen Diplomatie: die Allianz mit Rußland. Nikolaus war völlig außer sich über die Undankbarkeit jener Person, die er als seinen Protegé angesehen hatte, und sein erboster Widerstand ging unverändert auf seinen Nachfolger Alexander II. über. Die Habsburger konnten sich von den Romanows sehr lange Zeit keinerlei Hilfe mehr erwarten.[112]

Dies wäre weniger gravierend gewesen, wenn die Allianz mit den westlichen Mächten sicher gewesen wäre. Aber sie war es nicht. Möglicherweise war dies angesichts der liberalen Ansprüche der Engländer und der politischen Praktiken Napoleons unmöglich, aber man kann auch nicht sagen, daß die habsburgischen Verhandler viel dazu beigetragen hätten, ihre Angelegenheiten mit England und Frankreich zu regeln. Die Weigerung, den Verbündeten durch eine Kriegserklärung zu helfen und Truppen gegen die Russen zu entsenden, bewahrte Österreich zwar davor, sich selbst zu verpflichten und weitere Truppen und Geld, das kaum zur Verfügung stand, zu verlieren, aber es machte die westlichen Mächte zu Feinden und erlaubte ihnen, die Österreicher der Unverläßlichkeit zu beschuldigen.[113]

Hauptnutznießer dieser Situation war Piemont-Sardinien, das ein paar Truppen in den Krim-Krieg entsandte – wie sich herausstellen sollte, eine weise Investition. Ganz ähnlich gelang es Preußen zu verhindern, daß es sich der österreichischen Aggression gegen Rußland anschließen mußte, was ihm sowohl die Sympathien St. Petersburgs als auch weiteren Einfluß in den anderen deutschen Ländern einbrachte, die unwillig waren, für die Habsburgermonarchie in den Krieg zu ziehen.

Aus all diesen Gründen fanden sich Österreich und Franz Joseph in einer doppelt unangenehmen Lage wieder: von den Russen ob ihrer Treulosigkeit gehaßt und von den westlichen Mächten für ihren Kleinmut verachtet. Das Resultat der prowestlichen Politik Buols und Franz Josephs Verlangen nach Handlungsfreiheit und »Ruhe«[114] war, daß nach keiner Richtung Bündnisse entstanden. Metternich war damit einverstanden, daß sich Österreich keiner Seite gegenüber verpflichtet hatte: »Ins Schlepptau kann sich der Staat der Mitte weder in der östlichen noch in der westlichen Richtung nehmen (...) und sich keineswegs als die Avantgarde des Ostens gegen den Westen, noch des Westens gegen den Osten mißbrauchen lassen.«[115] Diesen neutralen Standpunkt hatten Buol und Franz Joseph angepeilt, doch es ist fraglich, ob keine Partei zu ergreifen die Monarchie tatsächlich gerettet hat. Man könnte aber genauso sagen, daß es nicht so sehr darum ging, was die Habsburger taten, als vielmehr, wie sie es taten. Metternichs grundlegende Infragestellung der Politik Buols bezog sich auf die Art der Durchführung, nicht auf den Ausgang. Zweifellos spricht es nicht für eine geschickte Diplomatie, daß der ›Friedenskrämer‹ Franz Joseph von beiden Seiten gehaßt wurde.[116]

Die Position der Monarchie ›in der Mitte‹ hätte sich als eine lebensfähige Position erweisen können, wenn es eine einfallsreiche Antwort innerhalb der Monarchie und in Deutschland auf den Hauptgrund des Krim-Krieges gegeben hätte, nämlich auf den Bruch mit Rußland. Wenn es etwa zur Abkehr vom Absolutismus und zu einer Hinwendung zu einem liberalen Konstitutionalismus – oder auch nur einem vorgetäuschten Konstitutionalismus – gekommen wäre, hätte sich Österreich, wie Redlich behauptet, erfolgreich an die deutsche Öffentlichkeit wenden können, die gegenüber dem tyrannischen Feind jeder konstitutionellen Regierung, Nikolaus I., ohnedies negativ eingestellt war. Dies hätte auch den Ruf Österreichs in Frankreich und England verbessert und vielleicht sogar die westlichen Regierungen positiv beeinflußt, die sich daran orientierten.[117] So aber führte das Festhalten Franz Josephs am Absolutismus dazu, daß die Außenpolitik und die Innenpolitik zueinander in Widerspruch gerieten und die Monarchie von niemanden mehr unterstützt wurde.

Im Endeffekt verfolgte Franz Joseph eine Neutralitätspolitik, die fast die gleichen Kosten wie ein Krieg verursachte und nur wenige Vorteile der Neutralität bot. Außerdem bedeutete seine aggressive Haltung gegenüber Rußland, beginnend mit dem Ultimatum am 3. Juni 1851 bis zur Okkupation der Donaufürstentümer, daß es ohnedies eine Art bewaffnete Neutralität war. Die von den Russen ausgelöste Krise am Balkan und Franz Josephs Bedürfnis, seine Drohungen glaubwürdig erscheinen zu lassen, führten bereits an der Jahreswende 1853/1854 zu einer Mobilisierung der Armee. Auf dem Papier war sie mit ca. 800.000 Mann die stärkste Armee in Europa, doch bereits die Mobilisierung von Teilen dieser Armee war sehr teuer, jedenfalls teurer, als es sich das neoabsolutistische Regime leisten konnte. 1854 war das Jahresbudget der Armee bereits in den ersten drei Monaten verbraucht.[118] Das Erfordernis, diese Armee bis weit in das Jahr 1855 in Bereitschaft zu halten, hatte für die ohnedies angeschlagene finanzielle Situation verheerende Folgen. Die Staatsschulden stiegen, die Währung wurde abgewertet. Die zwingende Notwendigkeit, die Finanzkrise durch Kürzungen in den Griff zu bekommen, führte Ende 1855, noch bevor der Krim-Krieg vorbei war,[119] zur Demobilisierung eines Großteils der Armee. Kein Wunder, daß die Österreicher gezögert hatten, Truppen in die Schlacht gegen die Russen zu schicken.

Vorderhand hatte der Krim-Krieg mit einem Erfolg des habsburgischen Verhandlungsgeschicks geendet. Die russische Bedrohung der habsburgischen Interessen am Balkan war abgewendet worden, ohne daß die Monarchie in den Krieg ziehen hatte müssen. Auf lange Sicht gesehen war die Monarchie jedoch 1856 in einer sehr gefährlichen Position. Sie hatte immer einer Allianz mit einer der Großmächte bedurft. Metternich hatte sich immer auf Rußland verlassen. Dies war nun nicht mehr möglich und zwar unwiderruflich. Zwischen Franz Josephs neoabsolutistischem Staat und England gab es weitreichende ideologische Unterschiede, und sowohl England als auch Frankreich kritisierten Habsburgs andauernde Präsenz in Norditalien. Aufgrund der Unterstützung durch Piemont-Sardinien im Krim-Krieg und der

Sympathie für die Italiener (und Ungarn), die im ›Völkerkerker‹ litten, konnte die Monarchie weder auf England noch auf Frankreich zählen, wenn es um Italien ging. Auch auf Preußen konnte es sich nicht verlassen, vor allem in deutschen Angelegenheiten. Preußen hatte bereits den deutschen Widerstand gegen eine Beteiligung am Krim-Krieg angeführt, und der Streit um die Führung Deutschlands war noch immer ungelöst. Im Jänner 1857 stand es für den britischen Botschafter in Wien, Hamilton Seymour, außer Frage, daß Österreich isoliert und in großer Gefahr war.[120]

Die Verhandlungspolitik Buols und Franz Josephs verbesserte diese Situation nach dem Krieg nicht im geringsten. Bridge führt in diesem Zusammenhang die Affäre von Neuchâtel in den Jahren 1856 bis 1857 als ein bezeichnendes Beispiel an: Buol verweigerte auf Preußens Anfrage an den Deutschen Bund die Verteidigung seiner (Preußens) angestammten Rechte im Schweizer Kanton Neuchâtel. Das bedeutete, daß die Habsburger zur Verfolgung ihrer eigenen Interessen und um Preußen in seine Grenzen zu weisen, darauf verzichteten, ihre dynastische Legitimität zu verteidigen, zumal sie gemäß Artikel 47 des Deutschen Bundes im Falle eines Verteidigungskrieges zur wechselseitigen Hilfe verpflichtet gewesen wären. Dies war ein schrecklicher Präzedenzfall für die Ereignisse des Jahres 1859, als Österreich die verbündeten Staaten, allen voran Preußen, um Hilfe bat.[121]

1858 war unübersehbar, daß sich Österreich in einer diplomatisch blamablen Position befand, und niemandem war dies klarer als Camillo Graf Cavour (Piemont) und Napoleon III. Beide hatten revisionistische und nationalistische Ambitionen in bezug auf die Schlußakte des Wiener Kongresses aus dem Jahr 1815. Aufgrund der Tatsache, daß Rußland aus dem Weg geräumt und in jedem Fall gegenüber der Monarchie feindlich eingestellt war und England für die italienische Einigung Verständnis zeigte, schien der Weg für Änderungen auf der italienischen Halbinsel geebnet. Sollte es gelingen, Österreich zu einer Kriegserklärung an Piemont zu bringen, hätte dies auch die Bedrohung neutralisiert, die von Preußen und den deutschen Staaten ausging. Die französische Armee, zu dieser Zeit die beste in Europa, hätte die habsburgischen Truppen angreifen und schlagen, Piemont in weiterer Folge große Gebiete in Norditalien zusprechen und dafür Teile von Savoyen bekommen können. Dies hätte Napoleon an sein vorrangigstes Ziel, die Ausdehnung französischen Gebietes, gebracht und ihm die prestigeträchtige Rolle des Patrons der italienischen nationalen Angelegenheit eingebracht. Das war es auch, was Napoleon und Cavour im Sommer des Jahres 1858 in Plombières vereinbarten. Und Buol und Franz Joseph tappten im Frühling 1859 in ihre Falle.[122]

Warum Österreich Piemont am 29. April 1859 den Krieg erklärte, gibt Einblick in das Grundproblem des franzisko-josephinischen Neoabsolutismus. Einerseits bedeuteten der Zustand der Finanzen und die Probleme in der Militärorganisation, daß die habsburgische Armee weder rasch mobilisiert, noch für längere Zeit in Bereitschaft gehalten werden konnte. Franz Joseph hatte zudem zu Beginn des Jahres 1859 aus wirtschaftlichen Gründen eine Ausweitung der bewaffneten Kräfte abgelehnt, und außerdem wurde das Ultimatum ausgesprochen, bevor die gesamten Streitkräfte mobilisiert waren.[123] Ein Grund, warum Buol Piemont ein Ultimatum stellte, war die Hoffnung, daß sich Piemont einschüchtern würde lassen und daß auf diese Weise der Krieg verhindert werden könnte. Andererseits provozierten die herausfordernden Ansprüche und die militärische Mobilisierung Piemonts in gekonnter Manier Franz Josephs ausgeprägten Sinn für Ehre und dynastisches Prestige. Dies drückte er auch in der Ministerkonferenz am 27. April aus, als er den Krieg gegen Sardinien-Piemont als ein »Gebot der Ehre und Pflicht«[124] bezeichnete. Obwohl er zu dieser Zeit fast täglich mit Metternich zusammentraf und sich beriet, konnte er nicht erkennen, daß damit der schleichende Zusammenbruch seines Reiches seinen Anfang nahm.[125]

Noch bevor die Schlacht begann, wurde der italienische Krieg von 1859 für den Neoabsolutismus zum Desaster. Bereits im Mai wurden die Banken gestürmt, und Bruck warnte, daß sogar ein bevorstehender Sieg in die finanzielle Krise führen würde.[126] Welches Verdienst auch immer dem Neoabsolutismus zugesprochen worden war, nun ging es verlustig. Die Monarchie hatte einen weiteren Krieg begonnen, den sie sich nicht leisten konnte. Wir wissen nicht, ob glanzvolle Siege auf dem Schlachtfeld den Zusammenbruch hätten verhindern können, denn es gab keine. Unter dem Kommando von Franz Graf Gyulai – der Protegé von Karl Ludwig Graf Grünne und nicht gerade ein angesehener General – gelang es der habsburgische Armee nicht, die piemontesische Armee zurückzuschlagen, bevor sich diese mit den Franzosen vereinigen konnte. Danach kam es zu zwei Schlachten: Magenta, die zur Absetzung von Gyulai führte, und Solferino, wo Franz Joseph die habsburgischen Truppen selbst anführte. Beide Schlachten wurden verloren, obwohl, wie immer wieder betont wird, in Solferino ein Sieg möglich gewesen wäre, wenn Franz Joseph nicht verfrüht den Rückzug befohlen hätte.[127]

Neuerlich war Franz Joseph für die Fehler, die zu den Niederlagen geführt hatten, direkt verantwortlich. Als Oberhaupt des Militärs hatte er Grünne das riesige Armeebudget sehr konservativ verwalten lassen: Die Armee machte zwar ein gutes Bild, die meist hochadeligen Offiziere waren loyal, und die Soldaten konnten besonders gut exerzieren. Doch nach den Jahren, in denen das Militär mehr als Organ der innenpolitischen Kontrolle, denn als effektive Streitmacht gedient hatte, war es schlecht organisiert, schlecht geführt, schlecht bezahlt, schlecht versorgt und mit veraltetem Gerät ausgestattet.[128] Zudem hatte Franz Joseph den unglücklicherweise nicht sehr kompetenten Gyulai bestellt und schließlich das Kommando in der Hitze der Schlacht von Solferino selbst übernommen.

Den militärischen Niederlagen von Magenta und Solferino folgte eine Reihe von schlecht geführten Verhandlungen. Franz Joseph hätte vermutlich die Unterstützung Preußens gegen Frankreich gewinnen können, wenn er Preußen innerhalb des Deutschen Bundes umfangreiche Konzessionen gemacht hätte. Er zog es jedoch vor, mit Napoleon III. in Villafranca direkt zu verhandeln. Auf dem Papier lasen sich die erzielten Vereinbarungen besser, als man erwartet hatte. Franz Joseph behielt Venetien und das Festungsviereck, mußte jedoch die Lombardei aufgeben. Sogar die Rechte der legalen (habsburgischen) Herrscher in Zentralitalien konnten behalten werden. Doch die Ereignisse verdeutlichten, daß Sardinien-Piemont 1860 *der* aufstrebende italienische Nationalstaat und Venetien eher zur Bürde, als zu einem Mittel der Rache geworden war.[129]

Die Katastrophen des Sommers 1859 vernichteten den franzisko-josephinischen Neoabsolutismus. Buol wurde schon im Mai abgesetzt, nachdem die Folgen seiner Diplomatiepolitik bereits Tage nach der Kriegserklärung klar geworden waren. Bach, Kempen und Grünne ereilte das gleiche Schicksal gegen Ende des Jahres. Brucks Entlassung führte im April 1860 sogar zu dessen Selbstmord.[130] Das einzige prominente Mitglied der Regierung, das übrig blieb, war Franz Joseph selbst. Noch immer gab es Unruhe im Volk und zwar sowohl in Wien als auch, wenn nicht noch mehr, in Ungarn. Vor allem die Finanzkrise, die durch die Kriegsereignisse noch verschlimmert worden war, beschleunigte den politischen Wechsel. Ohne ›wirksame Budgetkontrolle‹ wurde die Aufnahme ausländischer Kredite unmöglich: Dies bedeutete in den Augen der Bankiers letztlich eine beratende oder gesetzgebende Körperschaft. Mit der Erweiterung des Reichsrats am 31. Mai 1860 begann eine neue Ära für die Monarchie.[131] Der Neoabsolutismus war zu Ende.

Franz Joseph war für die größte Niederlage seiner Regentschaft weitgehend selbst verantwortlich. Seine Selbstüberschätzung, man könnte sie auch als Unreife bezeichnen, hatte seinen Versuch, absolutistisch zu regieren, negativ beeinflußt. Vielleicht hatte Schwarzenberg die Dinge leichter aussehen lassen, als sie waren und Franz Joseph zu denken verleitet, er könne alles allein bewältigen. Vielleicht war es aber auch, wie Redlich meint, »ein natürlicher Abgang der absolutistischen Idee«.[132] Wenn Franz Joseph einen Rat erhielt, sagte er: »Wer mich ins Gesicht loben kann, von dem muß ich mich doch auch tadeln lassen: das ist aber unzulässig (...)«[133] Zwar ist es ein Zeichen von Würde, sich von Schmeichlern nicht beeindrucken zu lassen, doch spiegelt diese Passage auch das übertriebene Vertrauen Franz Josephs in seine eigenen Fähigkeiten, als gebiete es die Pflicht, Kritik zu untersagen. So bemerkte auch der russische Botschafter in Wien, Peter von Meyendorff, am 1. Juni 1854, zwei Tage vor dem schicksalhaften Ultimatum an Rußland, daß der Kaiser »durch seinen Eigensinn (...) und durch seine törichte Anmaßung ganz alleine alles beurteilen zu wollen« geblendet werde.[134]

Die Wahrheit ist, daß Franz Joseph weder klug noch weitsichtig genug war, jene Rolle des absolutistischen Monarchen einzunehmen, die er für sich selbst entworfen hatte; ebensowenig war die Habsburgermonarchie stark oder reich genug, jene Position auszufüllen, die Franz Joseph und seine Berater, ja die habsburgische Tradition, verlangten. In ihren Augen war die Monarchie zuallererst und unumstößlich eine Großmacht und ein Bollwerk der Legitimität. Tatsächlich war die Monarchie, wie Roy Bridge es ausdrückt, »nur eine mittellose und zweitklassige Großmacht«, ohne die Mittel, sich allein und erfolgreich auf der internationalen Bühne zu bewegen.[135]

Metternich hatte dies in seinen guten Tagen erkannt und sich danach verhalten. Weder Buol noch Franz Joseph konnten die prekäre Situation jedoch erkennen, in die sie sich hineinmanövriert hatten. Metternich fand daher harsche Worte für Buol: »Dem Grafen Buol geht der Blick in die Folgen einer Handlungsweise ab. Er sieht, was vor ihm steht, aber nichts von dem, was kommen wird.«[136] Dies ist gleichzeitig eine unausgesprochene Kritik an Buols Herrn, Franz Joseph. Auch Redlich strich die Unfähigkeit des Kaisers, langfristige Perspektiven zu entwickeln, deutlich heraus, indem er zum Beispiel die Krim-Krise als eine Angelegenheit bezeichnete, in der den Kaiser »das Unmittelbare und Begreifbare wie üblich bestimmte«.[137]

Franz Joseph verließ sich dabei, wie er Politik machte, nicht nur auf seine Alltagserfahrung, auf das »Unmittelbare und Begreifbare«, sondern er betrachtete auch sein Volk als ein Mittel der Hausmacht. Er schenkte nationalen Gefühlen wenig Aufmerksamkeit und verfuhr mit seinen Völkern, als wären sie bloß Teile seiner Armee.[138] Er trug wenig dazu bei, daß er populärer wurde, und in seinen jungen Jahren wurde er für einen kalten, militaristischen Mensch gehalten, dem man für sein ständiges Tragen der Uniform den Beinamen ›Rotbein‹ gab.[139] Willkür, Unsensibilität, politische Kurzsichtigkeit und Franz Josephs Vermessenheit hatten verheerende Konsequenzen. Wie verheerend, zeigt sich an der Tatsache, daß ein paar militärische Niederlagen, die ein gesunder Staat vermutlich überstehen hätte können, zum Zusammenbruch des neoabsolutistischen Systems führten, so schwach war es im Volk verankert.

Baron Josef Alexander von Hübner schrieb die Fehler Franz Josephs in einem ergreifenden Essay dem Widerwillen der Berater zu, Franz Joseph die Wahrheit zu sagen. Es war jedoch Franz Josephs eigene Entscheidung, welchen Berater er anhörte und wem er glaubte. Die Tatsache, daß Franz Joseph in der Annahme, er würde ›Unwahrheiten‹ erkennen (was er jedoch nicht konnte), eher den positiven Berichten Glauben schenkte, erklärt sich aus der von Franz Joseph selbst verbreiteten Überzeugung, er habe umfassende staatspolitische Fähigkeiten, und aus seinem Starrsinn, keinerlei unangenehmen Rat anzunehmen.[140]

Es stimmt nicht, daß der Neoabsolutismus von einem Deus ex machina zerstört wurde, der in der Gestalt internationaler Konflikte auftrat. Daß die

Habsburgermonarchie nach 1848 ein Opfer der Realpolitik wurde, lag nämlich auch daran, daß es Franz Joseph als Schwarzenbergs Schüler aufgab, an der Idee der Legitimität innerhalb und außerhalb der Monarchie festzuhalten. Daß die Monarchie isoliert und zur Hauptzielscheibe von Machtpolitikern wurde und sich in ihrer neuen Form als militärisch unzureichend erwies, muß auch Franz Joseph angelastet werden. Wahrscheinlich konnte er aufgrund seiner Lebensgeschichte und seiner Erziehung nichts anderes werden als ein überzeugter Absolutist. Noch schlimmer war jedoch seine tiefsitzende Unfähigkeit, die Stärken und Schwächen seiner Position zu erkennen und kritischen Rat zu suchen.

Hochmut kommt vor dem Fall. Vom Oberkommandierendem einer Armee, die noch Jahre zuvor eine der stärksten Europas gewesen war, wurde im Herbst 1859, als er die Wiener Oper besuchte, keine Notiz genommen; dies war die übelste Degradierung, die eine ruhelose und mit Vorbehalten erfüllte Gesellschaft ihrem Kaiser angedeihen lassen konnte.[141] Ungarn lag in Aufruhr, und die Staatsfinanzen waren ruiniert. Die Autoritätskrise, in der sich Franz Joseph befand, und die Fragwürdigkeit seiner Herrschaft lagen offen zutage – eine Veränderung war nun unvermeidbar.

Der Liberalismus, 1859 – 1879

Ein wenig Parlamentarismus

Ende Oktober 1860 schrieb Franz Joseph an seine Mutter: »Wir werden zwar etwas parlamentarisches Leben bekommen, allein die Gewalt bleibt in meinen Händen und das Ganze wird den österreichischen Verhältnissen gut angepaßt sein.«[1] Auf diese Weise versuchte der Kaiser, seiner absolutistisch denkenden Mutter und sich selbst die neue, quasi konstitutionelle Vereinbarung – das Oktoberdiplom –, die er mit dem konservativen Adel getroffen hatte, schmackhaft zu machen. Wie die folgenden Ereignisse zeigen werden, sollte es jedoch weit mehr bedürfen als nur der mageren Konzessionen, die das Oktoberdiplom enthielt, um die kaiserliche Regierung in den Augen der Untertanen und Kreditgeber zu rehabilitieren.

Nach dem Zusammenbruch des neoabsolutistischen Systems im Jahre 1859 stand Franz Josephs bevorzugte Regierungsform nicht mehr länger zur Debatte. Das Problem, mit dem er nun konfrontiert wurde, war kaum weniger bedrückend: Wie sollte er neuerlich die militärische, ökonomische und finanzielle Macht erlangen, um seiner Hauptpflicht, die Macht der Habsburger zu bewahren, gerecht zu werden? Dies hatte nämlich zur Voraussetzung, daß die Monarchie ungeteilt blieb. Nachdem Franz Joseph darin versagt hatte, all seine Ziele mit Gewalt zu erreichen, schlug er einen Weg ein, den er bislang verachtet hatte: den Konsens.

Aus diesem Grund stimmte Franz Joseph dem Experiment einer konstitutionellen Regierungsform grollend zu. Zwar war er niemals davon überzeugt, daß eine konstitutionelle Regierung imstande sein würde, einen dynastischen und multinationalen Staat, wie ihn die Habsburgermonarchie darstellte, zu führen, doch sah er sich 1860 gezwungen, diese Regierungsform (vorübergehend) anzuerkennen. Dies sollte sowohl die Gesellschaft, allen voran die rastlosen Ungarn, versöhnlich stimmen als auch, wenn nicht noch wichtiger, die finanziellen Verhältnisse stabilisieren und die nötigen Kredite einbringen, ohne die sein mittelloses Regime nicht länger existieren konnte.

Der Monarchie eine Verfassung zu geben, erwies sich als leichter gesagt, denn getan. Aufgrund der zahlreichen Fehler der letzten elf Jahre und der sozio-ökonomischen Entwicklungen, die das neoabsolutistische Regime begünstigt hatte, war die Position des Kaisers schwächer denn je. Zudem waren die politischen Meinungsträger in der Zwischenzeit zwar mächtiger, aber auch immer mehr uneins geworden und daher weniger leicht zufriedenzustellen.

Das Wirtschaftswachstum hatte vor allem die ökonomische, soziale und politische Macht der deutschen Mittelschichten gestärkt, was ihre national ausgerichteten liberalen Führer noch mehr darin bestärkte, nach einer konstitutionellen Regierung zu verlangen. Gleichzeitig hatte aber auch die tschechische nationale Bewegung Auftrieb erhalten, sodaß die deutsche Hegemonie in den böhmischen Ländern und im Reich fortwährenden Angriffen ausgesetzt war. Die adelige polnische Führung war mit der Situation in Galizien, das wie eine deutsche Provinz behandelt wurde, ebenso unzufrieden. Die Probleme, die aufgrund der Unruhen in diesem Gebiet bestanden, waren jedoch nichts im Vergleich zu dem fortbestehenden Aufruhr in Ungarn. Dort hatte die germanophile Verwaltung unter Bach wenig dazu beigetragen, den verbissenen Widerstand der Ungarn gegen das von Wien auferlegte System zu brechen.[2] Zu all den miteinander im Konflikt liegenden nationalen Gruppen kam die Auseinandersetzung zwischen den adeligen und bürgerlichen Eliten, speziell unter den Deutschen, im Kampf um die politische Macht hinzu. In ideologischer Hinsicht kam es zur Spaltung liberal versus konservativ und klerikal versus antiklerikal.

Die möglichen Lösungen für eine Verfassung waren ähnlich variantenreich, doch gab es zwei Hauptstoßrichtungen: Die von einem Großteil der deutschliberalen Führung favorisierte Lösung lief auf eine geradlinige, liberale Verfassung mit einer Regierung hinaus, die sich aus einem zentralen (deutschsprachigen) Parlament und einer zentralisierten (deutschsprachigen) Bürokratie zusammensetzte. Dies sahen die anderen politischen Gruppierungen, die oft von Adeligen angeführt wurden, als eine Bedrohung ihrer Interessen an. Sie favorisierten zu ihrem Schutz die Verteidigung ihrer angestammten Rechte und eine Verfassung auf lokaler Ebene. 1860 bewegte sich Franz Josephs Versuch, eine Verfassung zu erlassen, zwischen diesen beiden Polen: einer liberalen, germanophilen Zentralisierung einerseits und einer traditionalistischen und feudalistischen Föderalisierung andererseits.

Franz Joseph gab seinem Reich zwischen 1860 und 1867 drei verschiedene Verfassungen, und er hätte der cisleithanischen Hälfte seiner Monarchie eine andere dazugegeben, wenn ihn 1871 die deutschen und ungarischen Führer nicht daran gehindert hätten. Das Oktoberdiplom, mit dem er begann, war der Versuch, die Bindung an eine konstitutionelle Verfassung und an die Liberalen zu vermeiden und einen Großteil der kaiserlichen Macht zu behalten; dazu verbündete sich der Kaiser mit den ungarischen Konservativen, angeführt von Antal Graf Szécsen, und dem konservativen, für den Föderalismus votierenden österreichisch-böhmischen Hochadel. Diese Gruppen sollten den sozialen Frieden garantieren und die Einkünfte erbringen, die Franz Joseph brauchte, um seine Macht zu sichern, indem sie die ungarische Verfassung, insbesondere den Reichstag und die Komitatsverfassung, wiederherstellten und ›Ständeversammlungen‹ in den anderen Ländern einführten, was auf eine aristokratisch geführte, föderalistische Staatsstruktur hinauslief. Im Zentrum bildeten ein starker Franz Joseph und eine schwache, hundertsitzige Zentralversammlung die Regierung, die sich mit allgemeinen Belangen – der Wirtschaftspolitik, der Armee und der Außenpolitik – beschäftigten.[3]

Als sich das Oktoberdiplom aufgrund von massiven Protesten in Ungarn und seitens der deutschen Mittelschichten als undurchsetzbar erwies, schlug Franz Joseph einen anderen Kurs ein und beauftragte den deutschliberalen Zentralisten, Anton von Schmerling, damit, eine Regierung zu bilden. Auf den ersten Blick erscheint das Resultat, das 1861 vorgelegte Februarpatent, wie ein ›Ermächtigungsgesetz‹ für das Oktoberdiplom. Tatsächlich enthielt Schmerlings Verfassungsentwurf jedoch eine völlig neue Regierungsstruktur, die einer echten Verfassung näher kam als der Entwurf seines Vorgängers und die den Föderalismus der alten Fassung in einen starken, deutschzentrierten, parlamentarischen Zentralismus verwandelte. Der Reichsrat, der zumindest formal noch immer der gleiche Reichsrat war, den Kübeck 1851 entworfen hatte, wurde nun in etwas verwandelt, das sich zu einem Parlament entwickeln sollte. Wie im Oktoberdiplom wurden die Mitglieder noch immer indirekt und von den unterschiedlichen Landtagen gewählt; weiters stellte eine sorgsam entworfene ›Wahlarithmetik‹ sicher, daß die Deutschen dominierten. Allerdings lag die Gesetzgebungskompetenz nunmehr verstärkt bei der Zentralgewalt. Zugegebenermaßen blieb dieser Status jedoch von der Zustimmung Franz Josephs abhängig, der seine Macht behielt, wo es ausschlaggebend war: beim Heer und in der Außenpolitik.[4]

Während das Oktoberdiplom nur ein paar Monate in Kraft war, blieb es die Februarverfassung einige Jahre; aber auch sie wurde von Franz Joseph beiseite geschoben, als 1865 die Hoffnung auf eine Übereinkunft mit den Ungarn stieg, deren Weigerung, das System Schmerling anzuerkennen, einer der Hauptgründe für dessen Demissionierung war. In den Jahren 1865 und 1866 war Österreich über weite Strecken ohne Verfassung. Dann führten die Ereignisse des Jahres 1866 und der Folgejahre zur Wiedereinsetzung der Februarverfassung, die nun, erheblich verbessert, Dezemberverfassung genannt wurde; sie war ein Bestandteil des österreichisch-ungarischen Ausgleichs. Dieser Ausgleich wurde durch einen anderen der Versuche Franz Josephs, einen Unruheherd in seinem Volk durch konstitutionelle Änderungen zu beseitigen, bedroht, nämlich den Plan, das böhmische Problem 1871 dadurch zu lösen, daß die cisleithanische Reichshälfte unter Hohenwart zu einem Staatenbund vereinigt werden sollte. Der gemeinsame Widerstand der Deutschen und Ungarn machte diesen Plan jedoch zunichte. Sehr zum Bedauern der Tschechen blieb die Vereinbarung des Jahres 1867 die konstitutionelle Basis für die Monarchie.

Wie dies alles zustande kam, soll im folgenden ausführlich erklärt werden. Zunächst genügt jedoch ein Blick auf die Besonderheiten von Franz Josephs unterschiedlichen Versuchen, seinem Reich eine Verfassung zu geben, um deutlich zu machen, warum es zu so radikalen Veränderungen in der Regierungsstruktur der Monarchie kam. Bis zum Ausgleich 1867 schlugen alle Versuche einer Restrukturierung der Habsburgermonarchie fehl, um zu erreichen, was Franz Joseph am meisten anstrebte: Frieden im eigenen Reich und ausreichende Einkünfte und/oder Kredite, um eine schlagkräftige Armee zu finanzieren.

Franz Josephs ›utilitaristischer Realismus‹ ermöglichte es ihm zu experimentieren und mit jeder, wie auch immer gearteten Gruppe (sogar den Deutschliberalen) zu verhandeln, die ihm half, sein Ziel – die Monarchie nach dem Desaster von 1859 zu rehabilitieren – zu erreichen.[5] Die großen Differenzen in seinem Reich und die Konflikte, die während seiner absolutistischen Herrschaft zutage getreten waren, machten diese Aufgabe sehr schwierig, denn dies bedeutete oft, dem einen etwas wegzunehmen, um es dem anderen zu geben (anstatt beide gleichzeitig auszurauben wie im Neoabsolutismus). Wie wir noch sehen werden, verlagerte die ›Teilung‹ des Jahres 1867 dieses Grunddilemma nur auf eine andere Ebene.

Einerseits war Franz Joseph selbst dafür verantwortlich, daß die politische Szene nach 1860 so instabil war. Obwohl er eine Verfassung akzeptierte – also Konzessionen machte, von denen er 1860 noch geschworen hatte, sie niemals zu gewähren –, war die reale Macht, die er anderen zugestand, nie allzu groß.[6] Eine der ersten Maßnahmen nach der Erlassung des Februarpatents bestand darin, daß er seine Minister anwies, sicherzustellen, daß der Reichsrat weder in seine Außenpolitik noch in seine Militärpolitik intervenierte.[7] Franz Joseph war später immer von neuem überrascht, wenn nicht schockiert, wenn seine Weigerung einer Einflußnahme des Reichsrats auf seine Militärpolitik mit erheblichen Einschränkungen des Militärbudgets durch diese Körperschaft beantwortet wurde.[8] Franz Joseph fehlte jede Einsicht, daß die Teilung der Macht mit dem Parlament die Position Österreichs nur gestärkt hätte. Stattdessen führte er Österreichs angeschlagene internationale Reputation auf den Einfluß des Konstitutionalismus zurück.

Der grundlegendste Wandel in der konstituionellen Struktur der Habsburgermonarchie zwischen 1865 und 1867 hatte jedoch nicht so sehr mit internen Konflikten und Widersprüchen zu tun als mit Entwicklungen jenseits der Monarchiegrenzen, genauer mit neuerlichen Fehlern in der Außenpolitik. Wenn die konstitutionellen Experimente der frühen 1860er Jahre dazu angetan waren, die habsburgische Macht nach der großen Niederlage von 1859 zu stärken, so war der 1867 erfolgte Ausgleich mit Ungarn das Resultat eines Debakels.

Deutsche Scylla – ungarische Charybdis

Nach dem italienischen Desaster des Jahres 1859 und der Einführung des Februarpatents verlagerte sich das Hauptaugenmerk Franz Josephs auf eine altbekannte Interessensphäre: Deutschland. Die traditionelle Rivalität mit Preußen lebte wieder auf, wobei die Beziehungen zwischen Deutschland und Österreich aufgrund von Preußens mangelnder Loyalität im Konflikt mit Frankreich und Franz Josephs öffentlicher Kritik bereits gestört waren.[9] Schmerling, der Befürworter eines von Habsburg geführten großdeutschen »Reiches der 70 Millionen«, versuchte, der Monarchie in einem reformierten Deutschen Bund neuerlich eine führende Rolle zu verschaffen, was für den von Preußen dominierten (klein-)deutschen Bund des Zollvereins eine Herausforderung darstellte. Franz Joseph hätte aus der Auseinandersetzung um das zukünftige Aussehen Deutschlands siegreich hervorgehen können, denn er hielt in den frühen 1860er Jahren eine Reihe von politischen Vorteilen in seinen Händen, die jedoch heute in Vergessenheit geraten sind. Der Erfolg blieb jedenfalls aus. Einer der Hauptgründe dafür war die enge Verkettung der österreichischen Außenpolitik – insbesondere gegenüber Deutschland – mit innenpolitischen Problemen. Ein weiterer Grund war Franz Josephs neuerliche Weigerung, sich den ideologischen und diplomatischen Herausforderungen eines veränderten Europa zu stellen und Zugeständnisse zu machen.

Solange Franz Joseph und seine Regierung darauf bestanden, Ungarn in einem gemeinsamen Reich zu halten, wurden die Interessen Franz Josephs in Deutschland stets von den Problemen in Ungarn überschattet. Ganz ähnlich blieb auch die Stellung unter den Großmächten, die für seine Position gegenüber Preußen so entscheidend war, so lange isoliert, solange die Monarchie in Italien präsent blieb. Rußland war über den Verrat im Krim-Krieg nach wie vor erzürnt, England und Frankreich wollten – obwohl sie interessiert waren – so lange nicht mit Franz Joseph verhandeln, solange er sich nicht aus Venetien zurückgezogen hatte. Franz Joseph, der 1859 im Zugeständnis der Autonomie an sein größtes, noch verbliebenes italienisches Land den Anfang vom Ende seiner Monarchie gesehen hatte (weil er gefürchtet hatte, alle anderen Länder würden sich anschließen), weigerte sich, Venetien aufzugeben beziehungsweise zu »verkaufen«.[10] Aus Angst vor ungeordneten Verhältnissen in der Monarchie – die durch die schlechte Außenpolitik noch verschlimmert wurden – war die österreichische Außenpolitik wie gelähmt. Österreich und Franz Joseph überlebten zwar die politische Krise – Rivalität mit Preußen, passiver Widerstand in Ungarn und problematische Präsenz in Italien –, doch waren die Verluste groß: ›Rauswurf‹ aus Deutschland und Italien sowie Trennung von Ungarn.

So unwahrscheinlich dies heute auch erscheint: Österreich hatte in den frühen 1860er Jahren die Chance, im reformierten und liberalen Deutschland die Führung zu übernehmen. Auf der einen Seite ließen das Februarpatent und Schmerlings Regierung Österreich als zentralisierten, deutsch-dominierten und liberalen Staat erscheinen, der mit den liberalen und konstitutionellen Entwicklungen in den meisten anderen Staaten des Deutschen Bundes im Einklang stand – die deutsche Ausnahme war Preußen, wo der neue Kanzler, Otto von Bismarck, mit den parlamentarischen Kräften im Zuge der Wehrgesetzkrise scharf umgegangen war. Wenn Österreich gewollt und sich den Mantel eines liberalen deutschen Führungsstaates umgehängt hätte, hätte es sich erfolgreich gegen das illiberale Preußen durchsetzen können. Dazu kam es jedoch nicht. Einerseits war Preußen in Deutschland zu mächtig, andererseits war der Druck gegen Schmerlings deutschzentriertes Regime, den die Tschechen und besonders die Ungarn ausübten, zu groß; außerdem war Franz Joseph von Schmerlings Plan nie ganz überzeugt. Wie Redlich bemerkt, wäre ein derartiger Plan nur auszuführen gewesen, wenn sich Franz Joseph als ernsthafter, liberaler Monarch angeboten hätte, »sofern ein Habsburger jemals ein Liberaler sein konnte.«[11] Tatsache ist, daß sich Franz Joseph niemals mit dem Konstitutionalismus angefreundet hätte, wenn er nicht dazu gezwungen worden wäre. Zu Beginn des Jahres 1864 verurteilte er Schmerlings Lob für den Konstitutionalismus auf das Schärfste, obwohl der konstitutionelle Status der Monarchie für die mittleren, deutschen Staaten besonders attraktiv war.[12]

Ganz ähnlich verhielt es sich mit der deutschen Frage. Schmerling versuchte sein Bestes, um die Monarchie als reformierte und anpassungsfähige Führungsmacht Deutschlands darzustellen, doch das Phantasievollste, woran Franz Joseph denken konnte, war seine Betonung, daß Österreich im Frankfurter Parlament den Vorsitz innehabe. Aus diesem Grund weigerte er sich auch, Preußen im Bund Gleichheit zuzugestehen, wie es die politischen und ökonomischen Verhältnisse nahegelegt hätten und es im September 1863 unter anderem von Königin Viktoria auch vorgeschlagen worden war.[13] Zwar lag Franz Joseph formal richtig. Seine stolze Haltung spielte jedoch in die Hände Bismarcks und seiner konservativen Verbündeten, als offensichtlich wurde, wie unvernünftig und selbstsüchtig Franz Josephs Führungsrolle in Deutschland sein würde. Warum sollte Preußen mit einem Land zusammenarbeiten, das keine echte Partnerschaft anbot? Es kann gut sein, daß Zugeständnisse von Franz Joseph in jedem Fall zu einer Verkleinerung der Monarchie geführt hätten. Doch indem er auf seine Rechte pochte und jedwedes Zugeständnis verweigerte, sorgte er für Österreichs Zerstückelung.

Eine günstige Gelegenheit für Österreich, in Deutschland die Führung zu übernehmen, ergab sich auf dem Fürstentag in Frankfurt im August 1863, wo Franz Joseph am 18. des Monats unter großem Jubel – unter einem schwarz-rot-goldenen Baldachin und umgeben von allen Fürsten des Bundes, mit Ausnahme von einem – seinen Geburtstag feierte. Unglücklicherweise machte die Abwesenheit dieses einen Fürsten, Wilhelm I. von Preußen, den Rest des Treffens mehr oder weniger sinnlos; zumindest sahen dies Franz Joseph und sein konservativer Außenminister, Johann Bernhard Graf Rechberg, so. Franz Joseph erklärte Schmerlings deutschliberalen Schachzug in weiterer Folge zum Fehlschlag, trotz des sichtbaren Erfolges in der deutschen Öffentlichkeit, und kehrte zur Beschwichtigungspolitik gegenüber Preußen zurück; dies führte unter anderem dazu, daß Bismarck Franz Joseph in den Konflikt um Schleswig-Holstein hineinlocken konnte.[14]

Zur gleichen Zeit hatte der deutsch-dominierte Reichsrat, ›Schmerlings Theater‹ genannt, noch immer keine Lösung für die fortdauernde Krise in Ungarn gefunden. Hier hatten die Auflösung des ungarischen Reichstags im August 1861 und die Wiedereinführung einer zentralisierten Bürokratie im Stile Bachs zu passivem Widerstand und zur Verweigerung von Steuerzahlungen geführt; dies schaukelte sich schließlich zu einer nationalen Erhebung auf. Hinzu kam der Boykott des Parlaments durch die tschechischen und polnischen Mitglieder, die gegen die pro-deutsche Haltung der deutschliberalen Majorität protestierten. Der Reichsrat pochte unter Schmerling auf weitere konstitutionelle Befugnisse, insbesondere in Heeresfragen, was Franz Joseph brüsk zurückwies. Die Antwort des Parlaments bestand darin, daß es das Heeresbudget weiter kürzte, und dies in einer Zeit, in der Preußen seine Militärausgaben, ohne Zustimmung des Parlaments, weiter steigerte.[15]

Nachdem die deutschliberale Strategie versagt hatte und nun auch das Hauptanliegen Franz Josephs, die Armee, bedroht war, veränderte der Kaiser neuerlich seinen Kurs und kehrte – so früh wie im Winter des Jahres 1864/1865 – dazu zurück, eine Einigung mit dem ungarischen Adel zu suchen, der zu dieser Zeit unter der unwidersprochenen Führerschaft von Ferenc Deák stand. Auf der Basis von Deáks Osterartikeln entwickelten sich die Verhandlungen so gut, daß Franz Joseph Schmerling im Sommer 1865 unter dem Einfluß von Moritz Graf Esterházy entließ, im September das Februarpatent außer kraft und den ungarischen Reichstag wieder einsetzte, der im Dezember 1865 zusammentrat. Damit wurden zwar die Ungarn beschwichtigt, doch gefährdete diese Politik Habsburgs deutschliberale Glaubwürdigkeit erheblich.[16]

Bis zu diesem Zeitpunkt hatte Franz Joseph in der Frage Schleswig-Holstein Bismarck direkt in die Hände gespielt. Paradoxerweise stand die Idee, 1864 gegen Dänemark vorzugehen – obwohl dies angesichts der deutschnationalen Haltung im Bund unvermeidlich war –, in einem direkten Gegensatz zu Franz Josephs eigener Politik in Ungarn, wo er, ganz ähnlich wie der dänische König, die halb-konstitutionelle Unabhängigkeit im Interesse einer einheitlichen Staatsreform über Bord kippte.[17] Zudem unterminierte Österreich seine Position als liberale Alternative zu Bismarcks Kasernenstaat, indem es sich 1864 mit Preußen verbündete, sich gegen die mittleren Staaten wendete und den von den Liberalen unterstützten Anspruch des Herzogs von

Augustenburg auf die beiden Herzogtümer in Abrede stellte. Rechberg, dem es nicht gelungen war, Bismarck im Zaum zu halten, wurde im Oktober 1864 durch Albert Graf Mensdorff-Pouilly abgelöst, und Franz Joseph setzte seine bevorzugte Politik, an der Seite der konservativen Preußen zu bleiben, fort. Dies erlaubte Bismarck, sich den günstigsten Zeitpunkt auszusuchen, um den Konflikt über die gemeinsame Verwaltung von Schleswig-Holstein dazu zu benutzen, Österreich mit dem Ziel, es aus dem von Preußen dominierten Deutschland zu vertreiben, den Krieg zu erklären.[18]

Das Fortwursteln in der Frage Schleswig-Holstein, die Außerkraftsetzung der liberalen Konstitution im Jahre 1865 und die anderen internen Probleme ließen Österreich in den Augen der deutschen Staatsmänner als unzuverlässigen Bündnispartner erscheinen. Der bayerische Ministerpräsident, Ludwig von der Pfordten, schrieb dazu 1865: »Österreich, finanziell bankrott, politisch in Anarchie, ist für jetzt unfähig zu handeln. Wir können also zu Zeit und wohl noch auf lange nicht auf Österreich rechnen.«[19] Als es schließlich im Sommer 1866 zum Krieg zwischen Österreich und Preußen kam, stellte sich die Mehrheit der deutschen Staaten dennoch an die Seite Österreichs. Das war zwar ein Sieg auf der deutschen diplomatischen Bühne,[20] der Friede in der Monarchie und die Durchsetzung auf internationaler Ebene blieben jedoch aus.

Franz Josephs Bestehen auf den Rechten Habsburgs im Deutschen Bund erwies sich für ihn als kostspielig, sein Festhalten an seinen Rechten in Venetien als katastrophal. Bis zur Entscheidungsschlacht gaben die Österreicher die Hoffnung, die verlorenen Gebiete in Italien zurückgewinnen und das ›illegitime‹ Königreich verdrängen zu können, nicht auf. Trotz der Interventionen Napoleon III., eines potentiellen Bündnispartners, wies Franz Joseph jeden Plan, Italiens Neutralität mit Zugeständnissen zu erkaufen, entrüstet zurück. Sogar als die Italiener anboten, Venetien für eine erhebliche Summe abzulösen – und das angesichts Österreichs finanzieller Schwierigkeiten –, verwarf Franz Joseph das Angebot als Angriff auf seine kaiserliche Würde. Seine Weigerung, sich die Angebote der Franzosen und Italiener auch nur zu überlegen, wurde für die Monarchie zum diplomatischen Verhängnis.

Italien verbündete sich im April 1866 mit Preußen. Das bedeutete für Österreich einen Zweifrontenkrieg und die Gefahr einer französischen Intervention auf seiten der Feinde, falls sich Österreich weigerte, Venetien abzutreten. Im Neutralitätsvertrag vom 12. Juni willigten die Österreicher im Gegenzug für Frankreichs Neutralität ein, Venetien an Frankreich abzugeben, falls die Österreicher Preußen schlagen und für Venetien etwa Schlesien bekommen würden. (Sollten sie verlieren, würden sie Venetien in jedem Fall aufgeben müssen.) Offensichtlich nahmen die habsburgischen Entscheidungsträger in Kauf, daß im Kriegsfall österreichische Soldaten bei der erfolgreichen Verteidigung von Gebieten sterben könnten, die Österreich im

Falle eines Sieges gegen Preußen ohnedies bereit war, aufzugeben. Die Soldaten verteidigten nämlich nicht ein Gebiet, sondern Franz Josephs kaiserliche Ehre, die ihm verbat, ein Land ohne Kampf aufzugeben.[21] Am 2. Juli 1866, dem Höhepunkt der Schlacht von Königgrätz, als der Krieg in vollem Gang war und nicht gerade zu Österreichs Gunsten verlief, bot Franz Joseph an, Venetien, unabhängig vom Ausgang des Krieges und im Austausch für die Fürsprache der Franzosen, abzutreten. Zu diesem Zeitpunkt war es jedoch zu spät, die Position in Deutschland zu halten. Da Franz Joseph versucht hatte, seine Position in Italien und in Deutschland zu halten, verlor er letztlich beides.

Die Schlacht von Königgrätz (auch bekannt unter seinem tschechischen Namen Sadowa), die entscheidende Schlacht des österreichisch-preußischen Krieges und eine der entscheidendsten Schlachten in der Geschichte des modernen Europa, fand am 3. Juli 1866 in Zentralböhmen statt und endete mit einer verheerenden Niederlage der Österreicher. Seit dieser Zeit gibt es viele Auseinandersetzungen darüber, wer für diese Katastrophe verantwortlich ist. Unmittelbar nach der Schlacht luden die habsburgischen Obrigkeiten alle Verantwortung auf den Oberbefehlshaber General Ludwig August von Benedek. Später entlastete der Großteil der Historiker Benedek und machte die konservative Militärführung rund um Franz Joseph und ihn selbst für das Debakel verantwortlich; und zwar sowohl dafür, daß Benedek anstelle des ranghöheren Erzherzog Albrecht das Kommando aufgezwungen wurde (um die habsburgische Ehre zu verteidigen), als auch dafür, daß er in einem denkwürdigen Telegramm genötigt wurde, gegen seine Überzeugung in die Schlacht zu ziehen (neuerlich um die habsburgische Ehre zu retten).[22] Teile dieser Version erwiesen sich als unhaltbar, und revisionistische Interpretationen schoben die Verantwortung neuerlich auf Benedek.[23] Neuesten Forschungen zufolge war Benedek zwar für das Zustandekommen der Niederlage verantwortlich, doch trug auch Franz Joseph das seine zu diesem Debakel bei.[24] Als der Krieg begann, durchkreuzte etwa seine Intervention – er sandte Friedrich Beck als Boten, um die sächsische Armee zu seiner Ehrenrettung zu Hilfe zu holen – Benedeks Pläne. Das berühmt-berüchtigte Telegramm, in dem Franz Joseph Benedek die Frage stellte: »Hat eine Schlacht stattgefunden?« bestärkte diesen darin, den schicksalhaften Schritt zu tun. Wie sonst als mit einem Ja! hätte er als loyaler Diener seinem Herrscher antworten sollen?[25]

Benedek erfüllte seine Aufgabe in Königgrätz äußerst mangelhaft, und ihm unterliefen, als er an der Elbe stand, mehrere ernsthafte Fehler.[26] Daß er seine Truppen *vor* der Elbe in Stellung gehen ließ, war nur ein Fehler unter mehreren, wenn auch der schlimmste. Viele der ausschlaggebenden Faktoren hatten jedoch nichts mit ihm zu tun. Das schlimmste aller österreichischen Desaster vor der Kriegserklärung 1914 ging vielmehr auf Fehler in der Organisation, der Ausrüstung, der Ausbildung und der Finanzierung der

Armee durch seine Leitung – und dafür war letztlich Franz Joseph verantwortlich –, zurück.

Das bekannteste Handikap der habsburgischen Soldaten, oft als das entscheidendste beschrieben, war der Mangel an Hinterladergewehren mit Zündnadeln, mit denen die Preußen ausgestattet waren. Dieser Nachteil forderte unter den österreichischen Soldaten einen enormen Blutzoll und war der wichtigste Grund dafür, daß die Initiative in diesem Krieg so rasch an Preußen überging. Bereits 1851 hatte die österreichische Armee überlegt, diese innovative Waffe zu kaufen, doch wurde der Kauf auf Rat von Franz Joseph zugunsten des erprobten Vorderladers verworfen.[27] Preußens allgemeiner technologischer Vorteil hatte jedoch auch mit den gekürzten österreichischen Militärausgaben in den unmittelbaren Vorkriegsjahren zu tun; daß die Mittel laufend gekürzt worden waren, hing wiederum mit Franz Josephs Weigerung zusammen, die Kontrolle über das Heer an jene abzugeben, die die Ausgaben bewilligten, nämlich an den Reichsrat.

Trotzdem waren es, wie Geoffrey Wawro sehr gut argumentiert, nicht nur, geschweige denn vorrangig, technologische oder finanzielle Schwierigkeiten, die für die Niederlage verantwortlich waren. Das Heeresbudget, das der Reichsrat in den frühen 1860er Jahren bewilligt hatte, wäre nämlich mehr als ausreichend gewesen, um eine technologisch moderne und große Armee zu finanzieren.[28] Die wirklichen Probleme ergaben sich aus der Ineffizienz und den mißlungenen Taktiken der Militärführung. Das Mobilisierungstempo und der Einsatz von Menschenkraft und Material waren weit weniger effizient als in Preußen.[29] Zwar hatte dies auch mit den Nationalitätenproblemen zu tun, doch lag es vor allem an der Struktur des franzisko-josephinischen Regimes. Ein Problem war die Verwendung des Budgets für Heeresausgaben. Nur ungefähr die Hälfte des Geldes floß in militärisch nutzbringende Zwecke; die andere Hälfte wurde für eine von Franz Joseph begünstigte und aus den Fugen geratene Militärbürokratie und die Aufrechterhaltung der politischen Kontrolle durch die Armee aufgewendet.[30] Deshalb blieb für die Modernisierung des Heeres nicht allzuviel übrig.

Eine weitere wichtige Einschränkung der Schlagkraft der franzisko-josephinischen Armee bestand in der schlechten Ausbildung der Rekruten. Selbst wenn es genügend Geld für die Modernisierung der Armee gegeben hätte, wären die Truppen nicht imstande gewesen, die komplexen Abläufe einer modernen Kriegsführung und die Verwendung der Zündnadelgewehre rasch zu erfassen. Dies führte dazu, daß die Armeeführung – wie Wawro meint – zu »grausamen und unintelligenten« Taktiken greifen mußte: Schocktaktiken mit Kolonnen von bewaffneten Infanteristen mit aufgezogenen Bajonetten gegen eine Front von Gewehren. Bewegung und Elan sollten das Faktum wettmachen, daß die schlecht ausgebildete, schlecht trainierte und viele Sprachen sprechende Armee »nicht genau schießen oder im offenen Gebiet manövrieren« konnte (was etwa erlaubt hätte, bei Gewehrfeuer in Deckung zu gehen). So kam es zu einer horrenden Zahl an Opfern.[31]

Die Führung der Armee, Benedek und seine wichtigsten, hochadeligen Generäle waren für das armselige Auftreten der Armee mitverantwortlich. Doch lagen ihren unangebrachten Taktiken und Strategien Probleme eines Staates zugrunde, der mit schlecht ausgebildeten und schlecht trainierten Rekruten in den Krieg zog und sich auf ihren Kampfesmut verlassen mußte, um den Tag zu überstehen; und jener Mann, der diesen Staat anführte, der im Jahre 1859 darauf bestanden hatte, die volle Kontrolle über die Armee zu behalten und für die Ernennung inkompetenter Militärführer verantwortlich zeichnete, war kein anderer als Franz Joseph.

Selbst wenn sich die Österreicher auf dem Schlachtfeld besser geschlagen hätten, hätte Bismarcks erfolgreiche, diplomatische Einkesselung – er war sogar imstande, ungarische, serbische und rumänische, ja sogar böhmische Hilfe gegen die Habsburger zu mobilisieren – für eine Niederlage Österreichs genügt.[32] Jedenfalls führte Königgrätz dazu, daß Österreich aus dem Deutschen Bund ausgeschlossen wurde, was im Frieden von Prag vom 23. August 1866 festgehalten ist. Franz Joseph fügte sich der Schaffung des Norddeutschen Bundes, der von Preußen dominiert wurde, und der Bildung des Süddeutschen Bundes, der militärisch und wirtschaftlich mit seinen nördlichen Nachbarn verbunden war und keine spezielle Verbindung zu Österreich hatte, gleichwohl jedoch aus unabhängigen, souveränen Staaten zusammengesetzt war. Klugerweise verhielt sich Bismarck der Monarchie gegenüber zurückhaltend und reklamierte keine Gebiete für Preußen. Der einzige Gebietsverlust, den Österreich 1866 hinnehmen mußte, war Venetien, doch hatte es dieses Gebiet ja bereits vor dem Krieg aufgegeben.

Oberflächlich betrachtet hatte Österreich den Krieg ganz gut überstanden und war auch nicht völlig aus den deutschen Angelegenheiten ausgeschlossen worden. In den folgenden Jahren versuchte Franz Joseph daher, wie er es auch in Italien nach 1859 versucht hatte, die frühere Position in Deutschland wiederzuerlangen. Aufgrund des Unabhängigkeitspassus des Prager Vertrages über den Süddeutschen Bund trachtete er, diese Staaten des Bundes auf Österreichs Seite zu ziehen und gegen die befürchtete preußische Dominanz aufzubringen. Unter der Führung von Friedrich Ferdinand Graf Beust war Österreich mit dieser Politik eine gewisse Zeit sogar erfolgreich. Zudem konnte es sich auf eine französische Politik stützen, die eine Vereinigung von Nord- und Süddeutschland unter preußischer Oberhoheit ebenfalls zu verhindern trachtete.[33] Tatsächlich bedeutete das Jahr 1866 jedoch das Ende jenes habsburgischen Reiches, das Franz Joseph geerbt hatte. Aus Italien hinausgeworfen, aus Deutschland fast vertrieben und innerhalb der Monarchie durch den Ausgleich mit Ungarn, dessen Beschaffenheit viel mit der österreichischen Niederlage gegen Preußen zu tun hat, in zwei Teile gespalten, war die österreichisch-ungarische Doppelmonarchie eine andere, weit weniger eindrucksvolle, wenn auch vielleicht überlebensfähigere Einheit als das geeinte Reich, das Bollwerk gegen die Revolution und die Bastion des Friedens, das Franz Joseph geerbt hatte. Der große Machtverlust der Habsburger wurde jedoch erst 1870 deutlich.

In diesem Jahr fiel Napoleon III., von Bismarck an der Nase herumgeführt und gegen den Rat der Österreicher, im bayerischen Teil der Unterpfalz ein; dies vereinigte die süddeutschen Staaten unter preußischer Führung und führte zum deutsch-französischen Krieg. Damit waren alle österreichischen Versuche zunichte gemacht, aus den süddeutschen Ländern einen pro-österreichischen und anti-preußischen Block zu bilden. Der Kriegsverlauf, den Franz Joseph eine »fürchterliche Katastrophe« für die Franzosen nannte, kulminierte in einer entscheidenden Schlacht, der Schlacht von Sedan, und führte zur Errichtung des Deutschen Reiches. Dies zerstörte jede noch verbliebene Hoffnung auf eine österreichische Vormachtstellung in Deutschland. Franz Joseph konnte dem preußischen Vorstoß – teils aufgrund des anfänglichen Fehlers von Napoleon III., aber auch aufgrund der eigenen militärischen Schwäche –, und der bedrohlichen Position Rußlands nur machtlos zusehen. Zudem hatte er mit einer breiten Sympathie im deutschen und ungarischen Volk für die deutsche (preußische) Angelegenheit zu kämpfen.[34] In dieser spezifischen Situation konnten die habsburgischen Machthaber die nationalistischen Forderungen, besonders im ungarischen Königreich, nicht länger ignorieren.

Innenpolitisch bestand die Hauptkonsequenz 1867 im sogenannten Ausgleich mit der magyarischen Führung, der in der ›Wiederherstellung‹ der Autonomie des Königreiches von Ungarn und in der Aufstellung einer konstitutionellen Regierung für die österreichische Reichshälfte resultierte. Einige Jahre lang glaubte Franz Joseph, dies würde ihm freie Hand lassen, zu jenen Völkern, die nicht direkt durch den Ausgleich betroffen waren, vor allem den Tschechen, ein besseres Verhältnis zu bekommen. Infolge des preußischen Sieges über Frankreich und des Versiegens jeder Hoffnung, in Deutschland wieder an Einfluß zu gewinnen, beschloß Franz Joseph jedoch, die von den Deutschliberalen inspirierte, zentralistische Verfassung in Wien zu verwerfen und an ihrer Stelle ein weit konservativeres, föderalistisches System zu installieren, das den nach wie vor unbefriedigten Anspruch der Tschechen auf ihr »historisches Recht« auf die böhmische Krone befriedigen sollte.[35]

Das war auch die Aufgabe, die Franz Joseph dem Kabinett von Karl Sigmund Graf Hohenwarth im Februar 1871 übertrug, das beraten von Albert Schäffle eine neue Landesordnung für die böhmischen Länder mit 18 Fundamentalartikeln aufstellte. Dieser Entwurf wurde im Oktober von zwei Seiten in der Opposition zu Fall gebracht. Zum einen protestierten die Deutschliberalen und Beust (gestützt auf nicht allzu subtile Ratschläge des deutschen Kaisers) gegen den Angriff auf die Rechte der Deutschen, der auch im neuen Deutschen Reich auf Mißfallen stieß.[36] Zum anderen opponierte der ungarische Ministerpräsident, Gyula Andrássy, auf das schärfste und bezeichnete den Plan als einen Angriff auf den Ausgleich. Angesichts derartiger Gegner gab Franz Joseph, der soeben seine Krönung als böhmischer König versprochen hatte, seinen neuesten Plan – sehr zur Verzweiflung der Tschechen – auf.[37] Eingekeilt zwischen den deutschliberalen Interessen innerhalb und außerhalb der Monarchie auf der einen Seite und den nationalen Interessen der Ungarn auf der anderen, mußte Franz Joseph neuerlich erfahren, wie beschränkt seine wirkliche Macht war.

Der Dualismus

Der Ausgleich, der das konstitutionelle System der Monarchie für den Rest ihres Bestehens zusammenhalten sollte, wurde nach der verheerenden Niederlage gegen Bismarcks Preußen verhandelt. Die Legende besagt, daß der Kernpunkt der Verhandlungen zur Sprache kam, als Franz Joseph den ungarischen Führer, Ferenc Deák, nach seinen Forderungen fragte und Deák geantwortet haben soll, daß es die gleichen wären, wie vor dem Krieg. Der dankbare Franz Joseph ging erleichtert, daß er keinerlei weitere Zugeständnisse machen mußte, darauf ein, und bald darauf wurde eine Vereinbarung getroffen, bei der die Ungarn das Maximum an Forderungen erreichten, das sie ursprünglich verhandelt hatten.[38]

Franz Josephs Grund, warum er in den Ausgleich 1866/67 einwilligte, war jedoch mehr als nur Dankbarkeit für Deáks Zurückhaltung. Vor allen Dingen überzeugte ihn sein neuer sächsischer Außenminister, Friedrich Ferdinand Graf Beust, der im Oktober ernannt worden war, daß der einzige Weg, um innerhalb des Reiches die Ordnung wiederherzustellen und im südlichen Deutschland (eventuell in Deutschland allgemein) wieder an Einfluß zu gewinnen, in einem Abkommen mit den Ungarn bestünde. Der einzige schnelle Weg, um die dynastische Macht wiederherzustellen, bestand somit darin, die Monarchie in zwei Hälften zu spalten und damit das Ideal des geeinten Staates preiszugeben, das das zentrale Ziel der habsburgischen Politik seit Maria Theresia und auch das Ziel Franz Josephs gewesen war, dessen Motto *Viribus unitis* lautete. Möglicherweise spielte bei Franz Joseph auch der Wunsch eine Rolle, seine geliebte, aber schwierige Frau Elisabeth zufriedenzustellen, deren Bewunderung für die ungarischen Führer, speziell für Andrássy, sie zu einer enthusiastischen Fürsprecherin der ungarischen Sache machte; wenn dies so war, so verstärkte sie jedoch nur Franz Josephs Hauptansinnen, seinen dynastischen Status und seine dynastische Macht wiederzugewinnen und zu sichern.[39]

Eine der Eigentümlichkeiten der außergewöhnlichen Vereinbarung lag in den beteiligten Parteien. Der Ausgleich war eine Vereinbarung zwischen

Franz Joseph und der magyarischen Führung des ungarischen Reichstags. Die Völker im Rest der Monarchie wurden formal niemals konsultiert. Der Ausgleich wurde durch Abstimmung im ungarischen Reichstag angenommen, bevor Franz Joseph im Juni 1867 in einer Zeremonie, deren Mittelalterlichkeit zumindest Beobachtern aus dem Westen bemerkenswert erschien, zum König von Ungarn gekrönt wurde.[40] Jedoch erst im Dezember 1867 nahmen die »im Reichsrate vertretenen Königreiche und Länder« wie in einem nachträglichen Einfall die Verfassung (eigentlich eine Reihe von Grundgesetzen) an, die bis zum Ende der Monarchie auch für Cisleithanien galt. Die Unausgewogenheit zwischen Cisleithanien und Ungarn blieb auch in der Handhabung des Ausgleichs bestehen.

Aufgrund des Ausgleichs wurde aus der Habsburgermonarchie die Doppelmonarchie Österreich-Ungarn.[41] Anstelle eines geeinten Staates gab es nun zwei Staaten, Ungarn und den Rest der Monarchie, unter *einem* Monarchen, der Kaiser von Österreich und König von Ungarn war. Die Identitätsprobleme, die daraus für die nicht-ungarische Hälfte der Monarchie entstanden, sind legendär: Ihren berühmtesten Ausdruck fanden sie in Robert Musils *Der Mann ohne Eigenschaften*.[42] Im Unterschied zu Ungarn, das als Königreich zu St. Stephan als Staat wie als Nation eine eindeutige Identität besaß, hatte die nicht-ungarische Reichshälfte nicht einmal einen allgemein anerkannten, offiziellen Namen. Sie konnte nicht »Österreich« genannt werden, obwohl sein Regent Kaiser von Österreich war, weil man unter Österreich entweder nur die Erblande oder das ganze frühere Reich verstand. Informell wurde die nicht-ungarische Reichshälfte Österreich genannt, halboffiziell jedoch Cisleithanien, weil sie die Länder diesseits des Flusses Leitha (der zum Teil die Grenze zwischen der ungarischen und der nicht-ungarischen Hälfte bildete) umfaßte. Die Länder jenseits der Leitha wurden mitunter Transleithanien genannt, doch umfaßten sie schlicht Ungarn. Der offizielle Titel der nicht-ungarischen Hälfte war »die im Reichsrat vertretenen Königreiche und Länder«. Es ist daher wenig überraschend, daß es Cisleithanien an »nationalem Egoismus« mangelte, wie Louis Eisenmann betont.[43]

Den beiden Staaten übergeordnet beziehungsweise zwischen den beiden Staaten stehend – es kommt darauf an, ob man die österreichische (cisleithanische) oder die ungarische Version des Ausgleichs akzeptiert – gab es drei gemeinsame Ministerien, die vom alten Kaisertum übriggeblieben waren, und zwar eines für Außenpolitik, eines für Landesverteidigung und eines für Finanzen. Diese Ministerien standen unter der Kontrolle des gemeinsamen Monarchen, Franz Joseph. Sie waren jedoch verpflichtet, den beiden Delegationen – dies waren die Parlamentsausschüsse der beiden respektiven Staaten (in der Nachfolge des früheren ungarischen Reichstags und des österreichischen Reichsrates der Februarverfassung ohne seine ungarischen Abgeordneten) – jährlich Bericht zu erstatten. Die beiden Delegationen trafen sich jährlich in der gleichen Stadt, abwechselnd in Wien oder Budapest, doch nie in gemeinsamer Sitzung. Es war einer der größten Verhandlungserfolge der magyarischen Führung, daß es niemals mehr ein einheitliches ›Parlament‹ geben sollte. Die Delegationen trafen sich unabhängig voneinander und berieten auch unabhängig voneinander. Zwar waren gemeinsame Wahlen vorgesehen, falls keine Übereinstimmung erzielt werden konnte; doch bestanden die Ungarn darauf, daß diese Wahlen stumm und ohne wechselseitige Beratung stattfinden sollten, um die Souveränität Ungarns zu schützen.[44]

Ging es nach den Ungarn, so beschränkte sich die Zusammenarbeit auf ein absolutes Minimum. Nach der ungarischen Interpretation des Ausgleichs gab es keinen gemeinsamen Staat, dem Ungarn und Cisleithanien angehörten, sondern nur Arbeitsbeziehungen zwischen zwei unabhängigen Staaten. In Cisleithanien wurden die gemeinsamen Ministerien und das System der Delegationen hingegen, ganz im Gegenteil dazu, als Ausdruck einer Rechtseinheit begriffen, die den beiden Staaten übergeordnet war. Das sollte zu zahlreichen Debatten über die offizielle Benennung der verschiedenen, gemeinsamen Institutionen führen: »k.k.« für »kaiserlich-königlich« – was eine verbundene Staatseinheit nahelegte, in der das kaiserliche Österreich dem königlichen Ungarn vorstand – oder »k. und k.« für »kaiserlich und königlich«, was die Existenz von zwei getrennten Einheiten voraussetzt, die bloß gemeinsame Einrichtungen haben. Es ist ein Gradmesser für den Einfluß der Ungarn, daß sich die letzte Bezeichnung durchsetzte. Und es ist ein Hinweis auf die Probleme, die durch derartige juristische Spitzfindigkeiten hervorgerufen wurden, daß die Doppelmonarchie erst zur Zeit des Ersten Weltkrieges ein politisch tragbares Wappen erhielt.[45]

Zusätzlich zu den ›pragmatischen‹ Elementen des Ausgleiches gab es alle zehn Jahre direkte Verhandlungen zwischen den beiden Staaten (den zwei Parlamenten und Franz Joseph mit beiden Kronen). Sie waren mit dem Zoll- und Handelsbündnis, vor allem mit dem Währungsausgleich und den Zolleinnahmen, und – am umstrittensten – mit der Festlegung der Quote, die für die Finanzierung der gemeinsamen Unternehmungen, vorrangig der kaiserlichen Armee, ausschlaggebend war, befaßt. Ursprünglich wurde die Quote für das wesentlich reichere Cisleithanien auf 70 Prozent, für Ungarn auf 30 Prozent festgesetzt. Als Ungarn reicher wurde, aber immer weniger zufrieden mit der Tatsache, daß es eine gemeinsame Armee anstatt einer eigenen finanzieren mußte, wurde die österreichisch-ungarische Politik in zehnjährigem Rhythmus mit dem Streit über die Quote belastet; bis in das letzte Jahrzehnt vor dem Ersten Weltkrieg wurde ständig über den Ausgleich im allgemeinen und die Quote im besonderen gestritten.[46]

Was die Zusammenarbeit der beiden Staaten zusätzlich erschwerte und das Verhältnis sowohl behinderte als auch förderte, war die Tatsache, daß zu den Verhandlungen zwischen den beiden Staaten ein dritter Aspekt hinzu kam, mit dem sich die Ministerpräsidenten und die Parlamente beider Staaten auseinandersetzen mußten und der seine eigenen Interessen im Umgang mit der ›gemeinsamen‹ Sache vertrat: Franz Joseph. Dieser gab im Jahr 1867 vermeintlich viel von seiner innenpolitischen Macht, speziell in Ungarn, ab. Daß er dies tat, lag daran, daß er seine außenpolitische Macht und die Kontrolle über die bewaffneten Kräfte erhalten wollte. Darin war er mehr als erfolgreich, denn die Delegationen erwiesen sich, vor allem aufgrund der ungarischen Ablehnung dieser Einrichtung, als ein ›zahnloser Löwe‹, sofern sie jemals als ernsthafte Kontrolle der habsburgischen Außen- und Militärpolitik beabsichtigt waren. Stattdessen wurden die gemeinsamen Angelegenheiten der Monarchie durch Franz Joseph wahrgenommen, der die Minister der gemeinsamen Ministerien und den gemeinsamen Ministerrat, der als Kronrat bekannt ist, zu Rate zog.[47] Obwohl dies einem informellen kaiserlichen Kabinett gleichkam, dem der cisleithanische und der ungarische Ministerpräsident ebenso angehörten wie der Außenminister, der Kriegsminister, manchmal auch die Finanzminister der beiden Reishälften, oft sogar der Oberkommandierende des Heeres und wen auch immer Franz Joseph beiziehen wollte, hatte dieser Kronrat keine offizielle Funktion im Ausgleichsvertrag und blieb Franz Josephs eigenes Regierungsorgan.

Die Außenpolitik blieb die Sache Franz Josephs, und die gemeinsamen bewaffneten Kräfte, besonders seine heißgeliebte Armee (er kümmerte sich nie viel um die Marine), unterstanden seiner direkten Kontrolle. Die Soldaten schworen dem habsburgischen Kaiser die Treue und nicht dem Doppelstaat, ganz zu schweigen von Österreich oder Ungarn allein. Zugegeben, der Ausgleich erlaubte indirekt auch eine »Landwehr« oder »Honvéd«, militärische Einheiten, die von den zwei separierten Staaten finanziert wurden; sie blieben jedoch Hilfstruppen für die kaiserliche Armee, und ihr zweitrangiger Charakter zeigt sich allein schon daran, daß sie keine eigene Artillerie besaßen. (Eine eigene Honvéd-Artillerie sollte sich auch als eines der Hauptziele und wichtigsten Verhandlungserfolge der ungarischen Nationalisten in den Vorkriegsjahren erweisen.)

Der Ausgleich stellte für Franz Joseph die Kontrolle über die Armee und die Außenpolitik sicher. Zahlreiche Historiker tendierten dazu (und tun es noch heute), Franz Joseph aufgrund der Art, wie er den Ausgleich zustande brachte, als pro-ungarisch darzustellen. Sein Festhalten am Krönungsschwur des ungarischen Königs ist oft als Grund dafür gesehen worden, daß der »Kaiser im ungarischen König gefangen gewesen« wäre. Zweifellos sah Franz Joseph die Bewahrung der dualistischen Herrschaft, zumindest nach dem Jahre 1871, als eine absolute Notwendigkeit für das Überleben der Monarchie an, und dies mündete oft genug in einer Politik, die bemüht war, die ungarische Führung nicht vor den Kopf zu stoßen.[48] Franz Josephs ›pro-ungarische‹ Haltung kann jedoch ebenso als die eines praxisorientierten, wenn auch kurzsichtigen ›Utilitaristen‹ beschrieben werden, der die

Dinge auf sich beruhen ließ, solange eine halbwegs gut finanzierte Armee gesichert war. Gleichzeitig hatte Franz Joseph in der ungarischen Konstitution eine Machtbasis, die er von Zeit zu Zeit mit nachhaltiger Wirkung in Anspruch nahm. Was die nationale Frage anbelangte, so verhielt sich Franz Joseph in Ungarn, wie Steed treffend bemerkt, wie ein ›abwesender Grundherr‹, der seinen ›Verwaltern‹, dem ungarischen Adel, erlaubte, sich gegenüber den anderen nationalen Minderheiten nach Belieben zu verhalten, solange sie ihm seine Armee garantierten.[49] Das heißt, daß nicht die ungarischen Interessen im Vordergrund standen, sondern seine eigenen.

Franz Joseph wußte genau, was er tat, als er sich für den Ausgleich entschloß. Im Ministerratstreffen am 1. Februar 1867 verteidigte Beust die endgültige Entscheidung für den Ausgleich mit dem Verweis: »Ich bin mir dessen bewußt, daß die slawischen Völker der Monarchie diese neue Politik mit Mißtrauen betrachten werden; aber die Regierung kann nicht immer allen Nationen gegenüber fair sein. Daher müssen wir uns auf jene verlassen, die die meiste Lebenskraft besitzen (...), und das sind die Deutschen und die Ungarn.« Franz Joseph stimmte diesem pragmatischen Argument zu. Als Antwort auf Belcredis Einwand, daß sich die Regierung nicht auf einzelne Nationalitäten verlassen dürfe, sondern über ihnen stehen müsse und man die Slawen nicht so einfach ignorieren könne, erwiderte er: »Mag sein, daß der von Graf Belcredi angeratene Weg einwandfreier ist, aber jener von Baron Beust dürfte als der kürzere eher zum Ziel führen.«[50]

Franz Joseph wählte den Weg des Ausgleichs in dem Bewußtsein, daß er die Interessen einer sehr großen Gruppe von Untertanen, der Slawen, ignorierte. Das Ergebnis seiner Entscheidung machte Belcredi einige Tage später noch klarer. Als ihn Franz Joseph fragte, ob seine Zustimmung zum Ausgleich unerreichbar sei, antwortete Belcredi, er hätte den Eindruck, daß die nicht-ungarischen Länder keine Stimme hätten: »Denn in ›diesen‹ und nicht in Ungarn findet die Monarchie ihre kräftigste Stütze und bei ihnen ist der ernste Wille, ihre mächtige Einheit zu erhalten, unzweifelhaft vorhanden. Wohin soll eine Politik führen, die die slawische Mehrheit der Bevölkerung dieser Länder geradezu vor den Kopf stößt?«[51]

Dies war eine berechtigte Frage, denn Franz Josephs Zustimmung zum Ausgleich, gleichgültig ob vermeidbar oder nicht, mündete notwendigerweise in ähnlichen Forderungen der anderen Nationen, allen voran der »historischen« Nationen. Die Polen forderten nationale Autonomie in Galizien, die sie, wenn auch inoffiziell, bekamen. Man erlaubte ihnen, das Land zu führen, als ob die gesamte Bevölkerung polnisch wäre und die zahlenmäßig fast gleich starken Ruthenen und die Juden nicht vorhanden wären. Die Tschechen bekamen, wie bereits erwähnt, nicht die gleiche Art von Handel wie die Ungarn oder die Polen, obwohl sie 1871 nahe daran waren. Bei der Zerstörung dieser Verhandlungen spielte die ungarische Opposition eine wichtige Rolle. Innerhalb der Länder der Stephanskrone wurden die

Versuche der Rumänen, eine Art von Autonomie in Siebenbürgen zu erreichen, von den Magyaren unterlaufen; auch die Kroaten forderten eine Art nationale Autonomie, wenn sie schon unter ungarischer Souveränität bleiben mußten, worauf ihnen 1868 die Nagodba zugestanden wurde, die jedoch so große Mängel aufwies, daß sich die Magyaren weiterhin erlauben konnten, die Kroaten schlecht zu behandeln.[52] Damit sind auch die zwei größten Probleme der Monarchie benannt: der nationale Kampf der frustrierten Tschechen und die zunehmende Unzufriedenheit der Südslawen an der Südgrenze der Monarchie. Adolf Fischhof, ein jüdischer Medizinstudent, Führer der 1848er Revolution und späterer liberaler Denker, sagte einst, »solange unsere Verfassung nicht der Kitt ist, welcher den Länderkomplex zusammenhält, sondern der Keil, welcher die Völker auseinandertreibt«, wird kein Frieden herrschen.[53] Kurzfristig hatte Franz Joseph recht behalten: Um seine Macht und den habsburgischen Status zu erhalten, war der Ausgleich der Jahre 1866/67 unumgänglich. Die langfristigen Konsequenzen dieses Vertrages waren jedoch alles andere als positiv.

Franz Joseph als konstitutioneller Monarch

Am 22. August 1866, dem Tag vor der Unterzeichnung des Friedensvertrages mit den Preußen, schrieb Franz Joseph an seine betagte Mutter Sophie einen Brief, in dem er ein Doppelspiel der Feinde Österreichs für das Desaster von Königgrätz verantwortlich machte: »(...) und wir waren sehr ehrlich, aber sehr dumm.« Dumm, um an die Versprechungen der anderen zu glauben, meint hier Franz Joseph, und nicht dumm im Umgang mit Österreichs Möglichkeiten. Während er einerseits noch immer behauptete, daß der »Kampf auf Leben und Tod (...) noch lange nicht aus ist«, war er deutlich verzweifelt über seine Situation: »Wenn man alle Welt gegen sich und gar keinen Freund hat, so ist wenig Aussicht auf Erfolg, aber man muß sich so lange wehren, als es geht, seine Pflicht bis zuletzt tun und endlich mit Ehre zugrunde gehen.«[54]

Diese verzweifelte Sicht war verständlich, denn die Monarchie litt an der katastrophalen Niederlage des Jahres 1866, und Franz Joseph war beim Volk nicht beliebt. Die Nachricht von der Niederlage bei Königgrätz war in den Straßen von Wien in pazifistischen Feiern willkommen geheißen worden.[55] Ein Polizeioffizier berichtete im September 1866, daß man in Wien über Franz Joseph meine, »(...) er sei seit seinem Regierungsantritt nur der Protektor des Militärs und habe keine Liebe zu seiner Bevölkerung, was klar an den Tag trete, da sich weder Seine Majestät noch Ihre Majestät dem Volke zeige und bei jeder Gelegenheit von selbem fernzuhalten suche. Man beschuldigt ferner den Allerhöchsten Herrn, mehr Zeit dem Vergnügen auf Jagden (...) zu widmen als den Regierungsgeschäften (...).«[56] Dieser Vorwurf war zwar unfair, denn Franz Joseph arbeitete hart, doch zeigt der Tenor des Berichts deutlich, wie sehr Franz Josephs Stern in den Augen des Volkes gesunken war.

Genau in jener Situation, in der Franz Josephs Autorität stark angezweifelt wurde, beschloß dieser, sich mit der ungarischen Führung zu einigen und der deutschen politischen Führung zu erlauben, in Cisleithanien eine liberale Verfassung einzuführen. Damit wurde er in Ungarn und in Cisleithanien ein konstitutioneller Monarch. Dies gefiel ihm ganz und gar nicht. Obwohl er die »historische« Natur der ungarischen Verfassung anerkennen mußte, war er entschlossen und darin, wie sich noch herausstellen sollte, auch erfolgreich, jede Formulierung im Staatsgrundgesetz Cisleithaniens über die Volkssouveränität zu verhindern. Juristisch war und blieb die Verfassung ein ›Geschenk‹ des Monarchen.

Obwohl Franz Joseph in dieser Verfassung die Verankerung der Ministerverantwortlichkeit gegenüber dem Parlament akzeptieren mußte, stand diese auf einer schmalen legalen Basis (was die Möglichkeit für illegale Übergriffe durch einzelne Minister bot). Sie reichte nicht an jene Form der ministeriellen Verantwortlichkeit heran, an die man üblicherweise denkt, in der Kabinette fallen, wenn sie von einer Mehrheit im Parlament niedergestimmt werden. Die Macht, Minister zu ernennen und zu entlassen, oblag bis zum Ende der Monarchie dem Kaiser. Die Minister gehorchten ihm und nicht dem Parlament.[57] Dennoch sah sich Franz Joseph nach 1867 gezwungen, sich an die Verfassung zu halten, denn es gab keinen anderen Weg, die Ungarn und die Deutschen zufriedenzustellen, und zudem hatte er nicht länger die Autorität, allein auf der Basis seines dynastischen Rechts zu regieren.

Franz Joseph mißbilligte es nicht nur, an eine Verfassung gebunden zu sein, er mißtraute auch den deutschliberalen Politikern, die ihn an diesen Punkt gebracht hatten. Ihr gesamtes Weltbild stand in einem krassen Gegensatz zu seinem.[58] Ein Symbol dafür war seine durchgängige Weigerung, Zivilkleidung zu tragen, auch wenn er an Veranstaltungen in seiner liberalen Hauptstadt Wien teilnahm.[59] Seine praktische Ader ließ ihn jedoch die Rolle des konstitutionellen Monarchen überzeugend spielen und das Bürgerministerium tolerieren, das gegen Ende des Jahres 1867 unter Ministerpräsident Fürst Karl Auersperg die Kontrolle über die cisleithanische Regierung übernahm. Es waren für den Moment die Deutschliberalen, die die besten Mittel anzubieten schienen, um seine Ziele zu erreichen.

Franz Joseph und seine Berater waren überzeugt, daß die Deutschen und die Ungarn die Völker mit der größten ›Lebenskraft‹ wären. Was die Deutschen anbelangt, so waren sie die wohlhabendste, politisch artikulierteste und gebildetste Gruppe der Monarchie, vor allem nach dem Verlust der italienischen Länder und dem Wegfall des gebildeten italienischen Bürgertums. Noch immer war die Bürokratie in Cisleithanien vorrangig deutsch.

Obwohl Cisleithaniens Deutsche in liberale und konservative politische Gruppen gespalten waren, waren die aufsteigenden Mittelschichten – die augenscheinliche Vorhut des Fortschritts – die treuesten Weggefährten der Liberalen, was diese zur Hoffnung für die Zukunft der österreichischen Politik machte. Die Liberalen hatten 1867 eine überwältigende Mehrheit im Abgeordnetenhaus des Reichsrats inne. Und sie verfügten über jene finanziellen Mittel, die für die angeschlagenen Staatsfinanzen dringend notwendig waren. Es lag auf der Hand, daß Franz Joseph auf jene Gruppe setzte, die ihn mit Geld und Macht versorgte.

Die Deutschen waren auch aus einem anderen Grund für Franz Joseph interessant. Sie unterstützten den Zentralstaat. Zwar meinen manche, daß Franz Joseph ein Anhänger des Föderalismus gewesen sei.[60] Und von Zeit zu Zeit nahm er tatsächlich diesen Standpunkt ein. Als Antwort auf Erzherzog Albrechts Kritik an seiner Entscheidung, zu Beginn des Jahres 1866 Budapest zu besuchen, um die ungarische Einigung voranzutreiben, ließ er Felix Graf Crenneville antworten, daß »er übrigens nicht der Kaiser von Wien, sondern von jedem seiner Königreiche und Länder ist und sich in jedem gleichmäßig als zu Hause betrachtet«.[61] Einen ähnlichen Standpunkt sollte er 1871 und danach noch mehrmals einnehmen, manchmal sogar mit echter Überzeugung. Üblicherweise war diese Haltung jedoch nur ein Mittel, um seine Ziele zu erreichen. Sein Ideal war immer die ultimative Form der Zentralisierung, nämlich Absolutismus. Als dieses Konzept gescheitert war, probierte er es mit Schmerlings deutschem Zentralismus. Als dieser ebenfalls mißlang und Franz Joseph Ungarn einen besonderen Status zugestehen mußte, erschien als die nächstbeste Lösung der cisleithanische Zentralismus der Deutschliberalen. Davon erhoffte sich Franz Joseph, Kaiser in einer kaiserlichen Hauptstadt mit einem zentralen Parlament und einem Kabinett zu bleiben, mit dem er zumindest die Hälfte seines Reiches als Kaiser regieren und so viele Einkünfte erzielen konnte, daß er eine große Armee und den Großmachtstatus der Habsburger finanzieren konnte.[62]

Solange die Deutschliberalen als die dominante Macht erschienen und sie Franz Joseph gaben, wonach er verlangte, war dieser bereit, ihre Politik zu tolerieren, auch wenn sie nicht seinen Vorstellungen entsprach. So erlaubte er den Deutschliberalen etwa, jene ›Wahlarithmetik‹ fortzusetzen, die ihre Präsenz im Reichsrat sicherte und ihnen die Mehrheit verschaffte, um die föderalistische Opposition der deutschen und südslawischen Konservativen und Klerikalen zu überstimmen. (Die Tschechen hatten die Versammlung bereits 1863 und dann wieder ab April 1867 boykottiert; der Polenklub arbeitete mit allen zusammen, die in Wien an der Macht waren, um die polnische Kontrolle über Galizien garantiert zu bekommen).[63]

Sehr zu seinem Leidwesen mußte Franz Joseph der deutschliberalen Majorität auch zugestehen, daß die Konzessionen, die er der römisch-katholischen Kirche im Konkordat von 1855 zugestanden hatte, zurückgenommen wurden. 1868 führte eine große Zahl an antiklerikalen Gesetzen, die Maigesetze, dazu, daß der Staat die Kontrolle über die Erziehung und das Heiratswesen zurückbekam und für die religiösen Glaubensgemeinschaften Gleichheit vor dem Gesetz hergestellt wurde. Im August des Jahres 1870 stimmte Franz Joseph, zum Schrecken seiner Mutter, sogar der Aufkündigung des Konkordats zu, nachdem das Dogma der päpstlichen Unfehlbarkeit die Verteidigung des Vertrages mit dem Papsttum unmöglich gemacht hatte. 1874 gestand er eine neue Reihe von Gesetzen zu, die mehr staatliche Kontrolle über die katholische Kirche sicherstellten.[64] Obwohl er dem Papst versicherte, daß er keinen Kulturkampf wie im neuen Deutschen Reich zulassen würde, und obwohl er 1873 Überlegungen zur Einführung der vollen Zivilehe hintertrieb,[65] stand er dennoch einer breiten Liberalisierung und Säkularisierung des sozialen, religiösen und bildungsbezogenen Lebens in der Monarchie vor. Dies brachte immerhin die endgültige und völlige Emanzipation des österreichischen Judentums, die in der Verfassung auch garantiert wurde.

Auch das politische, ökonomische, zivile und juristische Leben Cisleithaniens machte in der, mehr als ein Jahrzehnt dauernden Phase, in der die Deutschliberalen die mächtigste Kraft in der Regierung waren, eine verstärkte Liberalisierung durch. Das Rechtssystem wurde so verändert, daß die Monarchie zum ersten Mal ein echter Rechtsstaat wurde, mit der gänzlichen Trennung von Exekutive und Rechtsprechung bis auf die Gemeindeebene herab. Dies wurde durch die Einrichtung zweier Höchstgerichte bewerkstelligt: dem in der Verfassung vorgesehenen Reichsgericht, das 1869 mit der Zuständigkeit für verfassungsgesetzlich gewährleistete Rechte eingerichtet und dem Verwaltungsgerichtshof, der 1875 installiert wurde und gegen Entscheidungen der Verwaltungsbehörden angerufen werden konnte.[66] Die neue Strafprozeßordnung, die eine (eingeschränkte) Rechtsfindung durch Geschworene vorsah, wurde 1873 eingeführt. Das Gemeindegesetz des Jahres 1862 hatte bereits für eine weitreichende Gemeindeautonomie gesorgt, und im neuen liberalen Klima blühte auch das Pressewesen auf.[67] Auch die Wirtschaft, die einen Nachkriegsboom erlebte, wurde mit Hilfe zahlreicher Handelsverträge mit den wichtigsten Handelspartnern Cisleithaniens (jedoch ohne eine korrespondierende Regelung des Arbeitsrechts) liberalisiert. Die Ringstraße, deren Einebnung einst die mutige neue Welt des Neoabsolutismus symbolisiert hatte, wurde nun zu einem Symbol der waghalsigen Gründerzeit.

Sogar das Militär profitierte von den liberalen Reformen. Das Wehrgesetz, das 1868 in Cisleithanien und Ungarn beschlossen wurde, regelte die Rekrutierung und Finanzierung einer drastisch reduzierten kaiserlichen Armee. Dieses Gesetz, das alle zehn Jahre zu erneuern war, gewährleistete eine gewisse parlamentarische Kontrolle über das Militärbudget und damit indirekt auch über seine Verwaltung; daher konnte auch unter zwei Kriegsministern, die aufgrund ihrer Anerkennung durch die deutschen und die ungarischen Liberalen ernannt worden waren, nämlich Feldmarschallleutnant Franz von John und Feldzeugmeister Franz von Kuhn von Kuhnenfeld, die längst überfällige Modernisierung der k.u.k. Armee begonnen werden. Die Armee blieb jedoch Franz Josephs Vorrecht, und der erzkonservative Generalinspektor, Erzherzog Albrecht, wehrte viel von der liberalen Reform ab. So blieb die Armee eine im Grunde konservative, dynastische Macht, auch wenn sich in der zentralen habsburgischen Bastion ansatzweise liberal inspirierte Reformen breitmachten.[68]

Bis 1870 mag Franz Joseph gehofft haben, daß seine Duldung eines deutsch-zentralistischen Systems in Cisleithanien die Chancen vergrößern würde, in Deutschland wieder an Einfluß zu gewinnen, auch wenn etwa Belcredi davor warnte, sich nur auf die Deutschen in Cisleithanien zu verlassen und das große Segment der slawischen Bevölkerung außer acht zu lassen. Zwar konnten die Polen mit einer informellen Autonomie Galiziens ›gekauft‹ werden, sodaß diese Provinz bald ein halb-unabhängiges ›Klein-Polen‹ mit einer Polnisch sprechenden Verwaltung und polnischsprachigen Universitäten wurde. Zwar stellten die Südslawen Cisleithaniens im Moment kein Problem dar, doch konnten die Tschechen, die im Zentrum einer ökonomisch fortschrittlichen Region lebten und sich wirtschaftlich und kulturell immer weiter entwickelten, nicht weiter ignoriert werden, zumal sich ihre politischen Führer mit dem konservativen böhmischen Hochadel verbündet hatten, auf den Franz Joseph nach wie vor bei Hof angewiesen war.

Die Lage war schwierig: Der Chauvinismus der deutschliberalen Führung hatte die Dinge nicht gerade verbessert, und die Tschechen, die zweitgrößte nationale Gruppe nach den Deutschen in Cisleithanien, widersetzten sich dem Ausgleich und dem Reichsrat. Bereits 1868 mußte Franz Joseph überlegen, wie er mit den Tschechen weiterhin gut auskommen sollte. Das bloße ›Erkunden‹ eines Weges erzwang den Rücktritt des Ministerpräsidenten, Karl Auersperg, so sensibel waren die Deutschliberalen gegenüber jedem Vorstoß, die Tschechen einzubeziehen. Franz Joseph verfolgte die tschechische, föderalistische Option jedoch weiter. Wenn schon die Deutschliberalen, die er nicht schätzte, die Ordnung in seinem Reich nicht zu gewährleisten vermochten, warum nicht mit der anderen Seite übereinkommen? Ohnehin sympathisierte Franz Joseph mehr mit den Föderalisten und außerdem hätte er noch Macht hinzugewinnen können. Im April 1870 setzte Franz Joseph das Kabinett Potocki ein und, nach dessen Rücktritt, 1871 ein konservativ-föderalistisches Kabinett unter Karl Sigmund Graf Hohenwart.[69]

Die Ereignisse der Jahre 1870/71 zeigten die Grenzen von Franz Josephs Spielraum, aber auch der deutschliberalen Hegemonie in Cisleithanien, doch sie offenbarten auch die Stärke von Franz Josephs Vorrechten und seine

Bereitschaft, sie zu benutzen. Dies erklärt auch, warum das auf Hohenwart folgende liberale Kabinett unter Fürst Adolph Auersperg gegenüber Franz Joseph zurückhaltender und vorsichtiger war. Der Börsenkrach des Jahres 1873, der alle möglichen Varianten von Korruption nach sich zog, war ein weiterer Grund für die vorsichtige Politik der neuen Regierung, denn als das konjunkturbedingte Wirtschaftswachstum schlagartig endete, sank auch das Prestige des Liberalismus ins Bodenlose. Wenn die Jahre 1859 und 1866 die Autorität der Dynastie unterminiert hatten, so geschah dies 1873 mit den Liberalen. Ihre politischen Erben blieben so geschwächt zurück, daß sie konservative und dynastische Gegenschläge kaum mehr abwehren konnten.[70]

In Ungarn verlief die Sache ganz ähnlich. In den 1860er und 1870er Jahren hatte sich Franz Joseph wie ein konstitutioneller Monarch verhalten und dem liberalen Regime des Ministerpräsidenten, Gyula Andrássy, erlaubt, eine Gesetzgebung einzuführen, die der deutschliberalen in Cisleithanien weitgehend ähnlich war. Es wurden das Religions- und Erziehungswesen reformiert und die Komitatsverfassung wieder eingeführt, um den Glauben des ungarischen Liberalismus an lokale Autonomie zu bestärken (obwohl die zentrale Bürokratie Bachs erhalten blieb und keine gänzliche Trennung von Verwaltung und Rechtsprechung erreicht werden konnte).[71] Die nationale Frage wurde im Nationalitätengesetz festgehalten, eine Schöpfung von Baron Joseph Eötvös aus dem Jahre 1868. Dieses Gesetz hätte eine sehr liberale und großzügige Lösung des nationalen Problems in Ungarn bedeutet, wenn es jemals in jenem Geist durchgesetzt worden wäre, in dem es verfaßt war. Der kleine Ausgleich mit Kroatien, die Nagodba, wurde ebenfalls 1868 erlassen.[72] Diese Vereinbarung war für die Kroaten – traditionellerweise eines von Habsburgs loyalsten Völkern, das 1848 das Überleben der Monarchie gesichert hatte – nachteilig, doch ließ Franz Joseph die Ungarn in dieser und in vielen anderen Angelegenheiten, in denen er einschreiten hätte können, freie Hand. 1868 ist auch das Jahr, in dem das ungarische Parlament das Wehrgesetz erließ, das Franz Josephs geeinte Streitmacht garantierte.[73]

Franz Joseph arrangierte sich mit den liberalen Regimen in beiden Hälften seiner Monarchie, und beide Länder machten während der meisten Zeit den Eindruck eines geordneten, konstitutionellen Staates. Dennoch war Österreich-Ungarn keine konstitutionelle Monarchie wie Großbritannien. Sowohl in Cisleithanien als auch in Ungarn behielt Franz Joseph weitreichende Machtbefugnisse bei. In Ungarn hatte Franz Joseph in der geheimen Punktation des März 1867 darauf bestanden – und die ungarische Führung hatte dies akzeptiert –, daß ihm Befugnisse blieben, die über jene eines Monarchen in einem ›parlamentarischen‹ System weit hinausgingen, nämlich die Ernennungen in der Zentralbürokratie und die vorherige Bewilligung der Gesetzgebung. Franz Joseph mußte seine Zustimmung geben, bevor dem ungarischen Reichstag durch seine Minister ein Gesetz vorgelegt wurde. Dies entwickelte sich zu einem prophylaktischen königlichen Veto, das Franz Joseph große Macht über seine ungarischen Minister und das Parlament verlieh.[74] Während die ministerielle Verantwortung gegenüber dem Monarchen unumstritten blieb, wurde die ministerielle Verantwortung gegenüber dem Parlament nie deutlich artikuliert.[75] Georg Barany nannte die konstitutionelle Vereinbarung in Ungarn nach 1867 daher eine »verschleierte Fortdauer des monarchischen Absolutismus«.[76]

All dies galt erst recht für Cisleithanien. Wie erwähnt, wurde die Verantwortung der Minister gegenüber dem Parlament niemals etabliert. Franz Joseph konnte außerdem den Reichsrat vertagen und auflösen. Der Reichsrat wachte über das Budget, *die* Schlüsselmacht, doch wurde diese Kontrolle bald durch eine andere Bestimmung unterlaufen, den später berühmt gewordenen Artikel 14. Dies erlaubte dem Kaiser, Notverordnungen zu erlassen, wenn der Reichsrat nicht tagte. Nachdem Franz Joseph die Macht behalten hatte, den Reichstag zu vertagen oder aufzulösen, konnte er diese Möglichkeit nutzen, wenn das Kabinett das Vertrauen des Reichsrates verlor. Er konnte in diesem Fall mit Notverordnungen regieren und vollendete Tatsachen schaffen, bevor der nächste Reichsrat, dessen Wahl von der Regierung beeinflußt wurde, zusammentreten konnte.[77]

Die ›Wahlarithmetik‹, die von den Deutschliberalen erfunden worden war, um für sich selbst eine künstliche Mehrheit zu schaffen, hatte auch Vorzüge für Franz Joseph. Obwohl sie durch die Einführung von direkten Wahlen im Jahre 1873 demokratischer wurde, sah das Wahlrecht für den Reichsrat eine Aufteilung der Wähler in Kurien vor, wobei die Landgemeinden und Städte durch die Handelskammern und die Großgrundbesitzer ergänzt wurden. Daß diese Gruppe 85 von 353 Sitzen im Abgeordnetenhaus des Reichsrats innehatte, bedeutete, daß die Aristokratie nicht nur das Herrenhaus dominierte, sondern auch im Abgeordnetenhaus sehr präsent war. Und die Stimmen dieser Adeligen, gleichgültig ob sie von den ›konservativen‹ oder den ›verfassungstreuen‹ (liberalen) Fraktionen der Aristokratie aufgestellt wurden, gehörten meist Franz Joseph.[78]

Auch dies verlieh Franz Joseph eine sehr starke politische Position. Zählt man seine Stellung als Zentralfigur des Ausgleichs hinzu und stellt man in Rechnung, daß er weiterhin – beraten von der nur informellen Exekutivkörperschaft des Kronrates – die Militärpolitik und die Außenpolitik dirigierte und eifersüchtig bewachte, so wird überdeutlich, warum Franz Joseph auch innenpolitisch so mächtig war.[79] Als sein Vorrecht auf die Außenpolitik 1878 von den Deutschliberalen herausgefordert wurde, entschied er sich für eine Machtdemonstration – wie sich zeigen sollte, mit verheerenden Folgen.

Die Okkupation von Bosnien-Herzegowina

1866 hatte sich Österreich aus Italien, 1870 bis 1871 letztlich auch aus Deutschland zurückziehen müssen. Franz Josephs »Kolonialpolitik« hatte mit dem Tod seines Bruders Maximilian, des Kaisers von Mexiko (eine alte habsburgische Besitzung), geendet, der 1867 von einem Exekutionskommando erschossen wurde.[80] Wollte die Monarchie eine »Großmacht« bleiben, wie es das habsburgische Prestige verlangte, so blieb nur mehr der Balkan als Expansionsgebiet.

Dies bedeutete einerseits, sich mit dem Problem des geschwächten Osmanischen Reiches zu befassen, in dem halb-unabhängige Staaten wie Montenegro, Serbien und Rumänien bereits dabei waren, sich aufzulehnen und sich andererseits mit dem starken russischen Zaren anzulegen. Rußland sah die Türken nicht nur als die Unterdrücker der Slawen und der (orthodoxen) Christen an, sondern auch als die schwachen Verteidiger eines geopolitisch interessanten Gebietes. Wenn Österreich-Ungarn seine letzte Bastion sichern wollte, mußte es sich gegen seinen nordöstlichen Nachbarn zur Wehr setzen – auch wenn es sich dazu ›nur‹ mit anderen verbündete.

Außenminister Beust verstand schnell, worum es ging, und empfahl Franz Joseph in einem Memorandum vom Mai 1871 die Wiederannäherung an das neue preußisch-deutsche Reich. Als er im November 1871 von Gyula Graf Andrássy abgelöst wurde, was hauptsächlich auf Franz Josephs Unzufriedenheit mit seinem sächsischen Außenminister in der Frage des tschechischen Ausgleichs zurückzuführen war, setzte der frühere ungarische Ministerpräsident Beusts pro-deutsche Politik fort.[81] Beust hatte unter anderem gute Beziehungen zu Rußland und den sich entwickelnden Balkanstaaten herstellen wollen. Andrássy hingegen – der einst, während Franz Josephs Regentschaft, als Resultat der russischen Intervention symbolisch hingerichtet worden war – war zunächst weder von der Versöhnungspolitik mit Rußland noch von einer positiven Außenpolitik gegenüber den Balkanstaaten im Südosten der Monarchie überzeugt. Aufgrund seiner magyarischen Perspektive beschrieb er die Menschen am Balkan 1873 als »wilde Indianer, die man wie unberittene Pferde behandeln muß und denen man Getreide nur mit der offenen Hand reichen darf, während man sie mit einer Peitsche in der anderen Hand in Schach hält«.[82]

Der energische Andrássy, der aufgrund seiner engen Beziehung zu Kaiserin (Königin) Elisabeth und seines Auftretens als ungarischer Edelmann besonders erfolgreich darin war, Franz Joseph zu manipulieren, wollte die österreichisch-deutsche Aussöhnung des Sommers 1871 zunächst dazu benutzen, zusammen mit Großbritannien ein Bündnis gegen Rußland zu schließen. Doch die unterschiedlichen Interessen der Briten und der Deutschen machten die Gespräche bald zunichte, und Andrássy führte – ob er wollte oder nicht – die Monarchie in eine Phase der Entspannung mit

Rußland, die in der Schönbrunner Konvention des Jahres 1873 ihren Höhepunkt fand und eine Phase der guten Beziehungen zu den Balkanstaaten einleitete.[83] In anderen Worten: Andrássy übernahm bis 1873 weitgehend Beusts Politik, kam den Russen auf dem Balkan nicht in die Quere und bot den Balkanstaaten wie Serbien lieber konstruktive Gespräche (etwa über den Bahnbau), als aggressive Auseinandersetzungen an. Franz Joseph, dessen Erfahrung ihn gelehrt hatte, keinen langen Krieg zu führen,[84] könnte sich gedacht haben, daß alles in Ordnung war.

Dann kam die Revolte in Bosnien.[85] Die hügelige Provinz war zu dieser Zeit ein vergleichsweise unterentwickeltes Gebiet des osmanischen Reiches mit einer gemischten Bevölkerung aus orthodoxen Serben – zahlenmäßig am stärksten, aber keine absolute Majorität bildend –, katholischen Kroaten und Moslems – der wohlhabendste und gebildeteste Teil der Bevölkerung, bestehend aus Türken und Slawen, die über die Jahre zum Islam, der Religion der Herrschenden, übergetreten waren. Zudem gab es eine kleine jüdische Minderheit. Abgesehen von einer sehr kleinen ländlichen, urbanen Elite bestand der größte Teil der Bevölkerung aus Bauern, die weitgehend Analphabeten waren. Ökonomisch gesehen gab es, außer einer Eisenbahnstrecke zu den reicheren Märkten im Rest des osmanischen Reiches, keinen Grund für ein Engagement in Bosnien.[86] Strategisch betrachtet befand sich die Provinz jedoch im Hinterland der österreichisch-ungarischen Provinz Dalmatien, die für die Marine in der Adria wichtig war. Bosnien-Herzegowina stellte auch die Verbindung zwischen der Monarchie und dem Sandschak Novi Pazar, dem türkischen Gebiet zwischen Montenegro und Serbien, dar. Es gab somit zwei, wenn auch nicht sonderlich überzeugende Gründe, warum das Gebiet für Franz Joseph interessant war.

Dynastisch betrachtet, kam jedes Land, gleichgültig wie arm oder problematisch es auch war, als Kompensation für den Verlust von Lombardo-Venetien und den Verlust der Vorherrschaft Habsburgs in Deutschland in Frage. Noch wichtiger war jedoch zu verhindern, daß eine andere Macht außer den Türken das Land erhielt. Wäre Bosnien-Herzegowina an Serbien oder Montenegro gefallen, hätte dies die Monarchie vom osmanischen Reich abgeschnitten. Auch wenn die Russen ein unabhängiges, bosnisches Regime installiert hätten, hätte dies eine unannehmbare strategische Bedrohung für Dalmatien dargestellt.[87] Zudem gab es noch weitere, ›habsburgische Überlegungen‹. So merkte Franz Joseph etwa gegenüber Alexander von Hübner im April 1876 an: »Wenn es zum Beispiel ein selbständiges Bosnien gäbe, würden uns Kroatien und Dalmatien bald davonschwimmen.«[88] Das Beispiel des erfolgreichen Irredentismus im Piemont war noch zu frisch in Erinnerung, als daß die Aussicht auf ein unabhängiges Bosnien, oder noch schlimmer, ein serbisches Bosnien, nicht als Alptraum erschienen wäre.

Auf seiner einzigen Reise nach Dalmatien gab Franz Joseph dem Provinzgouverneur, General Anton Mollinary, zu verstehen, daß die habsburgischen

Truppen Bosnien sofort besetzen würden, sollte es sich jemals gegen die Türken wenden.[89] Paradoxerweise könnte die Reise Franz Josephs dieses Szenario jedoch erst provoziert haben, denn seine Anwesenheit stachelte viele Bosnier auf, und kaum einen Monat nach Franz Josephs Besuch in Dalmatien versank das Land im Aufruhr. Im Zuge dessen geriet die gesamte Balkanhalbinsel in große Probleme, und die habsburgische Außenpolitik gestaltete sich immer schwieriger.[90]

In der Krise, die folgte, fand sich Österreich in einer Situation wieder, die jener des Debakels auf der Krim sehr ähnlich war. Franz Joseph war unsicher, ob er mit den Russen kooperieren oder sich auf die Seite der Türken gegen Rußland schlagen sollte, was die Südslawen diesseits und jenseits der südlichen Grenze zu Feinden gemacht hätte. Zunächst konnte Österreich einer Konfrontation mit Rußland durch den 1876 geschlossenen Reichstädter Geheimvertrag aus dem Weg gehen, in dem die Annexion Bosnien-Herzegowinas anerkannt wurde. Die Siege Rußlands gegen die Türken in den Jahren 1877 und 1878 führten jedoch 1878 zum Frieden von San Stefano, der, wenn er Bestand gehabt hätte, das gesamte osmanische Reich und den Balkan zu einer russischen Einflußsphäre gemacht hätte, wodurch die Monarchie von ihrem letzten noch verbliebenen außenpolitischen Schauplatz ausgeschlossen worden wäre. Zum Glück für Franz Joseph und Andrássy war dies nicht nur für Österreich unannehmbar, sondern auch für eine andere Macht, die eine traditionelle Verbündete der Osmanen war: England.[91] Das große Interesse der Briten an dieser Region hatte 1869 durch die Eröffnung des Suezkanals – übrigens das einzige Mal, daß Franz Joseph Kontinentaleuropa verlassen hatte – zusätzlichen Auftrieb erhalten.[92] England hatte nicht die Absicht, die Dominanz der Russen auf der Balkanhalbinsel zu unterstützen, wie sie im Frieden von San Stefano skizziert war. Das Ergebnis der diplomatischen Bemühungen war der Berliner Kongreß im Juni und Juli 1878, bei dem Österreich-Ungarn und England, vertreten durch Andrássy und Lord Salisbury, eine Verkleinerung des russischen Marionettenstaates »Großbulgarien«, das Recht der Österreicher auf die Okkupation Bosnien-Herzegowinas und das Zugeständnis erreichten, daß die Habsburger den Sandschak Novi Pazar mit Garnisonen belegen durften.[93]

Die Okkupation Bosnien-Herzegowinas, Andrássys großer strategischer Coup, war sowohl der Versuch, die Türken zu besänftigen, als auch ein Resultat des politischen Kompromisses innerhalb der Monarchie, dessen Notwendigkeit mit den fortdauernden Problemen in Ungarn zu tun hatte. Gleichzeitig legte sie die großen innenpolitischen Spannungen offen, die schließlich zum Ende des politischen und konstitutionellen Paktes zwischen Franz Joseph und den Deutschliberalen führen sollte, der die österreichische Politik seit 1867 beherrscht hatte. Einerseits war Franz Joseph sehr unglücklich darüber, daß Andrássy nicht auf einer Annexion bestanden hatte, denn nur dann hätte er sein dynastisches Ziel einer territorialen Vergrößerung erreicht. Hübner führte 1876 in seinem Tagebuch an, daß »Franz Joseph manchmal bestimmte Ziele im Kopf hat, die er übereifrig verfolgt«, und bis zum Jahr 1878 war Bosnien-Herzegowina definitiv eines dieser Ziele geworden.[94] In Deutschland, Ungarn und den führenden, politischen Parteien der Monarchie gab es jedoch deutliche Kritik an der Okkupation, geschweige denn Annexion, des armen, von Slawen bewohnten Landes.[95]

Die Gründe für diese Kritik sind aufschlußreich für die späteren Probleme der Monarchie. Der erste Kritikpunkt bestand darin, daß die Okkupation, die, so die Befürchtungen, zu einer tatsächlichen Annexion führen würde, noch mehr Slawen in die Monarchie bringen würde, obwohl die Slawen die deutschen und die ungarischen »Herrenvölker« bereits zahlenmäßig überragten. Zum zweiten wurde eingewendet, daß die Balance des österreichisch-ungarischen Ausgleichs durch die Frage, welcher Hälfte der Monarchie das neue Land zugeschlagen werden soll, gefährdet werde. Die Magyaren wollten nicht noch mehr Slawen eingliedern, doch sie wollten auch nicht, daß Bosnien-Herzegowina an Cisleithanien ging, denn dies hätte das Ungleichgewicht der Bevölkerungen und der Ressourcen verstärkt.[96] Bosnien war sowohl für die Deutschliberalen, als auch für die Ungarn ein Nessosgewand, denn es brachte weit mehr Probleme ein, als seine beschränkten ökonomischen und strategischen Vorzüge wert waren. Wenn Franz Joseph mit Andrássys Kompromißlösung unzufrieden war, so war die Majorität der Liberalen im cisleithanischen und ungarischen Parlament darüber völlig entsetzt, denn sie gefährdete ihre Hegemonie.[97]

Daß die tatsächliche Okkupation im Juli 1876 so dilettantisch ausgeführt wurde, machte die Dinge nur noch schlimmer. Obwohl das Land schließlich okkupiert wurde, führte die darüber geführte Debatte, vor allen Dingen in Cisleithanien, zu einem scharfen Angriff auf Andrássy und, aufgrund seiner Verwicklung in die Sache, auch auf Franz Joseph. Nach einigem Hin und Her fügte sich der Reichsrat jedoch den Vorstellungen des Kaisers und ratifizierte 1879 den Vertrag und damit auch die Okkupation. Doch tat er dies so, daß eine Mehrheit der Deutschliberalen das ganze Unterfangen, ja die gesamte Außenpolitik Franz Josephs, zuvor auf das schärfste verurteilte.[98] Damit hatten die Deutschliberalen in den Augen Franz Josephs die stille Vereinbarung, auf der seine Unterstützung beruhte, gebrochen. Sie hatten es gewagt, ihm eines seiner letzten noch verbliebenen Vorrechte streitig zu machen: die Außenpolitik. Während sich die Deutschliberalen durch Franz Josephs Außenpolitik in ihrer politischen Position innerhalb der Monarchie gefährdet sahen, interpretierte Franz Joseph ihre Angriffe auf Andrássy als Bedrohung seiner Ansprüche auf eine Gebietskompensation und als Kritik an der habsburgischen Dynastie, sich wie eh und je als Großmacht zu verhalten. Noch bevor die Ratifikation ihre endgültige Form erhielt, nahm Franz Joseph am 15. Februar den Rücktritt des Kabinetts Auersperg an. Er ersetzte es durch ein Kabinett unter der nominellen Kontrolle des Liberalen

Stremayr. Tatsächlich wurde es von seinem alten Freund, Eduard Graf Taaffe, geleitet, der sich nach seiner offiziellen Kabinettsübernahme 1879 anschickte, die Gunst der föderalistischen, slawischen und konservativen Kräfte, die 1871 zurückgedrängt worden waren, wiederzugewinnen.[99]

In Ungarn hatte es Franz Joseph nach wie vor mit einem liberalen Kabinett, wenn auch unter dem rührigen Kálmán Tisza, zu tun. Aber in Cisleithanien ließen im Jahre 1879 der Prestigeverlust der Liberalen durch Skandale und Korruptionsverfahren im Zuge des Börsenkrachs von 1873 und das Aufbrechen der liberalen Wählerschaft infolge der Bosnienkrise Hoffnungen auf einen politischen Wandel entstehen. Im Rückblick wird deutlich, daß die Haltung der Deutschliberalen gegenüber der franzisko-josephinischen Außenpolitik in der Bosnienkrise ihr Schicksal besiegelte. Da Franz Josephs Pläne in Gefahr gerieten, bewies er, daß er imstande war zu zerstören, was als unzerstörbare deutschliberale Hegemonie in Cisleithanien gegolten hatte.

Taaffe sorgte als Innenminister dafür, daß die Tschechen zu einer aktiven parlamentarischen Politik zurückkehrten, und er stellte den Polenklub auf, weil er bereit war, mit jedem zu verhandeln, um die Macht zu erhalten, so auch mit den Klerikalen, den Konservativen und den Föderalisten. Vor allem aber hatte Taaffe die Rückendeckung des Kaisers, dem der landbesitzende Adel nach wie vor verbunden war. In den Wahlen des Juni und Juli 1879 schlugen sich die Liberalen, angeführt von Eduard Herbst, in den Städten ganz gut. Sie verloren nur acht Sitze. In der Kurie der Landgemeinden und in der Großgrundbesitzer-Kurie, wo ihre politische Unterstützung aufgrund des Einflusses der grundbesitzenden Aristokratie und des kaiserlichen Drucks gefährdet war, verloren sie jedoch 20 beziehungsweise 21 Sitze. Daraus resultierte der Verlust der liberalen Mehrheit. Am 12. August wurde das Ministerium Taaffe angelobt, dem alle, bis auf die Liberalen, angehörten.[100] Franz Joseph hatte sich als stärkerer Monarch erwiesen, als es Liberale wie Eduard Herbst erwartet hatten. Nach 1879 sollte kein weiteres liberales Kabinett mehr in Cisleithanien die Verantwortung tragen.

Während die Deutschliberalen die Kontrolle über die cisleithanische Politik verloren, gewannen sie – in der krisenhaften Situation seit Bosnien – etwas hinzu, das sich als eine besonders starke Verankerung ihrer nationalen Interessen erweisen sollte: den Zweibund mit Deutschland. Die politische Wende in Cisleithanien und die Kritik an seiner Bosnienpolitik veranlaßten Andrássy am 6. August 1879, seinen Rücktritt einzureichen. Als Bismarck dies hörte, wurde er nervös. Da er nach dem Berliner Kongreß bezüglich Rußland verunsichert war, befürchtete er, daß ein feudal-konservatives und von Slawen geführtes Österreich-Ungarn eine »Kaunitz-Koalition« mit Rußland und Frankreich aushecken könnte, um Rache für 1866 und 1871 zu nehmen.[101] Folglich bot er Andrássy, den Franz Joseph im Amt belassen hatte, am 28. August 1879 ein österreichisch-deutsches Bündnis an. Das Bündnis wurde am 7. Oktober unterzeichnet. Andrássy trat, nachdem er sein Ziel, den deutsch-österreichischen Zweibund, erreicht hatte, am nächsten Tag zurück. Zugegebenermaßen handelte es sich nur um ein »Verteidigungsbündnis«, und es war kaum vorauszusehen, ob es zum Angelpunkt der zukünftigen österreichischen und deutschen Außenpolitik werden würde. Doch es bestand Anlaß zu der Hoffnung, daß dadurch eine Form von Stabilität erzielt werden konnte, die die Monarchie seit Jahrzehnten entbehrte. Außerdem brachte es Franz Joseph jene konservative Allianz mit der zweiten deutschen Macht, die er seit 1848, wenn auch in einer erheblich anderen Form, angepeilt hatte.[102] Innerhalb der Monarchie setzte Franz Joseph ab 1879 nicht mehr auf die Deutschen und ihre liberale Politik, international band er seine Monarchie jedoch eng an Deutschland an.

Die Phase des Fortwurstelns, 1879 – 1897

Der »Eiserne Ring«

Es gab kaum ein besseres Geburtstagsgeschenk für Franz Joseph, als das Kabinett, das sein alter Jugendfreund, Eduard Graf Taaffe, am 12. August 1879 für ihn bildete – gerade rechtzeitig zu seinem 49. Geburtstag. Franz Joseph war bereits über 30 aufregende Jahre an der Regierung, und er muß sehnlichst gehofft haben, daß Taaffe über die richtigen politischen Mittel verfügte, um die nationalen und konstitutionellen Probleme, zumindest im cisleithanischen Teil seines Reiches, zu bewältigen. Obwohl ihm zunächst – besonders von der deutschliberalen Opposition – der unmittelbare Untergang seiner Regierung vorausgesagt wurde, hielt sich Taaffe mit einer oft hauchdünnen Mehrheit im Reichsrat über Jahre und bot seinem Kaiser in dieser Zeit eine mehr oder weniger stabile Regierung.

Im Vergleich zu den dramatischen Ereignissen, die Franz Josephs Regentschaft bislang gekennzeichnet hatten, wirkt die Ära Taaffe aufgrund ihres Mangels an besonderen Ereignissen beinahe langweilig. Es gab keine radikalen Veränderungen der politischen Machtverteilung mehr, keine neuen Verfassungen, keine großen Wirtschaftskrisen, und die Armee und die Bürokratie gingen ihrer täglichen Arbeit nach. Im Ausland gab es keine größeren Kriege, nur ein paar Streitigkeiten auf dem Balkan, die von der österreichischen Diplomatie – innerhalb der Grenzen des Zweibundes – manipuliert wurden. Taaffes Stil des Fortwurstelns – übrigens eine gute Beschreibung für die gesamte österreichische Außenpolitik – bewirkte genau das, was der Kaiser und König wollte: Frieden in der Monarchie und die Rolle einer Großmacht.

Gleichzeitig kennzeichnen die Periode Taaffe jedoch Entwicklungen, die im Zusammenbruch der konstitutionellen Struktur Cisleithaniens gipfelten; weiters eine chronische Instabilität in Ungarn, die Zunahme des Nationalitätenkonflikts auf ein bedrohliches Niveau und ein dramatisches Auseinanderdriften der beiden Reichshälften. In gewisser Weise war die Ära Taaffe für die Rolle der Monarchie im allgemeinen symptomatisch, und es stellt sich dem Historiker die grundsätzliche Frage: Soll sie für den relativen Frieden, den sie im Vergleich zu dem, was folgen sollte, bot, positiv beurteilt werden, oder geht die spätere Krise auf die Entscheidungen und politischen Handlungen dieser Periode zurück? Wenn letzteres zutrifft, so ist es für dieses Buch besonders relevant, wieviel Verantwortung Franz Joseph dafür zukommt.

Zumindest in einer Hinsicht trug der Kaiser eine größere Verantwortung für die Politik Taaffes, als für jene des liberalen Kabinetts vor 1879. Taaffe war, anders als die liberalen Ministerpräsidenten, unzweifelhaft Franz Josephs Mann, und er machte auch kein Hehl daraus. Er bezeichnete sich mit Freuden als Kaiserminister und betonte stets, daß er über allen Parteien stehe und nur dem Souverän verpflichtet sei.[1] Andererseits war die politische Landkarte Cisleithaniens so kompliziert, daß die Möglichkeiten Taaffes und des Kaisers, politische Manöver zu machen, begrenzt waren. Die Situation in Ungarn und jenseits der Grenzen beschränkte diesen Spielraum zusätzlich.

Angesichts dieser Umstände könnte man sagen, daß sich Taaffe, Tisza, Außenminister Kálnoky und Franz Joseph so verhielten, wie von ihnen zu erwarten war, und daß ein dynamischerer Herrscher die Krise nur früher herbeigeführt hätte. Fraglich ist jedoch, ob nicht etwas mehr politische Phantasie zu besseren Resultaten geführt hätte. In mancherlei Hinsicht sollte Franz Joseph von den Problemen profitieren, die beim Fortwursteln entstanden, im großen und ganzen waren die Kosten für die ›Lebenskraft‹ seines Reiches jedoch hoch.

Nach der Wahl von 1879 hatten die unterschiedlichen deutschliberalen Parteien und ihre Verbündeten in Cisleithanien 174 Sitze im Abgeordnetenhaus des Reichsrates (der 353 Mitglieder umfaßte) inne und Taaffes Sammelkoalition aus Tschechen, Polen, deutschen Konservativklerikalen, Slowenen, Kroaten und Rumänen zusammen 168 Sitze. Sie verfügte jedoch über die Unterstützung des Kaisers.[2] Es gab somit keine solide Mehrheit gegen die Koalition. Solange er die Unterstützung des Kaisers hatte, konnte Taaffe seinen Koalitionspartnern daher immer wieder entgegenkommen, sodaß sie nicht zu den Liberalen überliefen. Oft setzte er sich gegenüber seinen Koalitionspartnern auch durch, indem er drohte, sich selbst an die Liberalen um Unterstützung zu wenden. Die ›Regierungspartei‹ der Liberalen sank währenddessen zu einer politischen Interessengruppe unter vielen ab, und die politische Macht des kaiserlichen Herrschers wurde zusehends größer. Taaffes erfolgreiche Politik der ›wohltemperierten Unzufriedenheit‹ ließ die meisten seiner Koalitionspartner – per definitionem – unbefriedigt, und die Zugeständnisse, die er auf Kosten der deutschliberalen Wählerschaft machte, veränderten subtil, aber entscheidend das Machtgleichgewicht in Cisleithanien. Bis zum Ende der Regierung Taaffe schlossen die anderen cisleithanischen Nationalitäten, besonders die Tschechen – trotz des ursprünglich engen Wahlergebnisses des Jahres 1879 – zu den Deutschen auf. Gleichzeitig entwickelte sich das konstitutionelle System vom Parlamentarismus zur traditionellen Betonung der Staatsbürokratie zurück. 1878 erschien Cisleithanien als ein Staat mit einer deutschliberalen parlamentarischen Mehrheit; 20 Jahre später war der Deutschliberalismus eine defensive und verbrauchte Kraft in einem chaotischen Parlament, und Cisleithanien wurde vom Kaiser und seinen Beamten regiert. Es war somit die Ära Taaffe, in der sich die Habsburgermonarchie von einem Staat mit einer deutsch-zentralistischen Hegemonie und einem verantwortlichen Parlamentarismus in ein System verwandelte, in dem die Repräsentanten des Volkes keine echte Regierungsverantwortung trugen, sondern sich zur Erlangung von Privilegien und Handlungsanleitungen an die kaiserliche Verwaltung wenden mußten – auch wenn die Macht nun gleichberechtigter auf die Nationen verteilt war.

Etwa ein Jahr nach der Wahl war unklar, ob Taaffe Ministerpräsident bleiben würde und ob er ohne die Liberalen, zumindest deren gemäßigte Fraktion, regieren würde können.[3] Die Stimmen der moderaten Liberalen waren nämlich notwendig, um die nach zehn Jahren fällig gewordene Verlängerung des Wehrgesetzes mit der erforderlichen Zweidrittelmehrheit durchzusetzen, was schließlich nach einigem Druck durch Franz Joseph im Dezember 1879 gelang.[4] Obwohl die Liberalen im Abgeordnetenhaus eine Minorität bildeten, blieben sie bis 1882 in der obersten Kammer des Herrenhauses die Mehrheit, und zwar eine sehr loyale Mehrheit.[5] Zudem gab es bis Jänner 1881 eine gewisse Zahl von Liberalen beziehungsweise liberal eingestellten Beamten im Kabinett Taaffe, doch führte ihre Unnachgiebigkeit dazu, daß sich Taaffe ab diesem Zeitpunkt nur mehr auf die deutsch-klerikal-konservativ-slawische Koalition, bekannt als der »Eiserne Ring«, verließ.

Es waren die Deutschnationalen und die Liberalen, die den Preis für den Fortbestand der Koalition Taaffe bezahlten. Paradoxerweise wurde der bald folgende Kuhhandel über nationale Vorrechte von den Liberalen begonnen. Im Gegenzug für die Stimmen des Polenklubs im Reichsrat hatten sie der polnischen adeligen Führung bereits früher die Kontrolle über Galizien zugestanden, die sich später zu einer informellen Autonomie entwickelte.[6] Polnisch wurde die offiziellen Landessprache, und beide Universitäten, Krakau und Lemberg, wurden im Jahre 1879 polnischsprachig, trotz der Ruthenen, die eine sehr große Minorität (43 Prozent zu 46 Prozent Polen) bildeten und in der östlichen Hälfte des Landes sogar in der Mehrheit waren.[7] Die Belohnung für die polnische Unterstützung des Regimes Taaffe bestand somit, abgesehen von mehr und besseren Kabinettsposten, darin, daß der ohnedies bereits ausgeprägt polnischsprachige Status des Landes erweitert wurde. Die Tschechen rechtfertigten ihre Forderung nach der Zulassung des Tschechischen als Verwaltungssprache mit dem Verweis auf Polen und Ungarn. Ähnlich argumentierten sie auch, um die Gründung einer eigenen tschechischen Universität in Prag zu legitimieren, die 1882 zur Aufteilung der ehrwürdigen Karls-Universität in einen deutschen und einen tschechischen Zweig führte.[8]

Ähnliche Argumente wurden auch benutzt, um 1880 die Sprachenverordnungen Stremayrs zu begründen, die das Tschechische zu einer ›äußeren‹ Sprache der kaiserlichen Bürokratie machten (im Gegensatz zur autonomen Provinzverwaltung durch die Landtage). Oberflächlich gesehen, erschien dies sinnvoll, denn es erlaubte den Tschechen, ihre Angelegenheiten mit der

Regierung in ihrer eigenen Sprache zu regeln, während die ›innere‹ Verwaltungssprache der kaiserlichen Beamten in Böhmen und Mähren Deutsch blieb, ebenso wie es die ›innerste‹ Verständigungssprache zwischen den Zentralstellen und den lokalen Stellen blieb. Trotz des relativ guten Status des Deutschen unterminierte der Vorschlag die deutsche Position. Tatsächlich war Deutsch bis dahin für jeden, gleichgültig ob Deutscher oder nicht, eine Notwendigkeit gewesen, um Karriere zu machen, während das Tschechische erst wenige Jahre zuvor als literarische Sprache zu neuem Leben erweckt worden war und von den meisten Angehörigen der deutschsprachigen, gebildeten Klassen nach wie vor als Bauernsprache abgelehnt wurde. Viele Tschechen sprachen deutsch, wenige Deutsche sprachen tschechisch. Das Ergebnis der scheinbar harmlosen und gerecht wirkenden Bestimmung war somit, daß fortan in den meisten offiziellen Stellen Böhmens, die mit öffentlichen Belangen zu tun hatten, Tschechen eingesetzt wurden, die viel häufiger doppelsprachig waren.[9]

Selbstverständlich waren die Tschechen mit ihrem Teilsieg, den Sprachverordnungen Stremayrs, nicht zufrieden. Doch Taaffe gelang es immer wieder, die Verhandlungspartner so weit zufriedenzustellen, daß er an der Macht blieb. Aus diesem Grund zahlte man den tschechischen Politikern auf Kosten der Deutschen weiteres ›Bestechungsgeld‹, etwa die ›Wahlreform‹ der Großgrundbesitzerkurie des böhmischen Landtags im Jahre 1882, die sicherstellte, daß aus der vormaligen soliden deutschen Mehrheit (sehr im Unterschied zu den demographischen Zahlen, aber die soziale und ökonomische Realität spiegelnd) eine unerschütterliche tschechische Mehrheit wurde.[10] Den Kroaten in Dalmatien wurde 1883 erlaubt, Serbokroatisch als offizielle Sprache der autonomen Verwaltung zu benützen. Den Slowenen gestattete man, die Verwendung des Slowenischen in der Verwaltung Krains auszudehnen.[11]

Die deutschen Klerikalkonservativen wurden mit einer Aufweichung des von den Liberalen eingeführten weltlichen Erziehungssystems ›belohnt‹. Lehrer wurden ab sofort verpflichtet, sich »spezielle Kenntnisse« in der jeweiligen Religion der Mehrheit ihrer Schüler anzueignen, was im Endeffekt hieß, daß Lehrer Katholiken oder zumindest Christen (und nicht Juden) sein mußten. (Galizien wurde aufgrund der Tatsache, daß es in vielen Schulen jüdische oder ruthenische Mehrheiten gab, davon ausgenommen.) Die Konservativen wurden mit Ausnahmeregelungen für den achtjährigen Besuch der Pflichtschule zufriedengestellt, obwohl die Opposition innerhalb des »Eisernen Ringes«, etwa die ›liberalen‹ Alttschechen, dafür sorgte, daß die Konzessionen so minimal wie möglich ausfielen.[12]

Dem Beispiel Bismarcks folgend versuchte Taaffe, die unteren und mittleren Schichten – den Mittelstand, die Bauernschaft und die Arbeiterschaft – für sich zu gewinnen, indem er von der extremen Form des Manchester-Liberalismus seiner deutschliberalen Vorgänger abwich. Aus diesem Grund reformierte seine Koalition die auf freie Marktwirtschaft abstellende Gewerbeordnung des Jahres 1859 und führte 1882 wesentlich mehr Regulationen und »Befähigungsnachweise« für die unterschiedlichen Handwerke ein.[13] Den Bauern erlaubte man, ihre Kinder bereits mit 12, und nicht erst mit 14, aus der Schule zu nehmen, und sie gewannen auch durch die Anhebung der Landwirtschaftszölle.[14] Parallel dazu begegnete man der Bedrohung durch den Sozialismus in Bismarckscher Art. Einerseits erließ Taaffe 1884 eine Ausnahmegesetzregelung und zwei Jahre später ein Sozialistengesetz (das bis 1891 in Kraft blieb). Andererseits verfügte er, geschickt beraten durch den prominenten Beamten (und konvertierten Juden) Emil Steinbach, eine Begrenzung der Arbeitszeit für Kinder und Frauen in den Fabriken und Minen sowie die Einführung der Krankenvorsorge und Unfallversicherung für Industriearbeiter.[15]

Ganz ähnlich wie Bismarck erließ Taaffe diese Sozialgesetze, um die politische Stärke der liberalen Gegner zu unterminieren. Die meisten Liberalen unterstützten dies, weil sie einsahen, daß die Epoche der »Deregulierung« für die Wirtschaft zu halbsabschneiderisch und zu unsicher gewesen war. Die Liberalen trugen auch am meisten dazu bei, daß die drakonischen Maßnahmen gegen die sozialistische Bewegung aufgeweicht wurden, und sie bildeten auch eine Vorhut für deren Aufhebung. Daß die Land- und Forstarbeiter weit weniger Versicherungsschutz bekamen als ihre städtischen Kollegen, sagt viel darüber aus, wer an der Macht war (nämlich die konservativen Großgrundbesitzer) und wer nicht (nämlich die liberalen Fabrikseigentümer). Mehr als das war die Wahlreform des Jahres 1882, die die Mindeststeuerleistung der Wahlberechtigten auf fünf Gulden herabsetzte und die »Fünfguldenmänner« der unteren Mittelschicht auf die Wahllisten brachte, eine Versuch, die deutschliberale Unterstützung in der städtischen und ländlichen Wählerschaft zu untergraben. Franz Josefs Adelserhebungen von Männern der Rechten führte parallel dazu zum Verlust der liberalen Mehrheit im Herrenhaus.[16]

Die Wahl des Jahres 1885 erschütterte die Liberalen weniger als erwartet. Nachteilig waren jedoch die gegen sie gerichteten ›Wahlkompromisse‹ in der Großgrundbesitzerkurie Böhmens und Tirols. Insgesamt bedeutete das Ergebnis eine weitere Einschränkung der deutschliberalen Macht und eine Erleichterung für Taaffes Machenschaften. Unter Taaffe wurde die österreichische Politik zum Basar. Gehandelt wurden Unterstützungen gegen Bevorzugungen. Es paßt in dieses Bild, daß sich der Ministerpräsident gegenüber dem Aufstieg des politischen Antisemitismus in Österreich während der 1880er Jahre solange blind zeigte, so lange die führenden jüdischen Kreise seine liberalen Gegner lautstark unterstützten.[17] Die zivile Ordnung aufrechtzuerhalten und die Rechte der religiösen Minderheiten zu sichern, wurde unter Taaffe zu einer Frage des Verhandlungsgeschicks und nicht der Pflicht der Regierung. Was das System Taaffe politisch bedeutete, kommt in

Steinbachs Äußerung anläßlich der Debatte über das unglückselige Wahlrechtsreformgesetz des Jahres 1893 offen zum Ausdruck, als dieser das Fehlen einer starken Mehrheit im Reichsrat offen begrüßte, da es »die volle Souveränität der Krone« garantiere.[18] Daß es im Reichsrat keine ausreichend starke und geschlossene Mehrheit gab, vergrößerte nicht nur Taaffes Macht als »Kaiserminister«, sondern machte sie überhaupt erst möglich. Die Macht des Monarchen in Cisleithanien beruhte nämlich auf der Fraktioniertheit der gesetzgebenden Körperschaft. Taaffes »Eiserner Ring« funktionierte, weil die Koalitionspartner so uneins waren, daß sie sich nicht gegen ihn verbünden konnten. Wieder einmal arbeitete die Politik des ›Teilens und Herrschens‹ für die Interessen einer Dynastie.

Fast genau die umgekehrte Lösung traf Franz Joseph für die zweite Reichshälfte, Ungarn. Kálmán Tisza übte hier eine ebenso strenge Kontrolle über die ungarische Politik aus wie Taaffe in Cisleithanien. Da er jedoch die ursprüngliche Opposition in die Führungspartei der Deákisten eingliederte, sicherte er 1875 der liberalen Partei eine Vorherrschaft, die drei Jahrzehnte anhalten sollte. Dies führte dazu, daß die Magyaren eine unangreifbare Vorrangstellung erreichten, obwohl sie demographisch in dem multinationalen ungarischen Staat nur eine Minderheit darstellten und nicht viel zahlreicher waren als die Deutschen ins Cisleithanien. So schaffte es Tisza bis 1890, jene Politik zu verfolgen, die man von den Deutschliberalen erwarten hätte können, wenn sie in Cisleithanien an der Macht geblieben wären. In nationalen Belangen kam jedoch zu seiner liberalen sozio-ökonomischen Politik ein grober, magyarischer Chauvinismus hinzu.

1883 wurde Károly Graf Khuen-Héderváry als Ban von Kroatien bestätigt und die ungarische Kontrolle im vermeintlich autonomen Gebiet Kroatien-Slawonien stark erweitert.[19] Die Schulgesetze der Jahre 1879, 1883 und 1891 machten Ungarisch als Unterrichtssprache verpflichtend, und andere Arten der erzwungenen Magyarisierung führten zur Schließung von slowakischen und anderssprachigen weiterführenden Schulen sowie zur Verfolgung von Veröffentlichungen in Minderheitensprachen. Die Magyarisierung gelang jedoch nur teilweise, und unter den ungarischen Juden und Deutschen bestand der größte Erfolg darin, daß sie die ›Staatssprache‹ freiwillig übernahmen.[20] Tiszas Laissez faire-Politik beflügelte ab den späten 1870er Jahren auch das Wirtschaftswachstum und bereitete den Boden für das Entstehen einer starken ungarischen Industrie gegen Ende des Jahrhunderts.[21] In sozialer Hinsicht bestand der schlagendste Gegensatz zu Taaffes Politik darin, daß der Calvinist Tisza in religiösen Belangen, in Erziehungsfragen und vor allen Dingen gegenüber den ungarischen Juden liberal dachte und handelte. Viel vom ökonomischen Fortschritt in Ungarn und vom Aufstieg Budapests zu einer eindrucksvollen Nationalhauptstadt, ist dem Bündnis der magyarischen Politiker aus dem Landadel – dem Rückgrat von Tiszas liberaler Partei – mit der städtischen, kapitalistischen Bourgeoisie, die großteils aus Juden bestand, zu verdanken. Der Schutz der Interessen der jüdischen Bourgeoisie vertiefte deren Loyalität gegenüber Tisza. Dies erklärt, warum Ungarn trotz der Magyarisierungspolitik in jüdischen Kreisen den Ruf bekam, ein liberaler Staat zu sein, und warum die ungarischen Autoritäten – ganz im Gegensatz zu Cisleithanien – scharf gegen den politischen Antisemitismus vorgingen, der während der Affäre Tisza-Eszlár im Jahre 1882 aufkam. Das erwähnte jüdisch-magyarische Bündnis gewährleistete, daß 1894, als Alexander Wekerle Ministerpräsident wurde, eine liberale Gesetzgebung erlassen wurde, die die Zivilehe verpflichtend machte, Mischehen erlaubte und die Gleichheit der Religionen erklärte. Dies drängte die katholische Kirche in Ungarn zurück und zwang Franz Joseph dazu, neuen Gesetzen trotz anfänglichen Widerstands stattzugeben.[22]

Franz Joseph stimmte diesen Gesetzen aus dem gleichen Grund zu, aus dem er Tisza seine chauvinistische oder liberale Politik verfolgen ließ: Solange die ungarische Führung die Militärausgaben bewilligte und dem Kabinett in außenpolitischen und militärischen Fragen das Sagen beließ, war Franz Joseph bereit, eine Religionspolitik zu akzeptieren, die völlig gegen seine Überzeugungen war. Tiszas Macht über Franz Joseph, die seinen Umgang mit dem König ebenso prägte wie sein Verhalten gegenüber dem Kaiser, beruhte auf zwei Dingen: seiner Fähigkeit, im Parlament die nötige Stimmenmehrheit zu erreichen und seiner geschickten Manipulation von Franz Josephs Angst, daß es – im Unterschied zu Cisleithanien – in Ungarn keine akzeptable Alternative zu Tisza gebe.

Wie Tisza seine Stimmen erreichte, spottet jeder Beschreibung. Unter seiner Herrschaft wurden die Manipulation von Wahlen, die Straffung des Wahlrechts und die Herabminderung des ursprünglich dezentralisierten Verwaltungssystems sowie die Erstellung einer eigenen ›Wahlarithmetik‹ perfektioniert. Tiszas Beauftragte, die »Mameluken«, brachten die Stimmen aus den kleinen, an der Peripherie gelegenen und paradoxerweise nicht-ungarischen Wahlbezirken, die die oft regierungsfeindlich eingestellten, ungarischen Wahlbezirke in der Tiefebene übertrafen.[23] Kandidaten aus den Reihen der nationalen Minderheiten wurden kaum gewählt, sodaß das ungarische Parlament in einem Land mit einer nicht-ungarischen Mehrheit zu einer fast ausschließlich ungarischen Körperschaft wurde.

Die Hauptopposition gegen Tisza kam somit nicht von der »Rechten«, wie es bei den Deutschliberalen in Cisleithanien der Fall war, sondern von der »Linken«, in Gestalt der fast noch chauvinistischeren und gegen den Ausgleich argumentierenden »moderaten Opposition« und der »ungarischen Unabhängigkeitspartei«. Tisza hatte 1877 versucht, die ungarische Opposition gegen den Ausgleich als Waffe in den Verhandlungen über die österreichisch-ungarische Bank einzusetzen. Franz Joseph wies ihn damals jedoch zurecht und so begann Tisza, den Ausgleich als Vorteil für die ungarischen Interessen zu handeln.[24] Trotzdem blieb die Verhandlungstaktik im Prinzip unverändert: Um Zugeständnisse und die Willfährigkeit des Königs zu erreichen, versprach Tisza, in Militärfragen loyal zu bleiben, drohte aber gleichzeitig damit, daß es Gruppen gebe, die nicht so zurückhaltend seien wie er. Angesichts dieser Probleme ist leicht nachzuvollziehen, warum sich Franz Joseph wie ein ›abwesender Grundherr‹ verhielt und die ungarischen Chauvinisten und antiklerikalen Politiker wie Tisza ihre Wege gehen ließ: Es gab augenscheinlich keine Alternative.

Aus all den genannten Gründen nahmen die zwei ›herrschenden‹ Nationen der Doppelmonarchie bis 1890 völlig unterschiedliche Entwicklungswege.[25] In Ungarn regierten die Magyaren weiterhin unangefochten. In Cisleithanien hatte Taaffes »Eiserner Ring« die Position der Deutschen als ›Staatsvolk‹ deutlich unterminiert. In gewisser Hinsicht blieb Cisleithanien ein ›deutscher‹ Staat. Die Sprache der habsburgischen Verwaltung, des Hofes, der Armee, der meisten Medien und eines Großteils des Handels blieb Deutsch. Der Großteil der Mitglieder von Taaffes Kabinett waren Deutsche, wenn auch eher ›habsburgisch‹ als ›national‹ eingestellt. Doch was einst die führende politische Gruppe der deutschen, nationalen Interessen gewesen war – die lose und wandelbare Gruppe der Deutschliberalen –, mußte nun die gesetzgebende Macht an eine föderalistisch-slawische Koalition abgeben. Dies zeitigte erhebliche Auswirkungen auf die Stellung der Deutschen in Cisleithanien und die politische Struktur dieses Staates. Ab nun befanden sich die deutschen Standpunkte in der Defensive und die politische Hegemonie war verloren. Auch wenn weiterhin Deutsche den Staat geführt hätten, wären dies entweder Beamte mit einer ausgeprägten Treue gegenüber Staat und Kaiser gewesen oder Menschen mit einer weit ausgeprägteren konservativen oder dynastischen Orientierung als einer nationalen Identität. Vorbei waren die Tage, in denen die Deutschliberalen behaupten hatten können, sie wären die natürlichen Verteidiger der konstitutionellen Rechte des ›Volkes‹ gegen die Vorrechte des Kaisers. Anstatt nach mehr parlamentarischer Macht zu verlangen – in einem Parlament, in dem sie sich nach 1885 in einem permanenten Minoritätsstatus befanden und in dem sie ohne kaiserliche Rückendeckung agierten –, wechselte das ehemalige deutschliberale Lager allmählich zum deutschnationalen Führer Otto Steinwender über, dessen Vision einer deutschen Partei nicht mehr länger darin bestand, Verantwortung für den Staat zu verlangen, sondern nur mehr darin, eine nationale Interessengruppe unter vielen darzustellen – und währenddessen die in nationalen Belangen neutralen Obrigkeiten den Staat führen zu lassen.[26]

Cisleithaniens Deutsche entschieden sich für einen Weg, in dessen Verlauf das Gleichgewicht zwischen Nationalismus und Liberalismus – das dem deutschen Liberalismus immer eigen war – eindeutig in Richtung Nationalismus verlagert wurde.[27] Sie begannen, einen Großteil ihrer Ressourcen darauf zu verwenden, das »nationale Eigentum« zu verteidigen, etwa mit der Gründung des deutschen Schulvereins im Jahre 1880, um die deutschsprachigen Schulen zu erhalten. Der Kontrolle über den böhmischen Landtag 1882 beraubt, drängten sie auf eine nationale Teilung dieses Landes, um für die deutschen Gebiete im Sudetenland zu retten, was zu retten war; ihrer Mehrheit im Landtag verlustig gegangen, verlangten sie nach einer Bestätigung des Deutschen als offizieller Staatssprache, was bald dazu führte, daß sie bei der deutschsprachigen habsburgischen Zentralbürokratie ebenso um Unterstützung vorstellig werden mußten wie all die anderen.

Es wäre interessant darüber zu spekulieren, was mit Cisleithanien und Österreich-Ungarn passiert wäre, wenn die Deutschliberalen in der Lage gewesen wären, ihre parlamentarische Mehrheit wiederherzustellen: Ob es dann zu einer weiteren Ausdehnung ihrer parlamentarischen Macht gekommen wäre oder ob es unter ihrer Oberhoheit zu einer nationalen Verständigung und zu der oft erträumten Transformation der Habsburgermonarchie in einen liberalen, deutsch-tschechischen, bürgerlichen Staat gekommen wäre?[28]

Der Konflikt mit Franz Joseph über Bosnien und Taaffes Erfolg stellten jedoch sicher, daß dies eine Utopie der deutschen Führung blieb. Im Unterschied zu ihren ungarischen Landsleuten gab sie den Versuch auf, in Cisleithanien eine verantwortliche Regierung westlichen, parlamentarischen Zuschnitts anzustreben. Und angesichts der großen Gespaltenheit der nationalen und ideologischen Gruppen im Reichsrat gab es keine andere, klar ersichtliche politische Alternative als den Kaiser.

Der Kaiser an der Macht

Einer der führenden Verteidiger der deutschen Sache während der Ära Taaffe war Franz Joseph. Bei mehreren Gelegenheiten, etwa in den Debatten der 1880er Jahre über die Verwaltungssprache oder in den Verhandlungen über einen böhmischen Ausgleich im Jahre 1891, verlangte der Kaiser, daß das Deutsche als ›innere‹, ja ›innerste‹ Sprache der Verwaltung in Cisleithanien bewahrt bleibe.[29] 1882 verlieh er seinem Wunsch Nachdruck, daß Deutsch in allen weiterbildenden Schulen unterrichtet werden solle, sodaß diese Sprache zukünftig alle Beamten beherrschen würden. (Dieser Wunsch wurde von Taaffes Kabinett niemals realisiert, weil der Gegenvorschlag gemacht wurde, daß deutsche Studenten auch die anderen Sprache ihres jeweiligen Landes, etwa Tschechisch in Böhmen, lernen sollten, was für die böhmischen Deutschen so abwegig war, daß sie – bloß um dies abzuwehren – eine Klausel in die Verfassung aufnahmen.)[30] Der Grund, warum Franz Joseph die deutschen Interessen so sehr verteidigte – er hatte in den Wahlen von 1885 Deutsche als Sieger sehen wollen, jedoch konservativ-klerikale Deutsche – war ein ganz anderer als der seiner deutschliberalen Gegner. Wenn er wollte, daß Deutsch in den Schulen unterrichtet und als Sprache der Verwaltung erhalten wurde und wenn er beklagte, daß die deutsche Tüchtigkeit in Böhmen und Galizien verlorenginge, so geschah dies vor allem, weil er den inneren Zusammenhang seines bürokratischen und militärischen Regimes bewahren wollte.[31] Jene Gruppe, die Deutsch in den Schulen verteidigte – der deutsche Schulverein –, bezeichnete er jedoch als Haufen von Nationalisten. Bismarck lag nicht falsch, als er 1881 behauptete, Franz Joseph würde sich viel lieber auf Deutsche als Minister verlassen, wenn sie nur besser kooperieren würden, weil er die Konsequenzen fürchte, die aus der Dezentralisierungspolitik Taaffes und dem Aufbrechen des deutschen Sprachmonopols in der habsburgischen Monarchie resultieren könnten.[32] Franz Joseph wollte die Deutschen jedoch zu seinen Bedingungen zurückhaben, was der Großteil des liberalen und nationalen deutschen Lagers ablehnte.

Franz Joseph wurde in der Ära Taaffe mit mehr Macht ausgestattet, als er es in den späten 1860er Jahren erhofft hatte. Er war der oberste Beamte in einer zunehmend mächtigeren und ausgedehnteren Bürokratie. Die Armee stand zur Gänze unter seiner Kontrolle und wurde durch Erzherzog Albrecht und General Friedrich von Beck ganz nach seinen Vorstellungen geführt; ebenso die Außenpolitik, die sein beständiger Außenminister, Gustav Graf Kálnoky kontrollierte. Franz Joseph war umgeben von einem immer noch glitzernden, wenn auch zunehmend altmodischen Hof. In vielerlei Hinsicht war diese Periode der Höhepunkt seiner Herrschaft und legte auch den Regierungsstil seiner letzten Jahre fest.

Franz Joseph nahm sein Rolle als erster Beamte des Staates sehr ernst. Er wurde berühmt für seine hingebungsvolle Beschäftigung mit den Problemen der Monarchie. Er stand um vier Uhr früh auf und zog sich üblicherweise eine Uniform an. Gegen fünf fand er sich an seinem Schreibtisch ein, um die Dokumente auf seinem Schreibtisch zu studieren, die die ganze Bandbreite von Wichtigkeit bis Trivialität umfaßten. Eine seiner Eigenheiten, für die ihn alle seine Biographen schelten, war seine Unfähigkeit beziehungsweise sein Unwillen, Kleinigkeiten anderen zu überlassen. Wie schon sein Großvater, Franz I., entwickelte er sich zu einem Experten, Papiere immer wieder weiterzureichen – meist mit dem gleichen verschleppenden Effekt wie bei seinem Großvater. Um acht begannen die Audienzen mit seinen Ministern und anderen Beratern, die mit Unterbrechungen den Rest des Tages andauerten.[33] Während der Vorsprachen der Minister nahm der Kaiser Haltung an und behandelte sie wie Untergebene. Franz Joseph achtete immer darauf, die Kompetenzen des jeweiligen Ministers zu respektieren; dies bedeutete gleichzeitig, daß ein Minister leicht Gefahr lief, sein Mandat zu überschreiten. Franz Josephs Respekt führte zu einem gewissen Vertrauen zwischen dem Kaiser und seinen Ministern. Gleichzeitig bedeutete es, daß der einzige Mann, der wußte, was in der österreichisch-ungarischen, der cisleithanischen und der ungarischen Regierung vor sich ging, Franz Joseph war.[34]

Trotz der Nachteile, die seine Detailverliebtheit brachte, führte Franz Josephs sorgfältige Durchsicht der obskursten Beförderung oder der unwichtigsten Verwaltungsregelung dazu, daß es wenige, wenn überhaupt jemand gab, der tiefere Einsicht in die Spitzfindigkeiten der Bürokratie hatte als er. Dies war in einer Zeit, in der die ständigen Auseinandersetzungen im Reichsrat und Taaffes Kaiserkabinett zur Machterweiterung des habsburgischen Beamtentums führte, von großem Wert.[35] Franz Joseph hatte nicht nur die Mehrheit der Deutschliberalen im Reichsrat ausgehöhlt, er war – über Taaffe – auch dabei, der vollziehenden Gewalt wieder jene politische Richtung zu geben, die die parlamentarisch zustande gekommenen Kabinette gedroht hatten, an sich zu ziehen. Nun waren die meisten Minister Personen, denen Franz Joseph intuitiv vertraute, »altgediente hohe Beamte«, die sich, wie der Ministerpräsident selbst, als »Instrumente des kaiserlichen Willens« verstanden, anstatt sich als Repräsentanten des Volkes zu fühlen.[36]

Auch die parlamentarische Einmischung in die Leitung der militärischen Angelegenheiten konnte abgewehrt werden. Erzherzog Albrecht, der Generalinspektor der Truppen, und Beck, 1882 zum Chef des Generalstabs ernannt, führten die Armee konservativ, und Beck unterwarf das konstitutionell zustande gekommene Kriegsministerium seinem Befehl.[37] Er wurde als Vizekaiser angesehen, und die Tatsache, daß er nach dem Tod von Albrecht im Jahre 1895 die Streitkräfte anführte und eigentlich nur Franz Joseph verantwortlich war, spricht Bände über die konstitutionelle Kontrolle des Militärs. Sie war und blieb das Vorrecht des Kaisers und war tatsächlich die einzige noch verbliebene Institution und das einzig noch verbliebene Symbol der alten Monarchie. Das Militär nahm einen Großteil von Franz Josephs Zeit in Anspruch, und Militärmanöver waren der Grund, warum er seine Länder bereiste. Man sah ihn kaum jemals ohne Uniform, und all seine Besuche in seinen Ländern hatten den Besuch einer Garnison oder einer Parade auf dem Programm. Das Militär blieb immer zentral für Franz Josephs Selbstverständnis als Kaiser, und er beaufsichtigte es streng, um die Kontrolle zu behalten.

Der Preis, den Franz Joseph dafür bezahlte, war großer parlamentarischer Widerstand in Cisleithanien und Ungarn gegen eine Zunahme der militärischen Ausgaben. Warum sollte man gutes Geld für jemandes anderen Armee ausgeben? Die Ungarn betrachteten die dynastisch loyale Armee mit deutscher Kommandosprache nicht als die ihre, wie die Krise von 1889/1890 zeigen sollte. Die Deutschliberalen hatten die Armee, die sie nie kontrollieren konnten, niemals übermäßig unterstützt. Und für die meisten anderen Nationalitäten in Cisleithanien symbolisierte die Armee mit ihrem mehrheitlich deutschsprachigen Offizierskorps nichts anderes als den deutschen Führungsanspruch.[38] Aufgrund dieses Widerstandes stagnierte das Militärbudget im Vergleich zu anderen Großmächten beständig. Im Jahre 1890 gab Österreich-Ungarn in absoluten Zahlen weniger für sein Militär aus als

Italien, ein weit kleinerer und weniger bevölkerungsreicher Staat.[39] Dies geschah nicht aufgrund einer stagnierenden Wirtschaft. Die Wirtschaft kam ganz gut voran, das Budget wies im Jahre 1889 zum ersten Mal seit Jahrzehnten einen Überschuß auf. 1892 nahm Österreich-Ungarn den Goldstandard an, was seine wiedergefundene finanzielle Stärke verdeutlicht. In der komplexen und konfliktträchtigen Regierungsstruktur gab es jedoch nie den politischen Willen oder den inneren Zusammenhalt, um die notwendigen Ressourcen zur Finanzierung der Armee aufzubringen. Franz Joseph kontrollierte die österreichische Militärmacht zwar noch immer, doch hatte der Ausgleich, der die Wehrfähigkeit ursprünglich vergrößern hätte sollen, diese nur geschwächt.[40]

Am Höhepunkt der bosnischen Krise unterbrach Franz Joseph eine Delegation von Reichsratsabgeordneten mit den Worten: »Diese fortwährenden Angriffe, besonders die Vorwürfe wegen Italien und des Balkans, die sich immer wiederholen, die richten sich gegen mich; die Politik mache ich, das ist meine Politik.«[41] Unter Andrássys Nachfolgern traf dies auf Franz Josephs zweites Vorrecht, die Außenpolitik, erst recht zu. Unter Haymerle, Kálnoky und Goluchowski folgte die österreichische Diplomatie ganz deutlich den Wünschen des Kaisers. Die österreichischen Interessen wurden nach der Okkupation von Bosnien-Herzegowina fast ausschließlich auf den Balkan konzentriert. Dies war keine so große Aufgabe wie zuvor in Italien und Deutschland, doch noch immer reichlich kompliziert, und durch das Entstehen von unabhängigen oder quasi unabhängigen Staaten in den ehemaligen türkischen Territorien wurde die Lage nur komplizierter. Die österreichische Außenpolitik wurde so in ein raffiniertes Spiel hineingezogen, in dem der klare Gegner Rußland hieß und die Spielsteine Rumänien, Montenegro, Bulgarien, Griechenland und der Rest des türkischen Reiches; wer, wann und mit wem zusammenarbeitete, blieb jedoch oft im Dunklen.

Auf dem Papier hatte der Zweibund Deutschland zu Österreichs wichtigstem Verbündeten gemacht, und dies war es auch, was Franz Joseph erreichen hatte wollen. Nachdem er seine bevorzugte Form der konservativen Allianz für Zentraleuropa zustande gebracht hatte, meinte er gegenüber seinen Freund Albert von Sachsen 1887: »Ich betrachte die genaueste Verständigung und das engste Zusammengehen mit Deutschland in allen politischen und militärischen Fragen als den Leitstern unserer Politik.«[42] Das erklärt auch Franz Josephs großen Enthusiasmus im Jahre 1895, als Wilhelm II., eher herablassend, versprach, Österreich militärisch zu Hilfe zu kommen, falls sein Status als Großmacht bedroht sein sollte. Franz Joseph betrachtete dies »als wichtigste Erklärung zur Bedeutung des Bündnisses seit seinem Zustandekommen«. Das Problem war jedoch, daß sich Alfred Graf Schlieffen und der deutsche Generalstab zur gleichen Zeit von einer tatsächlichen Unterstützung der Monarchie im Kriegsfall gegen Rußland distanzierten, weil sie es im Sinne der deutschen Interessen als klüger erachteten, zuerst Frankreich anzugreifen.[43] Deutschland hatte jedenfalls seine eigenen Interessen und seine eigenen (wichtigeren) Aufgaben; die habsburgischen Ziele erschienen in diesen Zusammenhängen weit weniger bedeutsam.

Bis zu seiner Entlassung im Jahre 1890 blieb Bismarck oft mehr daran interessiert, mit Rußland freundschaftliche Kontakte zu pflegen, als Franz Joseph zu unterstützen. Zwischen 1889 und 1893 profitierte die Monarchie von der pro-habsburgischen Politik Berlins, doch ab 1894 trennten sich die Wege. Deutschland sollte zukünftig immer mehr zum erwachenden Wirtschaftsrivalen auf dem Balkan werden und immer weniger zu einem Bündnispartner. Zwischen 1896 und 1909 gab es keinerlei militärische Zusammenarbeit zwischen dem deutschen und dem österreichischen Generalstab – sehr zum Bedauern der Österreicher.[44] Doch die Monarchie konnte ihrer Rolle als abhängiger Verbündeter Deutschlands nicht entkommen, denn Franz Joseph wollte diese Allianz.

1882 wurde Italien im Kampf gegen den französischen Republikanismus zum Verbündeten von Österreich-Ungarn und Deutschland; der Dreibund entstand. Aufgrund seiner irredentistischen Ambitionen in Südtirol und Istrien wurde Italien in Wien jedoch immer etwas schief angesehen.[45] Jene Großmacht, zu der Franz Joseph während dieser Periode am meisten aufblickte, war Großbritannien. Die ursprüngliche Initiative von Haymerle, sich mit den Briten ins Einvernehmen zu setzen, verlor aufgrund von Gladstones Mangel an Interesse bald an Kraft. Dies führte zu einem außenpolitischen Schwenk in Richtung eines Kompromisses mit Rußland, der im Dreikaiserbund des Jahres 1881 niedergelegt wurde. Nach Haymerles Tod in diesem Jahr ging sein konservativer Nachfolger Kálnoky gänzlich auf die pro-russische Linie über, bis die Bulgarienkrise diesen Vorstoß Mitte der 1880er Jahre wieder zunichte machte. Im Gegenzug entwickelte Kálnoky eine informelle Vereinbarung mit Großbritannien, die Mittelmeerentente des Jahres 1887, um den russischen Einfluß im Nahen Osten zurückzudrängen. Diese Politik wurde auch nach seiner Abdankung 1895 fortgesetzt, bis die Enttäuschung über das Schwanken der Briten in der Nahostpolitik dazu führte, daß Kálnokys Nachfolger, Goluchowski, die Vereinbarung im Jahre 1897 aufkündigte.[46]

Bis 1897 hatte die österreichische diplomatische Version des Fortwurstelns zu einer Wiederannäherung an seinen Hauptrivalen Rußland geführt, weil die Unterstützung der Monarchie durch Deutschland und Großbritannien im Schwinden begriffen war. Noch wenige Jahre zuvor war Franz Joseph davon ausgegangen, daß ein Krieg mit Rußland unvermeidbar sei und die unsichere Politik auf dem Balkan den relativen Frieden, den die Détente mit Rußland sicherte, gefährde. Die Monarchie war auf das vorhersehbare Ende der Détente nicht gut vorbereitet. Auf dem Papier bestanden Bündnisse mit Serbien und Rumänien und freundschaftliche Beziehungen zu Bulgarien, das über die russische Patronanz ungehalten war. Doch Franz Josephs konservativer Kurs in dieser Region, seine Anstrengungen, den pro-türkischen Status quo aufrechtzuerhalten und die externen Folgen der internen Nationalitätenpolitik der Monarchie, besonders in Ungarn, führten dazu, daß die Stellung der Monarchie auf dem Balkan – ein Hort besonders wankelmütiger Formen des Nationalismus – sehr schwach war.

Das Bündnis mit Serbien 1881 und das Geheimbündnis mit Rumänien 1883 waren Bündnisse mit Monarchen, nicht mit Völkern. Zu den Monarchen am Balkan hatte Franz Joseph im allgemeinen gute Beziehungen. Der serbische König, Milan Obrenović, war sogar so pro-österreichisch, daß er Franz Joseph 1885 nicht zum letzten Mal das Angebot machte, sein Königreich in die Habsburgermonarchie einzugliedern.[47] (Das Angebot wurde abgelehnt.) Andererseits war die öffentliche Meinung in Serbien und Rumänien klar nationalistisch und anti-österreichisch. Die Serben hatten die Erniedrigung in Bosnien nicht vergessen, und die Rumänen wurden durch die anti-rumänische Politik der magyarisierenden, ungarischen Autoritäten zunehmend herausgefordert. Die Serben – über die Ineffizienz und die Korruption in der ›Regierung‹ der Dynastie Obrenović erzürnt – blickten zu ihrem großen orthodoxen Bruder Rußland um Hilfe auf. Den Rumänen wiederum konnte, ähnlich wie den Italienern, aufgrund ihrer irredentistischen Ambitionen wenig Glaubwürdigkeit geschenkt werden. Aufgrund all dieser Zusammenhänge geriet die Habsburgermonarchie in ihrer letzten Einflußsphäre in die Defensive. Sie hatte der nationalistischen Politik ihrer Zeit nichts entgegengehalten.

Eine ähnliche Geschichte ließe sich über jene Welt erzählen, in der sich Franz Joseph hauptsächlich bewegte: der Wiener Hof. Unter Franz Joseph erlangte der Wiener Hof für sein Hofzeremoniell, seinen Pomp, seine Exklusivität und seine zunehmend anachronistische Rolle in der Gesellschaft fragwürdige Berühmtheit. Dies alles resultierte aus der bewußten Anstrengung des Kaisers, seinem Hof jene Majestät wiederzugeben, die er unter Ferdinand verloren hatte, um auf diese Weise – so hoffte er – jene Autorität, die mit der majestätischen Aura dahingegangen war, wiederzugewinnen. Tatsächlich erzielte Franz Joseph Erfolge. Die kaiserliche Familie und der Hochadel zelebrierten ihr hohes soziales Prestige und das strikte Zeremoniell, das in Ereignissen wie dem Hofball zum Ausdruck kam, in beeindruckender Weise. Und das Waschen der Füße am Gründonnerstag oder die Fronleichnamsprozession waren äußerst erfolgreiche Übungen in symbolischer Politik.[48]

Diese symbolische Politik betonte die Überlegenheit des Kaisers und seiner Umgebung, aber auch die erhabene Herablassung des christlichen Kaisers gegenüber seinen Völkern. Die Exklusivität des Hofes (von den Damen wurde der Beweis für ihre Adeligkeit in der achten Generation verlangt, um zugelassen zu werden), stellte ihn weit über den Rest der

Gesellschaft. Gleichzeitig vertieften Franz Josephs Generalaudienzen zweimal die Woche, bei denen sich grundsätzlich jeder an seinen Monarchen wenden konnte, den Eindruck, daß der Kaiser volksverbunden sei. Die Demut und Einfachheit von Franz Josephs legendär gewordenem harten Alltag, das eiserne Bett und Franz Josephs tägliche Schreibtischarbeit, wirkten neben dem Pomp – die Geselligkeit bei Hof, die Bewirtung der Ehrengäste, die Hofbälle, die kaiserlichen Reisen und das tägliche zeremonielle Hofleben – umso volksverbundener. Im sorgsam gehüteten öffentlichen Bild von Franz Joseph war er sowohl ein einfacher Mensch, ein »sich vor Gott demütigende[r] Christ« als auch ein Kaiser von göttlichem Recht[49] – der perfekte katholische Monarch.

All dies hatte gleichwohl erhebliche Schattenseiten. In einem Zeitalter, in dem der Hochadel nicht mehr länger die einzige Oberschicht in einem Staat war, sondern vielmehr durch eine immer wohlhabendere und mächtigere »Zweite Gesellschaft« von Neuadeligen, hohen Beamten und der Großbourgeoisie der Finanzwelt, des Handels und der Industrie herausgefordert wurde, verlor der Hof seine ursprüngliche, repräsentative und kooptierende Funktion, solange er diese sehr einflußreichen Gruppen ausschloß. In Großbritannien und Deutschland, wo der Hof nicht so exklusiv war und den Neureichen Zugang gewährt wurde, mußte man zwar mit dem Pomp und dem Snobismus der parvenühaften Umgebung eines Willhelm II. oder Edward VII. leben, doch erlaubte die relative Offenheit diesen Hofgesellschaften, gleichauf mit der modernen Gesellschaft zu bleiben. Das war am habsburgischen Hof nicht der Fall. Hier verband sich die soziale Exklusivität mit dem altmodischen Geschmack des alternden Kaisers und seinem zunehmenden Widerstand gegen jedwede technologische Innovation. Dies ließ den Hof völlig unzeitgemäß erscheinen.

Ein Bericht aus dem Jahr 1899 über die Zulassungszeremonie zum Deutschen Orden beschreibt anschaulich, daß diese Zeremonie »eine dieser malerischen und mittelalterlichen Veranstaltungen gewesen (ist), die in diesem prosaischen 19. Jahrhundert nur mehr in all ihrem ursprünglichen Glanz in Wien oder Madrid beobachtet werden konnte und die überall sonst theatralisch oder sogar lächerlich erschienen wären.«[50] Der Deutsche Orden war nur einer von vielen, die der habsburgischen Hof beherbergte. »Es ist die Anwesenheit der Ritter und Damen dieser zahlreichen Orden in ihren malerischen Kleidern«, heißt es 1899 in dem Bericht weiter, »der einen so mittelalterlichen Eindruck erzeugt und all den Staatsfunktionen und großen Zeremonien am Hof von Wien einen so einzigartigen Anblick verleiht. So wendet man sich vom schwarz gewandeten Botschafter des souveränen Malteserritterordens, mit seiner elisabethanischen Krause und seinem in den Brustteil seines dunklen Wams gewobenen großen weißen Kreuz zum riesenhaften Erzherzog Eugen, mit seinem schneeweißen Wams und seinen flatternden weißen Gewändern, verziert mit großen schwarzen Kreuzen; und dann, nachdem man eine Weile mit einem Ritter über die Ergebenheit des Malteserordens gesprochen hat, der in seiner scharlachroten Uniform und seinem Schwertgürtel die Dornenkrone repräsentiert, findet man sich selbst plötzlich mit einer kaum 17jährigen Erzherzogin konfrontiert, deren lächelndes, sonniges und schelmisches Gesicht von einer bischöflichen Mitra gekrönt wird, wobei der geistliche Eindruck durch das Kreuz, das sie in ihrer Hand hält, noch weiter gesteigert wird. Nimmt man dazu die Mary-Stuart-Kappen, die Kleider und Krausen der Stiftsdamen, die fellbesetzten Samtkaftans und Attilas der ungarischen Magnaten, deren Spangen und Schwertgürtel wie ihre Krummsäbel in barbarischer Großartigkeit mit herrlichen Juwelen geschmückt sind – wobei ihr Kostüm exakt das gleiche ist, das es in den Tagen der Kaiserin Maria Theresia war –, dann hat man am Hof von Wien eine Szene vor sich, die einen in das Mittelalter zurückversetzt und die einigermaßen deplaziert und anachronistisch erscheinen würde, gebe es nicht das Umfeld der Hofburg.«[51]

Das Gefühl, daß die Zeit dieses Hofes vorbei war, wurde durch so manche kuriose Konsequenz des Jahres 1866 verstärkt. Die deutschen Könige und Fürsten, die durch Bismarcks Preußen geschlagen worden waren, wurden am Wiener Hof, immerhin dem Hof des früheren Heiligen Römischen Kaisers, willkommen geheißen. Aufgrund ihres mediatisierten Status gebührte ihnen am habsburgischen Hof sogar eine Vorrangstellung.[52] Franz Josephs Begleitung bei vielen Angelegenheiten, bei denen Damen anwesend waren und Elisabeth abwesend, war die Herzogin von Cumberland, die Frau des ältesten Sohnes des vertriebenen Königs von Hannover und dem Protokoll entsprechend der höchste weibliche königliche Gast.[53] Trotz des Zweibundes, der Stabilität unter Taaffe und der ökonomischen Sicherheit erinnert diese Begebenheit des habsburgischen Hoflebens an glorreichere Tage, die nun vorbei waren. Sie macht auch bewußt, daß der Hof dieses multinationalen Staates, der immer vielfältiger wurde, je mehr die anderen Nationalitäten eigene ökonomische und intellektuelle Eliten hervorbrachten, ein vorrangig deutscher war und daher immer weniger imstande, die Interessen und Stimmen des ganzen Reiches zu bündeln.[54] Indem die jüngst aufgestiegenen nationalen und sozialen Eliten ausgeschlossen blieben, hörte der Hof auf, ein Zentrum des Zusammenhalts der Völker der Monarchie zu sein.

Dies stimmte erst recht für Franz Joseph. Umgeben von Hofbeamten, Offizieren und Ministern hatte der Kaiser und König zwar detailliertes Wissen über die offizielle Darstellung seines Reiches, doch nur wenig Gelegenheit, die politischen Angelegenheiten mit jenem Teil der Gesellschaft zu besprechen, der von der Hofgesellschaft ausgeschlossen war. Die großen Generalaudienzen zweimal in der Woche waren eine gute Sache. Sie bewirkten jedoch wenig, um Franz Joseph darüber zu informieren, was wirklich in seinem Reich vorging. Ganz ähnlich waren auch seine relativ häufigen Besuche in den Ländern seines Reiches eher Gelegenheiten, um seinen Völkern die Majestät des Hofes vor Augen zu führen, als daß sie dem Kaiser erlaubt hätten, mehr über sein Reich zu lernen. Jeder Besuch ähnelte einer reisenden Version des Hoflebens. Die immer gleichen Rituale der kaiserlichen Besuche erweckten den Eindruck, der Staat wäre im Lot, und sie schützten Franz Joseph vor der Realität.[55] Die Absonderung des Hofes und die sorgsame Überhöhung des Monarchen schufen jene majestätische Aura, die den Eindruck erweckte, der Kaiser würde über aller Parteilichkeit und jedweder nationalen Politik stehen. Doch beließ diese Aura den Kaiser auch in der Isolation, sodaß er zunehmend den Eindruck eines altmodischen Monarchen in einem sich modernisierenden Staat machte.[56]

1881 schrieb ein informierter Kritiker: »Unser Kaiser hat keinen Freund, Sein Charakter, Sein Wesen lassen dies nicht zu. Er steht verlaßen auf seiner Höhe, mit Seinen Dienern spricht Er über die Berufsgeschäfte jedes Einzelnen, doch ein Gespräch vermeidet er ängstlich, darum weiß Er wenig über das Denken und Fühlen der Leute, über die Ansichten und Meinungen des Volkes (...) Er glaubt, wir sind jetzt in einer der glücklichsten Epochen Österreichs, offiziell sagt man es ihm, in den Zeitungen liest er nur die roth-bezeichneten Stellen, und so ist er getrennt von jedem rein menschlichen Verkehr, von jedem unpartheiischen, wirklich gesinnungstüchtigen Rathschlag.«[57] Kronprinz Rudolf, der Autor dieser Kritik, war über die Entwicklungen am Hof und die Politik Taaffes am meisten enttäuscht. Die Beziehung zwischen dem Kaiser und seinem Erben waren nämlich ein weiterer Problembereich der 1880er Jahre.

Rudolf war für Franz Joseph ein doppeltes Problem: Seine ausdrückliche Unterstützung der liberalen Angelegenheit und sein Mißtrauen gegenüber Preußen-Deutschland und dem Zweibund machten ihn zu einem Dorn im Fleisch der Regierung seines Vaters. Die oppositionelle Haltung des Erben einer Dynastie ist in der modernen europäischen Geschichte ein bekanntes Problem. Trotzdem war sie beunruhigend. Rudolf und seine linksliberalen Berater, etwa Karl Menger oder Moritz Szeps, lehnten die anti-liberale Politik des »Eisernen Ringes« ab, dessen Unterminierung des öffentlichen Erziehungssystems sie ungeheuerlich fanden.[58] Rudolf bezeichnete das bosnische Abenteuer und die Aussicht auf eine Expansion auf dem Balkan »als mit einem Fuß in's Grab gestiegen« und warnte 1888 vor den Konsequenzen eines Bündnisses mit dem Deutschen Reich.[59] Er war zudem sehr promagyarisch eingestellt, wenn auch nicht ein so blinder Anhänger, wie manchmal angenommen wird. 1886 schrieb er mit großer Einsicht über die Probleme, die durch die magyarische Verfolgung der Minderheiten in Ungarn entstanden, insbesondere darüber, wie dies den Irredentismus der Serben und Rumänen im Königreich ermutigt.[60] Es ist unklar, wie seine manchmal verwirrenden und in sich widersprüchlichen Ideen angesichts der Komplexität der österreichisch-ungarischen Politik in praxi funktioniert hätten. Wie in vielen anderen Fällen ist es möglich, daß er seine liberalen

Ansichten später gegen eher traditionelle Formen der Politik, etwa seine Begeisterung für das Militär, eingetauscht hätte, die er mit seinem Vater teilte. Nichtsdestotrotz stand Rudolf im Brennpunkt der liberalen Opposition gegen die Politik seines Vaters.

Franz Joseph setzte sich mit der (loyalen) politischen Opposition seines Sohnes auseinander, indem er ihn mehr oder weniger ignorierte und ihn von fast allen verantwortlichen Positionen in der Regierung ausschloß.[61] Dies mag auch mit dem zweiten Problem von Rudolf zu tun gehabt haben, seinem zunehmend skandalösen und unregelmäßigen Lebenswandel. Wie in allen anderen Herrscherhäusern dieser Zeit waren sich die Habsburger in einem Zeitalter der Massenpresse und der vielseitigen Herausforderungen ihrer traditionellen Autorität sehr dessen bewußt, daß es wichtig war, ›Familienwerte‹ zu verkörpern, wie der ›Cheftheoretiker‹ der Dynastie, Erzherzog Albrecht, 1877 deutlich betonte.[62] Als absoluter Herrscher im Sinne der habsburgischen Hausgesetze regierte auch Franz Joseph mit großer Strenge über seine Familie.[63] Obwohl das brutale Verhalten von Erzherzögen gegenüber dem niederen Volk oft toleriert wurde, ging man mit öffentlich gewordenen Verletzungen der Ehe- und Familienmoral sehr streng um, besonders wenn es sich um Majestätsbeleidigung handelte, wie im Falle eines besonders attraktiven Familienmitglieds der Habsburger, Erzherzog Johann, der eine Bürgerliche heiratete und von allen erzherzöglichen Ehren ausgeschlossen wurde.[64]

Was ihn selbst und seine Familie anbelangte, sind die Berichte über Franz Joseph als pater familias widersprüchlich. Bis in die 1890er Jahre hatte er offensichtlich zahlreiche außereheliche Liaisonen – zumindest eine mit Anna Nahowski ist gut dokumentiert.[65] Ebenso war allgemein bekannt, daß sich die Kaiserin, Elisabeth, kaum jemals in Wien aufhielt und die meiste Zeit in Korfu oder auf Reisen verbrachte, auch wenn sie Franz Joseph gelegentlich im Ausland traf, etwa bei einem Besuch an der französischen Riviera in den 1890er Jahren, einer der wenigen Gelegenheiten, bei der er in Zivilkleidung fotografiert wurde.[66] Die Entfremdung von der Frau, der er nach wie vor sehr verbunden war, wurde offensichtlich durch die ebenso berühmt gewordene Beziehung gelindert, die Franz Joseph ab 1886 mit der Schauspielerin Katharina Schratt einging.[67] Es scheint dies eine platonische Beziehung gewesen zu sein, doch daß der apostolische Monarch, der Gebieter über die dynastische und soziale Moral seines Reiches, angesichts seiner kaputten Ehe Trost im Gespräch mit einer Burgtheaterschauspielerin suchte, war dennoch ein außergewöhnliches Phänomen.

Rudolfs Eheprobleme nach seiner 1881 erfolgten Heirat mit Stephanie von Belgien waren daher nichts Außergewöhnliches, und Franz Joseph scheint zunächst gegenüber seinem Sohn jene Art von Nachgiebigkeit gezeigt zu haben, die er üblicherweise für sich selbst reservierte. Die Allüren des rechtmäßigen Erben erreichten jedoch bis in die späten 1880er Jahre ein

Ausmaß, daß sie den Ruf der Dynastie ernsthaft gefährdeten und gemeinsam mit Rudolfs politischem Selbstverständnis zu Spannungen zwischen Vater und Sohn führten.

Die Probleme, die Rudolf zu seinen Lebzeiten schuf, waren jedoch nichts im Vergleich zu den furchtbaren Konsequenzen für Franz Joseph und seine Dynastie, als Rudolf am 29. Jänner 1889 in Mayerling Selbstmord beging.[68] Obwohl ziemlich sicher ist, daß er sich erschoß, nachdem er seine Geliebte, die junge Mary Vetsera, aufgrund eines Liebespakts erschossen hatte, haftet dem Selbstmord bis heute eine Aura an, die ›Mayerling‹ beinahe mythischen Charakter verleiht. Der verpfuschte Versuch des Regimes Taaffe, den Selbstmord (ein großer Skandal für die meisten Katholiken in der Dynastie) zu verheimlichen, gab dem Geschehen den Anstrich einer Verschwörung, ein Verdacht, wie geschaffen für die morbide Neugierde der Öffentlichkeit; die vielen Bücher (und Filme) zu diesem Thema beweisen es bis heute. Ob die Tragödie auf die Enttäuschung über sein Leben, auf seine angegriffene Gesundheit oder die Unzufriedenheit mit der konservativen, väterlichen Politik zurückzuführen ist, ob Rudolf geisteskrank war oder möglicherweise ermordet wurde, darüber wurde ausführlich und phantasievoll spekuliert. Tatsache ist, daß der Tod des Erben für die kaiserliche Dynastie schwerwiegende Konsequenzen hatte. Vor allem war der Tod ein harter Schlag für Franz Joseph.

Der Kaiser scheint seinen Sohn trotz aller Differenzen sehr geliebt zu haben. Er ließ ihn in der Kapuzinergruft, der Ruhestätte der Vorfahren, begraben, trotz seines Selbstmords. In einem Brief an Katharina Schratt vom 5. Februar spricht er vom »besten Sohn und loyalsten Untertanen« und macht deutlich, wie schwer ihn der Verlust trifft, während er gleichzeitig in die göttliche Vorsehung vertraut, um den Schicksalsschlag zu bewältigen.[69]

Wie in früheren Katastrophen kämpfte Franz Joseph entschlossen weiter. Er tat seine Pflicht, hielt die Ungarn auf Kurs, versah seine Papiere mit Anmerkungen, doch zumindest ein gewogener Beobachter, Josef Alexander von Hübner, erkannte den tiefen und bleibenden Eindruck, den der Tod Rudolfs auf den Kaiser gemacht hatte: »Der Kaisers ist nicht mehr, was er vor der Katastrophe von Mayerling war, er ist weich geworden und hat nicht mehr das gleiche Interesse an den Geschäften. Bis zum Tode des Kronprinzen hat er für die Monarchie gearbeitet, aber auch um seinen Sohn, den er vergötterte, die Wege zu ebnen. Jetzt, wo der Sohn verschwunden ist, ist eine große Leere in der Existenz des Vaters. Es ist aus Pflichtgefühl, wenn er sich mit den Geschäften befaßt, aber das Herz ist nicht mehr dabei.«[70] Wie wir noch sehen werden, sollte Franz Joseph noch fast drei Jahrzehnte im Amt und den Geschäften der Monarchie verpflichtet bleiben. Es lohnt sich daher, ernsthaft über Hübners Bemerkung nachzudenken, denn sie könnte die Stagnation der Herrschaft des alternden Franz Joseph etwas erklären helfen.

Die dynastische Nachfolge war zumindest in direkter Linie unwiderruflich zerstört. Der nächste Erbe war ein Neffe und nicht beliebt. Vielleicht war der Verlust des direkten Erben am bezeichnendsten für die Krise eines Unternehmens, das an erster Stelle ein dynastisches war. Der Verlust des unberechenbaren, gleichwohl vielversprechenden Rudolf war auch ein harter Schlag für den Ruf der habsburgischen Dynastie als potentiell modernes und fortschrittliches Element der österreichisch-ungarischen Zukunft. 1884 hatte der ungarische Beamte Benjamin Kállay Hübner seine angsterfüllte Sicht auf die Zukunft eingestanden; die Zukunft Europas, so meinte er damals, gehöre nicht mehr länger der Monarchie, sondern der Republik. Hübner kommentierte dies folgendermaßen: »Das sind also die Worte eines Mannes, der ebensowenig republikanisch ist wie ich, aber es ist bezeichnend für die Ideen der Zeit. Tatsache ist, daß kein Mensch mehr an Könige glaubt, und ich weiß nicht, ob sie an sich selbst glauben. Wenn sie an sich selbst glauben, würden die Republiken keine Chance haben.«[71] 1884 hatte Franz Joseph definitiv an sich selbst geglaubt und seinen Sohn und Erben als durch göttliche Vorsehung zustande gekommene Bestätigung des gottgewollten Rechts der Monarchie angesehen. Aber nach Mayerling war die Zukunft der habsburgischen Dynastie überschattet und die Aussicht auf eine moderne, vorwärts blickende habsburgische Dynastie getrübt. Nach der ›goldenen Ära‹ der 1880er Jahre rückte die Möglichkeit einer politischen Wende für die Monarchie, mit einem alternden Kaiser an der Spitze, der nach wie vor mit großer Macht ausgestattet war, und ohne Sohn und Erben in immer weitere Ferne.

Auf dem Weg zur Badeni-Krise

Bis in das Jahr 1890 wurde die Machtstruktur der Habsburgermonarchie, die immer schon kompliziert gewesen war, fast unüberschaubar. Cisleithanien war erfüllt von nationalen und sozialen Konflikten; Österreich-Ungarn aufgrund nationaler oder konstitutioneller Auseinandersetzungen gespalten; die Ungleichheit der Entwicklung der nationalen Frage in den beiden Ländern verstärkte das Ungleichgewicht in der Reichsstruktur; und immer geriet die Innenpolitik mit den Einflüssen der Außenpolitik in Konflikt und vice versa. Als sich das Jahrhundert seinem Ende zuneigte, repräsentierte die Monarchie nicht so sehr ein »prächtiges Mosaik«, sondern ein Flickwerk mit ausgefransten Rändern.

In Cisleithanien hatte sich aus der zunächst klaren deutschliberalen Hegemonie eine politische Situation entwickelt, in der keine der nationalen Gruppen mehr die Kontrolle innehatte. Stattdessen kam der Konflikt zwischen den Nationalitäten offen zum Ausdruck. Das Wirtschaftswachstum führte zu weitreichenden ökonomischen und sozialen Veränderungen, die diese problematischen Zustände in Cisleithanien verschärften. Außerdem gab es innerhalb des deutschen Lagers, das ökonomisch und sozial am weitesten entwickelt war, Veränderungen, die nicht nur für die Liberalen, sondern auch für den Kaiser bedrohlich waren.

Im ›links‹ von den Liberalen angesiedelten nationalistischen Lager entwickelte sich eine eigene, deutschnationale Bewegung, die das mittelständische Wählerpotential der Liberalen unterminierte. Wie das Linzer Programm des Jahres 1882 zeigt, war diese Bewegung in seiner Sozialpolitik ursprünglich so ›links‹ wie radikal in ihrem Nationalismus. Unter den Gründern waren viele links orientierte und national inspirierte Juden. Ihr Führer, Georg von Schönerer, führte die Bewegung jedoch in einen radikalen Rassenantisemitismus, den sein Verhalten in der Nordbahnaffäre der Jahre 1884/1885 beispielhaft zeigt. Als Schönerers Inhaftierung im Jahre 1889 – aufgrund seiner Beteiligung an einem Anschlag auf ein liberales Zeitungsbüro – seine politische Karriere gefährdete, wurde sein Anliegen, in einer etwas moderateren, aber gleichwohl antisemitischen Form durch andere ehemalige Liberale, wie Karl Hermann Wolf und Otto Steinwender, erfolgreich aufgegriffen. Es war Steinwenders »Deutsche Volkspartei«, die das ehemalige ›liberale‹ Lager in ein mehr oder weniger national orientiertes verwandelte.[72] Versuche, eine dazu im Gegensatz stehende, linksliberale demokratische Partei zu gründen, reichten nie über Wien hinaus.

›Rechts‹ von den Liberalen stieg eine andere, neue politische Bewegung hoch: Karl Luegers Christlichsoziale. Luegers Bewegung setzte sich aus klerikalen, radikalen und antisemitischen Teilen der Wiener Gemeindepolitik zusammen. Bis zum Jahr 1890 wurde seine Partei zu einer Bedrohung der liberalen Verwaltung der kaiserlichen Hauptstadt. 1895 riß er die Kontrolle an sich. Seine Hetzreden, die von Antisemitismus strotzten, stießen in vielen Teilen der Wiener Gesellschaft auf Resonanz, besonders, aber nicht nur, in den ökonomisch schwachen, städtischen unteren Mittelschichten, die 1882 eben erst das Wahlrecht erlangt hatten. Obwohl Luegers vorrangigster Angriffspunkt das »jüdische« Kapital und der »jüdische« Liberalismus waren, bedrohte sein populistischer, antisemitischer Klerikalismus auch die traditionellen Organe des Katholizismus, unter ihnen Franz Joseph. Alarmiert durch die Radikalität der Bewegung, weigerte sich der Kaiser dreimal, der Ernennung Luegers zum Bürgermeister von Wien zuzustimmen, bevor er seiner Ernennung schließlich 1897 stattgab.[73]

Neben der antiklerikalen, nationalistischen und antisemitischen Massenpartei an der ›Linken‹ und der klerikalen, populistischen und antisemitischen an der ›Rechten‹ gab es weiters die sozialistische Bewegung. Sie wurde 1889 nach Jahrzehnten der Unterdrückung und unter der Führung von Viktor Adler, übrigens einem der jüdischen Unterzeichner des Linzer Programms, gegründet. 1890 fürchteten die liberalen und kaiserlichen Autoritäten diese »revolutionäre« Partei des städtischen Proletariats ebenso wie die beiden anderen neuen Massenparteien. Die sozialistische Bewegung sollte sich jedoch aufgrund ihrer universalistischen Prinzipien, ihres Säkularismus und Adlers Bestehen auf Ordnung und Disziplin als Zufluchtstätte für viele liberale Angelegenheiten und als Verbündete der Monarchie erweisen.[74] Gleichwohl veränderte das Entstehen der mächtigen Arbeiterpartei, zusammen mit dem Aufkommen der Christlichsozialen und der Deutschnationalen, die konstitutionalistische Welt der Liberalen und die herrisch-autoritäre der Klerikalkonservativen. Die Massenpolitik war nämlich weit mehr interessenorientiert, radikalisiert und vergänglich als ihre Vorformen und weit weniger zugänglich für kaiserliche Einflußnahmen.

Ähnliche Entwicklungen zeigten sich in Cisleithaniens zweitgrößter nationaler Gesellschaft, bei den Tschechen. Hier wurden die über lange Zeit etablierten Vertreter der nationalen Sache, die Alttschechen, durch die Jungtschechen zunehmend unter Druck gesetzt. Die Jungtschechen waren in gewisser Hinsicht den Deutschnationalisten in ihrer antiklerikalen und ›radikalen‹ (linksliberalen) Politik ähnlich, obwohl der Antisemitismus in ihrer Programmatik keine so große Rolle spielte (auch wenn es antisemitische Ressentiments gegen vermeintlich pro-deutsche »Juden« gab). Auch der internationalistische Sozialismus von Adlers österreichischer sozialistischer Partei gewann unter der tschechischen Arbeiterschaft einiges an Boden, doch waren die Jungtschechen seit den späten 1880er Jahren die dynamischste Kraft der tschechischen Politik, und ihre linksliberale, radikale Politik führte zu einer Form von Nationalismus, die weit weniger vermittelnd war als jene ihrer alttschechischen Rivalen.[75]

In Galizien und den südslawischen Teilen der Monarchie waren die sozio-ökonomischen Veränderungen vergleichsweise schwach. Es waren die böhmischen Kronländer, die wirklich zählten, und hier führte der soziale und politische Wandel – und zwar bei den Deutschen wie bei den Tschechen – zu einer Radikalisierung der nationalen Frage, man könnte sogar sagen, einer Nationalisierung von Politik im allgemeinen.

Der andere große nationale ›Konflikt‹ in der Monarchie war, zumindest formal, ein Verfassungskonflikt. Der Schauplatz war Ungarn, wo Kálmán Tisza über Jahre imstande gewesen war, den Druck der ungarischen Opposition abzufedern, ja sogar auszunutzen, um mehr ungarische Unabhängigkeit zu erreichen. Dies hatte zu dem Vorwurf geführt, Franz Joseph mache gegenüber den Magyaren auf Kosten Cisleithaniens zu viele Zugeständnisse, doch waren diese Kosten bis 1889 tragbar gewesen, und sie hatten überdies in Ungarn die politische Stabilität gewährleistet. Die Stellung der ›echten‹ ungarischen Verfassung im Rahmen der Ausgleichsvereinbarung von 1867 zu verbessern, ging jedoch über Tiszas politische Handlungsmöglichkeiten. So schaffte er es zwar noch, den wirtschaftlichen Ausgleich des Jahres 1887 durchzubringen, doch als die Erneuerung des Wehrgesetzes im Frühjahr 1889 bevorstand, führte jene Debatte, die bereits viele Auseinandersetzungen über den Ausgleich und die größten Vorbehalte gegen die auferlegte habsburgische Herrschaft in Ungarn hervorgerufen hatte – das gemeinsame Heer und seine Kommandosprache – zum plötzlichen Ausbruch von magyarisch-nationalistischen Ressentiments.

Herausgefordert durch Handlungen wie die 1886 erfolgte, offizielle Kranzniederlegung am Grab des kaisertreuen ›Märtyrers‹ des Jahres 1849 in Budapest, General Heinrich Hentzi, nahmen die Magyaren Anstoß an der Geltendmachung der deutschen Sprache als Kommandosprache und an der Tatsache, daß alle Reserveoffiziere eine Prüfung in Deutsch ablegen mußten. Die Krise riß Franz Joseph im Frühjahr 1889 aus seiner Trauer um Rudolf. Doch erst ein Jahr später konnte das Wehrgesetz nach erheblichem Widerstand seitens des Volkes beschlossen werden. Um das Gesetz durchzubringen, mußte Franz Joseph seiner königlichen Hälfte mehrere große Zugeständnisse machen, etwa den symbolisch bedeutsamen Wechsel der offiziellen Benennung des Heeres von »kaiserlich königlich« (k.k.) auf »kaiserlich und königlich« (k.u.k.). Die politischen Auseinandersetzungen erschöpften auch Tiszas Regierungswillen, der unmittelbar nach Beschluß des Gesetzes zurücktrat, damit ein langes Kapitel der ungarischen Politik beschloß und ein weit weniger friedvolles eröffnete.[76] Neuerlich hatten sich die Ausgleichsverhandlungen, obwohl sie abgeschlossen werden konnten, als Quelle von Konflikten und Spannungen erwiesen.

Die magyarische Opposition im ungarischen Parlament grollte über den Ausgleich, weil sie ihn als etwas ansah, das Ungarn vom österreichischen Kaiser abhängig machte. Tatsächlich machte die Vereinbarung Cisleithanien von den Ungarn abhängig. Franz Josephs Tendenz, gegenüber der magyarischen Führung schneller nachzugeben als gegenüber der cisleithanischen, war zweifellos einer der Gründe, warum »Ungarn Österreich über die Krone« regierte.[77] Franz Josephs Nachgiebigkeit gegenüber den Magyaren hatte jedoch auch damit zu tun, daß die Magyaren aus dem Königreich zu St. Stephan einen einheitlichen Nationalstaat gemacht hatten, während die andere Hälfte, Cisleithanien, auf dem Weg war, ein »Nationalitätenstaat« mit wenig oder keinem nationalen Zusammenhalt zu werden.

Im ungarischen Parlament gab es viele Mißklänge und Streitigkeiten, doch einte die Magyaren ihr fast uniformer, militanter Nationalismus. Die Magyarisierung mag in demographischer Hinsicht nicht so erfolgreich gewesen sein, doch funktionierte Ungarn wie ein rein magyarischer Staat. Sogar Kroatien-Slawonien, ein vermeintlich autonomer Staat, wurde vom magyarischen Ban, Khuen-Hedérváry, mit Geschick und Scharfsinn regiert, als stünde es unter Budapests direkter Kontrolle. Ein Ungar, der gemeinsame Finanzminister, Benjamin Kállay, war auch der de facto Herrscher von Bosnien-Herzegowina, und er benützte seine Position ganz ähnlich wie Khuen-Hedérváry, um die bosnische Entwicklung in eine pro-magyarische Richtung zu bringen (zum Beispiel in der Streckenlegung der Eisenbahnlinien).[78] Die magyarischen politischen Eliten mögen untereinander über die Details ihres Chauvinismus gestritten haben, gegenüber dem Rest der Welt und besonders gegenüber ihren cisleithanischen Verhandlungspartnern präsentierten sie sich jedoch als geschlossene Phalanx.

Ganz im Gegensatz dazu lagen die politischen Eliten Cisleithaniens in den 1890er Jahren bereits so sehr im Konflikt miteinander, daß ein Konsens im Reichsrat selbst in guten Zeiten kaum mehr zu bewerkstelligen war. Die cisleithanische Seite stellte daher in den, alle zehn Jahre wiederkehrenden Verhandlungen über den Ausgleich kaum jemals eine geeinte Front dar. Dies machte sie schwach, wann immer es zu weiteren ökonomischen, konstitutionellen oder militärischen Forderungen auf seiten der Magyaren kam. Für den Kaiser und König war die magyarische Führung daher attraktiver als die cisleithanische, da er sich immer von jenen angezogen fühlte, die genügend ›Lebenskraft‹ oder ›politische Stärke‹ besaßen, ihm einen Handel anzubieten.

1897 forderte Graf Andrássy, der Sohn des früheren Revolutionärs und Außenministers, für die Ungarn eine führende Rolle in der Doppelmonarchie, weil die Ungarn »wir, die Magyaren, die leitende Rolle spielen. Wir bilden einen einheitlichen Staat von großer Vergangenheit. Österreich ist ein Nationalitäten- und Provinzenmosaik ohne innere Einheit«.[79] In demographischer Hinsicht bestand kein großer Unterschied zwischen der ethnischen Zusammensetzung der beiden Staaten, doch in politischer Hinsicht hatte er recht. Noch wirkte diese Forderung anmaßend, denn Ungarn war weit weniger dicht besiedelt, weit weniger wohlhabend und weit weniger entwickelt als Cisleithanien. Außerdem zahlte es nur ein Drittel der Ausgaben des Reiches. Dennoch entschied es gleichberechtigt mit Cisleithanien, ja manchmal galt seine Stimme sogar mehr, etwa in der Frage, wie das gesamte Reich regiert wurde. Wenn die Magyaren androhten, Cisleithanien »das Vertrauen« zu entziehen, so hatten die Menschen in Cisleithanien einen weiteren Grund, warum sie die magyarische politische Hegemonie in den gemeinsamen Angelegenheiten der Habsburgermonarchie und das Vetorecht der Magyaren in den inneren Angelegenheiten Cisleithaniens ablehnten. Zudem scheiterte jeder Versuch, den Status der Tschechen oder der Südslawen zu verändern, früher oder später am Ausgleich, und wie das Jahr 1871 bewiesen hatte, konnten in Cisleithanien kaum Veränderungen stattfinden, ohne daß die Magyaren zustimmten. Umgekehrt hatten die Magyaren für ihre internen Angelegenheiten vollkommene Handlungsfreiheit.

All die innenpolitischen Probleme gerieten immer wieder mit der Außenpolitik in Konflikt. Auf dem Balkan wurden einige der besten Pläne von Franz Joseph und seiner Außenminister aufgrund der demütigenden Behandlung der Kroaten und Serben durch die sie kontrollierenden Ungarn in Frage gestellt – ob in Ungarn, in Kroatien oder indirekt auch in Bosnien-Herzegowina. Die ungarischen Ängste vor ihren südslawischen Minderheiten beeinflußten auch die Art, wie Österreich-Ungarn mit seinen Nachbarn am Balkan umging, besonders in ökonomischer Hinsicht. Kein Wunder, daß Kálnoky über die magyarische Führerschaft enttäuscht sagte, »diese Bande muß beaufsichtigt werden.«[80]

Der fatale Zusammenhang zwischen Außenpolitik und Innenpolitik war auch bei der Gründung des Zweibunds unübersehbar. Einerseits ermutigte das Zustandekommen dieses Bündnisses die österreichischen Deutschen in ihrem Widerstand gegen eine Übereinkunft mit anderen Nationalitäten. Gleichzeitig verdroß der Zweibund, trotz der Konzessionen, die ihnen Taaffe auf Kosten der Deutschen machte, die Tschechen. Franz Josephs Entschlossenheit, diesen Bund zum Fundament seiner Außenpolitik zu machen, signalisierte zudem, daß die Aushöhlung der deutschen Position in Österreich bestimmte Grenzen hatte. Die deutsche Regierung, Bismarck und vor allem Willhelm II. zögerten nämlich nicht, ihre Geringschätzung für Taaffes ›antideutsche Politik‹ zu zeigen und zu proklamieren, daß sie kein slawisiertes Cisleithanien akzeptieren würden.[81] Obwohl das System Taaffe den kaiserlichen Autoritäten mehr Raum für ihre Manöver verschaffte, saßen diese immer innerhalb der Grenzen fest, die ihnen Deutschland und Ungarn setzten. 1885 schrieb Hübner in seinem Tagebuch, das Chaos im Reichsrat kommentierend: »Diese ganze parlamentarische Komödie ist erbärmlich. Der Kaiser tut, was er will, das heißt, was Bismarck in Varzin und Tisza in Budapest wollen.«[82] Darin lag ein Körnchen Wahrheit. Zudem ließen die Spannungen und Konflikte der ›Mosaik-Monarchie‹ in den 1890er Jahren die deutschen Politiker immer mißtrauischer werden.[83]

Es gab jedoch noch eigenwilligere Verbindungen. Deutschland und die ungarische Führung waren üblicherweise in außenpolitischen Fragen einer Meinung. Das zog sich wie ein roter Faden durch die zentraleuropäischen Beziehungen des späten 19. Jahrhunderts. 1891 beklagte sich die deutsche Regierung jedoch bitter bei Franz Joseph über die Politik der Magyaren gegenüber der rumänischen Bevölkerung in Siebenbürgen, da Rumänien ein wichtiger deutscher Bündnispartner war.[84] Währenddessen wandten sich die immer noch benachteiligten Tschechen an die befreundeten russischen Slawen und an Frankreich um Unterstützung. Rivalitäten und Auseinandersetzungen innerhalb der Monarchie beeinflußten immer mehr die Lage der Monarchie jenseits ihrer Grenzen. In dieser komplexen und spannungsgeladenen Situation zerfiel in den 1890er Jahren das System Taaffe.

Im Zentrum der Ereignisse stand ein Konflikt zwischen Deutschen und Tschechen in Böhmen, mit einem Nebenschauplatz in der südlichen Steiermark. Der Konflikt entstand, weil die böhmischen Kronländer nicht nur die wichtigsten, weil wohlhabendsten Länder Cisleithaniens waren, sondern auch das einzige, noch verbliebene größere Gebiet, in dem die deutschen Interessen bedroht – und verteidigt – wurden. Deutsch war einst die Verwaltungssprache der ganzen Monarchie gewesen. Bis in die 1890er Jahre gab es sie weder mehr in Ungarn, Galizien und Dalmatien noch praktisch in der slowenischen Krain, da die nationalen Gruppen von Franz Joseph und den führenden Kreisen in Wien durch Zugeständnisse ›gekauft‹ worden waren und sich die deutschsprachigen Bevölkerungen der städtischen ›Sprachinseln‹ entweder an die sie umgebenden Nationalitäten angepaßt hatten oder von diesen ›geschluckt‹ worden waren. Zwar gab es noch immer Konflikte über die Verwendung des Deutschen in Tirol (mit den Italienern) und in der Steiermark (mit den Slowenen), doch waren es die böhmischen Kronländer, und besonders Böhmen, in denen es zum schwersten Zusammenstoß über die Bedeutung des Deutschen in einem multinationalen Staat kam.

Das Ende des Ministeriums Taaffe war nahe, als es ihm 1890 nicht gelang, den böhmischen Ausgleich zustandezubringen. Die Vereinbarung zwischen den Deutschliberalen auf der einen Seite und den Alttschechen und dem tschechophilen, böhmischen Adel auf der anderen wäre ein großer Gewinn für Taaffe und seinen Kaiser gewesen, wenn sie hätte erreicht werden können. Sie hätte Teile der deutschen Hegemonie bewahrt, die Franz Joseph wichtig war, etwa die Verwendung des Deutschen als ›innere‹ Verwaltungssprache. Andererseits hätte die Teilung des Kronlandes in deutsche und tschechische Verwaltungseinheiten die deutschen Interessen zwar geschützt, aber auch bestätigt, daß die Deutschen ihre frühere Vorrangstellung in diesem Land beziehungsweise im gesamten Staat aufgaben.[85] So vorteilhaft der Handel daher zunächst für die Deutschen aussah, so vorteilhaft wäre er mittelfristig vor allem für den Kaiser gewesen.

Unglücklicherweise schlug der Ausgleich jedoch aus demselben Grund fehl, aus dem er zunächst so realistisch erschienen war: Die tschechische Politik drohte von den Alttschechen an die ›linksradikalen‹ Jungtschechen überzugehen (was im übrigen auch geschah). Die Angst vor den Jungtschechen veranlaßte Franz Joseph und die Alttschechen, mit den Deutschen eine Vereinbarung zu treffen.[86] Bevor der Ausgleich in die Tat umgesetzt werden konnte, machten ihn der Wahlerfolg der Jungtschechen und die vehemente Opposition gegen diesen Ausgleichsentwurf zunichte. Anstelle von nationalem Frieden wurde Böhmen in den frühen 1890er Jahren zum Schauplatz von Straßengewalt und breitem politischen Widerstand. Als Antwort auf den Erfolg der Jungtschechen versuchte Taaffe, moderate Deutschliberale in seine Koalition zu holen, denen er versprach, die Hauptbestimmungen des Ausgleichs, insbesondere die Neufassung der politischen Bezirke entlang der nationalen Grenzen, per Dekret zu verordnen. Dies veranlaßte die Jungtschechen zur Obstruktion des böhmischen Landtags, und es folgte ein chaotischer Sommer mit der Ausrufung des Kriegsrechts in Prag.[87]

Bis zum Jahre 1893 rutschte die Kontrolle über die cisleithanische Politik aus Taaffes Händen. Nur einmal zeigte er sich entschlossen und erstaunte den Reichsrat im Oktober 1893 mit einem von Steinbach entworfenen Plan für eine Wahlrechtsreform, die das allgemeine (aber nicht gleiche) männliche Wahlrecht vorsah. Dieser Vorstoß erwies sich jedoch als kolossaler Fehlschlag, denn er machte alle existierenden Parteien, besonders die Deutschliberalen und die Deutschklerikalen, die ohnedies durch die radikaleren Deutschnationalisten und Luegers Christlichsoziale unter Druck geraten waren, zu Gegnern. Anstatt politischen Selbstmord zu begehen, verbanden sich die Liberalen mit den Klerikalen, früher am jeweils anderen Ende der deutschen politischen Landschaft angesiedelt, und brachten mit Hilfe des ebenfalls bedrohten Polenklubs Taaffe zu Fall. Kálnoky, ebenso interessiert daran, Taaffe gehen zu sehen, beschrieb die Reform zudem als Bedrohung des Dreibundes.[88] Sehr zu seinem Bedauern wurde Franz Joseph von den parlamentarischen Parteiführern gezwungen, seinen alten Freund Taaffe zu entlassen und ein neues Ministerium zu akzeptieren, dem die Deutschliberalen, die Konservativen Hohenwarts und die immer präsenten Polen angehörten.

Die Koalition war eine etwas eigenartige Versammlung, mit einem Konservativen, Fürst Alfred Windischgrätz, als Ministerpräsidenten und einem Deutschliberalen, Ernst von Plener, als Finanzminister und Führungsfigur. Das Kabinett hielt sich jedoch kaum zwei Jahre, und keiner der politischen Hauptverantwortlichen konnte seine Situation verbessern. Zwar die Regierungsverantwortung, aber vergleichsweise wenig Regierungsmacht innezuhaben, schwächte die Liberalen in den Augen ihrer deutschen Wähler neuerlich und ließ sie gegenüber dem radikaleren, nationalistischen Lager immer mehr an Boden verlieren. Sie erlitten daher bei den Wiener Gemeinderatswahlen im April 1895 eine katastrophale Niederlage. Stattdessen kamen bei diesen Wahlen in Wien im Zuge einer sehr üblen antisemitischen Kampagne Karl Luegers radikal-populistische Christlichsoziale an die Macht.[89] Die Wiener Situation verdeutlichte, daß die cisleithanische Politik bereits in einer Krise steckte, bevor das Koalitionsministerium im Juni 1895 an dem Versuch scheiterte, eine slowenische Parallelklasse am Gymnasium von Cilli (Celje) in der Steiermark einzurichten.[90]

Franz Joseph kann nicht nachgesagt werden, daß er darüber sehr unglücklich gewesen wäre, denn die Niederlage dieses Kabinetts – das ihm von Anfang an aufgezwungen worden war – hatte nur seine Vorurteile über die Unregierbarkeit Cisleithaniens mit parlamentarisch-parteipolitischen Mitteln bestätigt.[91] Andererseits war Franz Joseph über die Radikalisierung der cisleithanischen Politik besorgt. Er betrachtete die alldeutschen Nationalisten und die Jungtschechen mit kaum verhohlener Verachtung und hielt Karl Lueger und die Christlichsozialen für eine fast ebenso ablehnenswerte radikale Gruppierung wie die nationalistischen Gruppen anderswo. Als Luegers Partei in den Wiener Gemeinderatswahlen im September neuerlich eine solide Mehrheit erreichte, wäre die Zeit reif gewesen für entschlossenes Handeln. Der Kaiser griff stattdessen auf altbewährte Methoden zurück. Er suchte nach jemandem, der die immer stärker fraktionierten, politischen

Parteien Cisleithaniens zur Vernunft bringen konnte oder aber, wie Redlich es formulierte, in der Lage war, eine »starke unparlamentarische Regierung zu ernennen, die dem von Franz Joseph gering geschätzten Abgeordnetenhause schon den Herrn zeigen werde«.[92] Franz Joseph sollte dabei eine schicksalhafte Entscheidung fällen.

Als ihn Franz Joseph im September (Oktober) 1895 zum Ministerpräsidenten machte, hatte Kazimierz Graf Badeni den Ruf, ein effektiver und strenger Herrscher Galiziens zu sein und Qualitäten zu besitzen, die das Militäroberkommando an ihm schätzte, auf dessen Empfehlung er auch ausgewählt wurde.[93] Badeni war nicht einfach nur der dumme, starke Mann der Geschichtslegende; jüngere Forschungen stellen ihn vielmehr als einen nachdenklichen, wenn auch unrealistischen Politiker dar, der eher von den Ereignissen mitgerissen wurde, als daß er selbst der Hauptakteur gewesen wäre. Im Kontext der galizischen Politik war Badeni relativ liberal, und sein ursprünglicher Plan als Ministerpräsident scheint darin bestanden zu haben, mit einer ›liberalen‹ Koalition aus Deutschliberalen und Jungtschechen zu regieren.[94] Dies verlangte, sich den Jungtschechen zu verpflichten und Maßnahmen wie die Auferlegung des Kriegsrechtes in Prag zurückzunehmen. Es hieß jedoch auch, den Deutschen entgegenzukommen.

Zunächst waren die Beziehungen zu den deutschliberalen Parteien gut, besonders als Badeni Franz Joseph empfahl, Luegers Wahl als Bürgermeister von Wien abzulehnen. Der eingeschlagene Weg warf jedoch die Frage auf, wie die langgesuchte, aber offensichtlich unmögliche deutsch-tschechische Versöhnung bewerkstelligt werden konnte. Die raschen Veränderungen unterworfene politische Situation in Cisleithanien kam Badenis ›liberaler‹ Strategie zusätzlich in die Quere. Bereits im April 1896 mußte Badeni daher, sehr zum Bedauern der Liberalen in Wien, mit Lueger eine Abmachung über das Wiener Bürgermeisteramt treffen. Trotzdem waren die Beziehungen zu den Deutschliberalen noch immer so gut, daß sie im Mai 1896 für die geplante Wahlrechtsreform stimmten. Sie brachte jedoch eine weitere Verschlechterung ihrer Position. Die Reform war nicht so radikal wie der 1893 aufgestellte Vorschlag. Den bereits existierenden 353 Sitzen wurden bloß 72 Sitze der allgemeinen Wählerkurie für männliche Staatsbürger über 24 Jahre, das heißt ein Fünftel, hinzugefügt. Dieses Teilzugeständnis gegenüber dem sozialen Druck von unten hatte den Effekt, daß die Deutschen (aller ideologischen Richtungen) zum ersten Mal einen Minderheitenstatus bekamen: 202 von 425 Sitzen. (Im Jahre 1873 hatten die Deutschen noch zwei Drittel gehalten.)[95] Angesichts des weiteren, noch zu erwartenden Eindringens von ›klerikalen‹ Christlichsozialen und von Sozialisten in den neuen Reichsrat wurde immer deutlicher, daß die ›deutsche Linke‹, die sich zunehmend nationalistisch verhielt, in eine verzweifelte Lage geriet.

Badeni verhandelte weiter mit den Tschechen und den Deutschen über einen Ausgleich, der erweiterte tschechische Sprachrechte in der böhmischen Verwaltung auf der einen Seite und eine effektive Teilung von Böhmen in zwei nationale Hälften entlang der Linien des Ausgleichs von 1890 auf der anderen Seite vorsah. Während ersteres durch eine Verordnung zustande kommen konnte, erforderte der zweite Punkt einen Landtagsbeschluß, und dies war alles andere als problemlos zu erreichen. Ein anderes Problem bestand darin, daß sich die deutschen (Partei-)Führer niemals aus den Verhandlungen zurückzogen, obwohl sie nie klar ausgedrückt zu haben scheinen, welchen Grad an Opposition eine derartige Vereinbarung nach sich ziehen würde – besonders, solange nur der erste Teil auf dem Tisch lag. Die Tatsache, daß keine größere deutsche Gruppe bereit war, dem Kabinett ihre Unterstützung zuzusichern, war für Badeni ausreichend, seinen Plan als gescheitert anzusehen und seinen Rücktritt einzureichen, bevor die Sprachenverordnungen auch nur bekannt gemacht worden waren.

Franz Joseph akzeptierte Badenis Rücktritt jedoch nicht, was diesen zwang, aus den Ruinen der alten Strategie eine neue zu basteln. Seine Tätigkeit wurde durch das Wahlergebnis des März 1897 auf der Basis des neuen Wahlrechts nur noch schwieriger. Obwohl die Sozialisten die spektakulärsten Gewinner waren, machten die großen Gewinne der Christlichsozialen, der Jungtschechen und der Deutschen Volkspartei Steinwenders die Wahlen zu einem weiteren Fiasko für das liberale Element im deutschen Lager. Im neuen Reichsrat entstand eine Mehrheit für die ›Rechten‹. Badeni sah sich nun mit dem genauen Gegenteil von dem konfrontiert, was er beabsichtigt hatte, nämlich einer ›rechten‹ Koalition von Deutschklerikalen, Christlichsozialen, Tschechen und Polen, die sich, man kann fast sagen hinter seinem Rücken, als die neue parlamentarische Mehrheitskoalition konstituierten. Er leistete gegen dieses Arrangement zunächst Widerstand, indem er Ende April beteuerte, er werde sich nicht zum »Gefangenen« einer »reaktionären Mehrheit« machen. Doch die Folgen der Veröffentlichung der Sprachenverordnungen am 5. April und die vehemente Opposition der Deutschen ließen ihm wenig Spielraum, um nicht genau das zu werden. Schließlich brauchte er eine Mehrheit im Reichsrat, um regieren zu können, besonders angesichts der bevorstehenden Erneuerung des Ausgleichs mit Ungarn; ein Teil dieser Mehrheit waren die Tschechen, und das bedeutete die Sprachenverordnungen.[96]

Der Hauptpunkt der Sprachenverordnungen war die Zusicherung, daß zukünftig alle Angelegenheiten der habsburgischen Verwaltung in Böhmen und Mähren zweisprachig (Deutsch und Tschechisch) abgewickelt werden mußten. Um dies zu gewährleisten, wurde angeordnet, daß sich alle habsburgischen Beamte der Kronländer bis 1901 in beiden Sprachen kundig machen mußten.[97] Auf den ersten Blick erscheint dies als keine allzugroße Zumutung, doch hätte dies für die böhmischen Deutschen bedeutet, daß sie sich der tschechischen Dominanz in den Kronländern unterordnen hätten müssen. Angesichts der unterschiedlichen Beherrschung der beiden Sprachen (siehe oben) hätte dies bedeutet, daß es zu einer Form von Verwaltung gekommen wäre, in der kaum mehr ein deutscher Beamter vorgesehen war. In einem Staat, in dem Beamte so wichtig waren, war das ›nationale Eigentum‹ des deutschen Böhmens, des industriellen und politischen Zentrums der deutschen Mittelklassen, gefährlich bedroht.

Die unmittelbare Antwort der deutschen Delegierten auf diese Bedrohung war eine Flut von Notverordnungen, um die Sprachverordnungen ungültig zu machen. Doch alle versagten. (Die Enthaltung der Christlichsozialen in diesen Abstimmungen wurde mit der Bestätigung Luegers als Bürgermeister belohnt.)[98] Die Obstruktion des Reichsrats durch Dauerreden und verfahrensrechtliche Manöver war durch die Tschechen in den vorangegangenen Jahren der Koalition Windischgrätz eingeführt worden.[99] Die Deutschen benutzten sie nun besonders intensiv. Zunächst war die Obstruktion rein ›technischer‹ Natur, und sie wurde nur von den Fortschrittlichen (die deutsch-bömischen Liberalen) und den Alldeutschen Schönerers und Wolfs angewendet. Als den Deputierten jedoch die Wut der deutschen Bevölkerung zu Ohren kamen, nahmen immer mehr daran teil, sodaß sich bis zur Sommerpause die gesamte deutsche ›Linke‹, einschließlich Steinwenders »Deutscher Volkspartei«, der Obstruktion anschloß. Badeni schickte die Deputierten in diesem Sommer früh in die Sommerpause, um eine Abkühlung der Gemüter zu erreichen, doch wurde die Krise dadurch nur noch schlimmer. Es verhärteten sich die Fronten. Als der Reichsrat im Herbst wieder zusammentrat, bedeutete der Zwang zur Erneuerung des Ausgleichsgesetzes, daß sich die ganze Angelegenheit nochmals zuspitzte. Versuche seitens der Mehrheit, am 25. November die »Lex Falkenhayn« einzuführen, um die Obstruktion abzuwehren, führten zu Szenen, die mehr an ein Irrenhaus erinnerten, als an ein Parlament. Zu diesem Zeitpunkt, als sogar die Verfassung in Gefahr geriet, nahmen auch die Sozialisten an der deutschen Obstruktion teil. Als Deputierte mit Polizeigewalt aus dem Reichsrat gebracht wurden, brandete in den Straßen der Städte und überall im Land Widerstand auf. Bosnische Truppen feuerten auf eine Menge in Graz, Lueger – einst ein Verbündeter von Badeni – weigerte sich, die Sicherheit auf den Straßen Wiens zu garantieren. Cisleithanien schien am Rand einer Revolution zu stehen.

Sogar die Deutschklerikalen mischten sich in der Auseinandersetzung um das »nationale Überleben« unter die Obstruktionisten. Jenseits der Grenzen machte die deutsche Presse angesichts der Verfolgung ihrer ›nationalen Brüder‹ mobil, und die deutsche Regierung ließ keinen Zweifel daran, daß sie die Attacke auf die deutsche Position in Cisleithanien für inakzeptabel hielt.[100] Die Grenzen der deutschen Toleranz, innerhalb und außerhalb der Monarchie, waren erreicht. Der Gewaltausbruch in der Monarchie und die Warnungen der besonders wichtigen, deutschen Alliierten hatten ihre Konsequenzen. Am 29. November akzeptierte Franz Joseph den Rücktritt Badenis, doch sollte es mehr als das benötigen, um den entfesselten Sturm zu beruhigen.[101] Redlich schrieb über die Badenikrise: »Von diesem Augenblicke an war das Reich der Habsburger dem Untergange geweiht.«[102] Klar war, daß das politische System Cisleithaniens einen toten Punkt erreicht hatte und daß die parlamentarische Regierung, wenn nicht am Ende, so doch sehr angeschlagen war. Franz Joseph hatte, als er sich für Badeni ausgesprochen und so lange an ihm festgehalten hatte, seinen Teil zu der krisenhaften Situation beigetragen, in der die neuerliche Zustimmung zum Ausgleich erst verhandelt werden mußte, Cisleithanien im Chaos lag und sich der deutsche Verbündete in die innenpolitischen Angelegenheiten der Monarchie einmischte. Paradoxerweise sollte Franz Joseph jedoch einer der Hauptnutznießer dieser Krise werden. Angesichts eines Parlaments, das durch den nationalen Konflikt gelähmt war, der internationalen Verstimmung und der innenpolitischen Paralysierung durch die Badenikrise, wurde er nämlich zur einzigen, noch vorhandenen moralischen Autorität Cisleithaniens.

Der alternde Franz Joseph, 1897 – 1914

Das Donnergrollen des Himmels

1898 sollte ein Jahr des Feierns für den nunmehr 67jährigen Franz Joseph werden, denn es war das Jahr seines goldenen Regierungsjubiläums. Am 2. Dezember feierte Franz Joseph den 50. Jahrestag seiner Thronbesteigung. Trotz der fortdauernden politischen Probleme infolge der Badeni-Krise begannen die Feierlichkeiten im Sommer 1898 wie vorgesehen. Am 10. September 1898 erreichte Franz Joseph jedoch die Nachricht, daß seine Frau, Elisabeth, von einem italienischen Anarchisten in Genf ermordet worden sei. Seine unmittelbare Reaktion war: »Mir bleibt doch gar nichts erspart auf dieser Welt.«[1]

Innerhalb des nächsten Jahrzehnts sollten sich die politischen Auseinandersetzungen in beiden Reichshälften so zuspitzen, daß man sich in Europa zu fragen begann, wie die Monarchie weiterhin überleben würde. Die Außenminister der Großmächte fingen an, Pläne für die Zeit nach ihrem Untergang zu entwerfen. Das Reich und sein Monarch sollten die Krise zwar überleben, doch nur, um auf dem Balkan neuerlich in so große Schwierigkeiten zu geraten, daß es bald kein Entrinnen mehr gab. Im November 1912 bekräftigte Franz Joseph: »Ich will keinen Krieg, ich habe immer nur Unglück mit Kriegen gehabt, wir werden siegen und Provinzen verlieren.«[2]

Kaum zwei Jahre später, nach der Ermordung eines weiteren Familienmitglieds, seines Neffen und designierten Nachfolgers, Franz Ferdinand, sollte der gleiche Franz Joseph, der selbst ernannte »Friedenskaiser«, Serbien den Krieg erklären und damit eine Feuersbrunst entfachen, die die europäische Zivilisation arg in Mitleidenschaft zog und der Habsburgermonarchie den Untergang brachte. Franz Joseph wurde damit das zweifelhafte Privileg zuteil, das Todesurteil über jenes Reich zu fällen, für dessen Fortbestand er ein Leben lang gekämpft hatte.

Bis heute diskutieren Historiker mit Leidenschaft über die Frage, ob der Zusammenbruch der Regierungen Cisleithaniens und Ungarns mit dem Beginn des Ersten Weltkrieges begann; ob Österreich-Ungarn durch die nationalen und konstitutionellen Konflikte bereits vor dem Krieg unwiderruflich gespalten war; ob die Aussichtslosigkeit dieser Konflikte zum Krieg führte; ob der einmal begonnene Krieg unausweichlich das Ende der Habsburgermonarchie einleitete; oder ob nichts von all dem zutrifft und die These des stetigen Abstiegs der Monarchie im nachhinein konstruiert wurde, während sich der Erste Weltkrieg und der Zusammenbruch der Monarchie einem Zufall oder einem tragischen Fehler verdankten beziehungsweise das Ergebnis eines externen Kräftespiels waren. Das einzig sichere Ergebnis all dieser Debatten ist die Erkenntnis, daß die Beantwortung der aufgeworfenen Fragen sehr kompliziert ist.

In der komplexen Debatte über die Wechselbeziehung zwischen den internen Problemen der Monarchie und ihrer (letztlich verheerenden) Außenpolitik erscheinen mir zwei Aspekte als besonders relevant: die Rolle, die der Kaiser und seine kaiserliche Umgebung spielte; und die fortwährenden, immer akuter werdenden Probleme, die der Nationalismus für den multinationalen, dynastischen Staat aufwarf. Diese beiden Aspekte sollten die Monarchie bestimmen, und gleichgültig für wie ›lebensfähig‹ man die Monarchie, angesichts ihrer nationalen Konflikte, hält, offen bleibt die Frage, ob der moderne Nationalismus mit jenem dynastischen System in Einklang zu bringen war, das die Habsburgermonarchie repräsentierte. Dieses Problem wurde vielleicht am besten von Berthold Molden, einem Journalisten mit engen Verbindungen zu Franz Ferdinands Belvederekreis, am 6. Juli 1914 in einem Memorandum formuliert. Angesichts der Frage, ob die Serben in der Monarchie besser behandelt werden sollten, erinnerte Molden an eine frühere habsburgische Erfahrung mit dem Nationalismus: »(...) die Venezianer sagten damals, daß es nicht in ihrem Interesse war, von Österreich gut regiert zu werden, sondern daß sie überhaupt nicht regiert werden wollten. Wir sind mit einer Zeitströmung konfrontiert, die durch Traditionen am Balkan intensiviert wird, denen wir nicht nachgeben können, ohne Selbstmord zu begehen.«[3]

Der Nationalismus verlangt zuvorderst nach Selbstbestimmung. Das bedeutet nicht notwendigerweise völlige Unabhängigkeit, doch es impliziert das Fehlen einer übergeordneten Macht, die eine Nation regiert. Ein Reich zu beherrschen, heißt immer, über Nationen zu regieren. Im nachhinein betrachtet ist die Versöhnung der Nationalitäten in Zentraleuropa zumindest vorstellbar, doch nur unter einem föderalistischen System oder einer Art Commonwealth. Dies hätte jedoch eine Veränderung der Habsburgermonarchie zur Voraussetzung gehabt, das heißt etwas notwendig gemacht, was Franz Joseph niemals anerkannt hätte. Es hätte nämlich das Ende der imperialen Struktur der Dynastie bedeutet. Umgekehrt machte der Druck, die Habsburger als kaiserliche Großmacht zu erhalten, Franz Joseph immer mehr davon abhängig, die Militärpolitik und die außenpolitischen Angelegenheiten zu kontrollieren und sich nicht jene politischen Kräfte zu Feinden zu machen, die dies garantierten. Dies bedeutete zum einen, daß er niemals freiwillig die Macht abgeben konnte, aus Angst, damit seine Pflicht gegenüber der Dynastie zu verletzen. Zum anderen, daß er die Macht auch nicht benutzen konnte, um die traditionellen Eliten, besonders in Ungarn, im Interesse einer gerechteren Verteilung der Macht anzugreifen oder sie gar zu stürzen.

Die Geschichte von Franz Josephs letzten Jahren ist nicht so sehr eine Geschichte des Abstiegs einer Monarchie, sondern vielmehr die der Unvereinbarkeit der Reichsidee mit jenem Nationalismus, der die Politik Cisleithaniens und Ungarns mittlerweile dominierte. Im Ringen um die Macht hätte sich die Monarchie beziehungsweise das kaiserlich-königliche System möglicherweise halten können, doch arbeiteten die nationalistischen Bewegungen ausschließlich gegen sie. Es waren die nationalen Konflikte, die beide Parlamente während der meisten Zeit bis 1914 lahmlegten, was unter anderem zur Folge hatte, daß den so wichtigen Streitkräften Habsburgs viel zu lange die dringend benötigten Geldmittel vorenthalten wurden. Und es war die Angst vor dem Prestigeverlust gegenüber Serbien, das als ein neues ›Piemont‹ angesehen wurde, eine neue irredentistische Kraft beziehungsweise nationalistische Bedrohung der Integrität der Monarchie, die zur Kriegserklärung des Jahres 1914 führte.[4]

Über den wirtschaftlichen und zivilisatorischen Fortschritt, die relative Gesetzestreue und die relative Sicherheit, die der habsburgische Staat bis 1914 in Zentraleuropa gewährleistete, gebe es, besonders aus heutiger Sicht, Positives zu sagen. Daß dieser Staat ein dynastisches Reich blieb, regiert von einem Monarchen und einer Herrschaftselite, die zu allererst auf die Bewahrung der kaiserlichen Macht und des kaiserliche Prestige erpicht war und erst in zweiter Linie daran interessiert, die nationalen Konflikte der Untertanen zu lösen, bedeutete jedoch, daß die immensen Kräfte, die der Nationalismus bis dahin mobilisierte, nicht kanalisiert werden konnten.[5] 1859 hatte der frühere magyarische Revolutionär, Bertalan Szemere, eingestanden, daß er und die anderen Anhänger Kossuths die Kraft der »nationalen Idee« in den ungarischen Minderheiten unterschätzt hätten. »Wir hielten für künstlichen Lärm, was sich als Donnergrollen des Himmels erweisen sollte.«[6] Das gleiche trifft auf den jungen Franz Joseph zu. Nun, fast ein halbes Jahrhundert danach, war der Lärm noch lauter geworden. Doch die Versuche des Kaisers und seiner einstmaligen magyarischen Rivalen, mit den Problemen fertig zu werden, blieben ohne Erfolg. Wie wir wissen, sollten diese Versuche sogar in die Katastrophe führen.

Neuerlich Absolutismus?

Das Chaos und die fast anarchischen Zustände, die durch die Badeni-Krise ausgelöst worden waren, setzten der offiziellen, parlamentarischen Regierung in Cisleithanien ein Ende. Unter jedem anderen konstitutionellen Regime, das von den Repräsentanten des Volkes getragen wird, hätte dies zur Auflösung der Regierung geführt. In Cisleithanien jedoch, wo die Konstitution keiner Entscheidung des Parlaments entstammte, sondern kraft kaiserlicher Gnade zustandekam und die Idee der Volkssouveränität nicht anerkannt war, setzte die Regierung ihre Arbeit mit Hilfe der habsburgischen Beamten fort, als ob nichts geschehen wäre.

Nach dem anfänglichen Schock über die Ereignisse des Jahres 1897, dauerte es etwas, bis sich eine neue Regierung bildete. Ab 1900 gab es im Zeitraum von nur zwei Jahren vier Ministerpräsidenten (Paul von Gautsch, Fürst Franz Thun, Manfred Graf Clary-Aldringen und Heinrich von Wittek). Während dieser Zeit brachte der Reichsrat zwar einige Dinge weiter, etwa 1898 die Reform der direkten Steuer,[7] doch hielt die Obstruktion fast während der ganzen Zeit an: die Obstruktion der Deutschen, bevor die Badeni-Verordnungen durch das Ministerium Gautsch ausgesetzt wurden (sie wurden schließlich 1899 durch das Kabinett Clary-Aldringen aufgehoben); die tschechische Obstruktion danach. Eine wichtige Hürde war die Gesetzgebung über den wirtschaftlichen Ausgleich – zunächst einer der Hauptgründe für die Krise –, die vom Reichsrat blockiert wurde. Abgesehen von diesem Problem (das durch jährliche, provisorische Vereinbarungen notdürftig überdeckt wurde), fiel das Versagen des Parlaments jedoch immer weniger ins Gewicht, denn es wurden Wege gefunden, es zu umgehen, vor allem mit Hilfe des häufigen Gebrauches des Paragraph 14 des Notverordnungsrechts.

In dieser Zeit, in der quasi absolutistisch regiert wurde, trat der Reichsrat zusammen, es begann die Obstruktion, der Kaiser vertagte den Reichsrat und erließ während seiner Abwesenheit »Notverordnungen«, um die Regierungsgeschäfte weiterzuführen. Währenddessen kamen Vereinbarungen zwischen dem Kabinett und den parlamentarischen Parteien zustande, sodaß die jeweiligen Notverordnungen, wenn der Reichsrat wieder zusammentrat, angenommen werden konnten. Nach einer kurzen Ruhepause begann die Obstruktion von neuem und der Kreislauf begann von vorne.[8] Daß einst Politiker regiert hatten, wurde eine blasse Erinnerung. Die Regierungsgeschäfte waren nun wieder in den Händen jener Menschen, denen Franz Joseph am meisten vertraute; Joseph Redlich nannte diese Periode den »Absolutismus der bürokratischen Ministerien«.[9]

Das neue System erreichte seinen Höhepunkt unter Ernest von Koerber, einem Bürokraten und Franz Josephs Ministerpräsidenten zwischen 1900 und 1904. Koerber betrieb, unterstützt durch Rudolf Sieghart, eine andere Form der Taaffeschen Politik. Seine ›Therapie‹ für nationale Konflikte, etwa jenen in Böhmen, bestand darin, die Politik zu ›kommerzialisieren‹.[10] Nachdem Koerber versucht hatte, den toten Punkt im Parlament durch direkte Verhandlungen zwischen Deutschen und Tschechen im Jahre 1900 zu überwinden, versuchte er es mit Neuwahlen. Sie führten 1901 zu einem noch radikalisierteren, nationalen Reichsrat. Sein nächster Schritt bestand darin, von den nationalen Rechten zur Wirtschaft zu schwenken. Er kreierte ein ökonomisches Aufbauprogramm mit großen Arbeitsprojekten, hauptsächlich im Eisenbahn- und Wasserbaubereich, das alle Seiten in der parlamentarischen Auseinandersetzung bediente. Auf dieser Basis brachte er einen Burgfrieden zustande, sodaß der Reichsrat zum ersten Mal seit sehr langer Zeit zwei Jahresbudgets hintereinander beschloß.[11]

Während das Parlament versagte, schacherte Koerber mit den verschiedenen Parteien über die Zuteilung von Arbeitsprojekten und die Verteilung ministerieller Bevorzugungen. Die Basarmethoden dominierten die Interessenpolitik.[12] Mehr als das begann Koerber, als Parteien, die bei der Verteilung der ökonomischen Vorzüge benachteiligt worden waren, zur Obstruktion schritten, stärker mit Verwaltungs- und Bildungsgütern zu handeln, wie es bereits Taaffe mit Erfolg getan hatte. Während sich früher ökonomische und nationale Interessen oft trafen, verstärkte die neue Vorgangsweise – bei der es darum ging, welche Nationalität welches Kabinett beherrschte oder welche Sprache die Unterrichtssprache einer neuen (italienischen) Rechtsfakultät oder eines (tschechischen) technischen Instituts wurde – den tiefen Riß in der cisleithanischen Politik.[13] Im Endeffekt konnte Koerber zwar die Wirtschaft ankurbeln, 1902 eine neue Ausgleichsvereinbarung mit Ungarn[14] treffen, die Gesetze zur Rede- und Pressefreiheit liberalisieren und für fast fünf Jahre relativ effizient regieren, doch war auch er, bis er gegen Ende des Jahres 1904 nach wiederholten tschechischen Obstruktionen zurücktrat, nicht imstande, die tschechisch-deutsche Versöhnung in Böhmen herbeizuführen.

Zudem hatte Koerber seinen Erfolg mit beträchtlichen Kosten für die politische Gesundheit dessen, was von der repräsentativen Politik in Cisleithanien übriggeblieben war, ›erkauft‹. Koerbers Stil, mehr politische ›Taschenspielertricks‹ als substantielle Politik, in dem das Kabinett ein für jede Partei zugängliches Auktionshaus betrieb und die Tauschgeschäfte organisierte, machte die offizielle, parlamentarische Politik zu einer Farce, weil die eigentlichen Verhandlungen hinter den verschlossenen Türen der Bürokratie stattfanden. In Redlichs Worten: »Von daher rührt die tiefe Degradierung der parlamentarischen Volksvertretung Österreichs.«[15] Die Tatsache, daß sich Politiker in einer so derben und unverantwortlichen Art benehmen konnten, weil niemand ernsthaft Politik betrieb und das Land weiterhin von einer ›unpolitischen‹ Beamtenschaft geführt wurde, beflügelte die Korruption. Außerdem bestand keine Notwendigkeit, den Radikalismus der nationalistischen Rhetorik zu mäßigen – die in der verärgerten Wählerschaft immer populär gewesen war –, wenn in den Hinterzimmern der Bürokratie verhandelt wurde und der Sprachgebrauch wenig oder keinen Einfluß auf das Funktionieren des Staates hatte. Daher konnten die Deutschnationalen, die Christlichsozialen und viele Politiker anderer Coleurs, inklusive der Tschechen und Polen, im sicheren Wissen, daß der habsburgische Staat die schlimmsten Exzesse zügeln würde, die abscheulichste Art von antisemitischer Hetzrede benutzen und die radikalste Form von Politik gegen Juden verfechten. Kocrbers System bahnte so »der schrankenlosen nationalistischen und sozialistischen Demagogie in Österreich die Wege zur Macht.«[16]

Koerbers Politik des Interessenausgleichs hatte auch positive Effekte. Indem er die Sozialisten wie jede andere Gruppierung behandelte, gliederte er die Partei Viktor Adlers in die Palette der österreichischen politischen

Parteien ein; Luegers Christlichsoziale, einstmals Radikale, waren in der Zwischenzeit zu einem etablierten Instrumentarium der Machtpolitik des Regimes geworden. Da Koerber die radikalen Deutschnationalen in seine Politik einbezog, konnte er sie bis zu einem gewissen Grad zähmen (obwohl dies umgekehrt eine Tolerierung ihrer antisemitischen Haltung mit sich brachte).

Im Laufe der Jahre wurde die österreichische Politik immer mehr zu einem vertikalen, hierarchischen System, in dem die Parteien hauptsächlich mit der Regierung, das heißt mit der habsburgischen Beamtenschaft, verhandelten und nicht miteinander (wie in einem horizontalen, demokratischen System). Die Regierung wiederum verhielt sich mehr als Richter, denn als Vermittler. Ziel dieses Vorgehens war es, den einen gegen den anderen auszuspielen und nicht so sehr, Kompromisse zustande zu bringen. Koerbers System, vorgeblich darum bemüht, nationale Konflikte beizulegen, trug so immer mehr die Züge der klassischen, imperialen Politik des ›Teilens und Herrschens‹. Diese Form der Politik gab sowohl der Bürokratie Auftrieb als auch der nationalen Rivalität, denn solange die Beamtenschaft schlichtete, kamen auf einem lokalen oder regionalen Niveau keine Kompromisse durch die jeweiligen Gruppierungen zustande. Jene, die unter den Augen der Regierung geschlossen wurden, etwa der mährische Ausgleich des Jahres 1905, waren genau genommen Teilungen: Vereinbarungen, keine Kompromisse zu schließen.[17]

Franz Joseph muß mit dem Ergebnis all dessen ganz zufrieden gewesen sein. Er dürfte sogar Genugtuung empfunden haben, denn er war von Anfang davon überzeugt gewesen und blieb auch bei dieser Meinung, daß die Monarchie nicht konstitutionell regiert werden könne.[18] Er neigte jedoch dazu zu ignorieren, daß sie auch absolutistisch nicht regiert werden konnte und daß seine eigenen politischen Praktiken eine wichtige Voraussetzung gewesen waren, warum der Konstitutionalismus nicht funktionierte. Auch dachte er nicht viel über andere Formen von Verfassungen als die zentralistisch-dualistische nach, bei der er angelangt war, da er neue Ideen als Bedrohung des Status der Dynastie in der Monarchie und im Ausland ablehnte. Eine weitere Verfassung wäre in seinem fortgeschrittenen Alter jedenfalls mehr gewesen, als er verkraften hätte können, und seine Ratgeber vermieden es, ihn mit derartigen Vorschlägen zu belasten.

Der zweite Grund für Franz Josephs Festhalten an dem neuen Regime bestand darin, daß es den kaiserlichen Institutionen und ihm selbst Auftrieb gab. In der Öffentlichkeit zeigte er sich stets hoffnungsvoll, daß die Deutschen und die Tschechen in Böhmen zu einem Kompromiß finden würden, doch privat war er pessimistisch. Wenn ein überlieferter Bericht seiner Tochter Marie Valerie stimmt, dann lehnte Franz Joseph diesen Ausgleich sogar ab, »wenn sich Deutsche und Tschechen verständigen, dann wird's wohl wie in Ungarn werden und der Kaiser verliert auch dort seine Macht«.[19]

Ob Franz Joseph dies anstrebte oder nicht, der nationale Hader in Böhmen war für ihn großteils von politischem Nutzen. Hinzu kam, daß er als das einzige noch verbliebene Symbol der Integrität der Monarchie immer populärer wurde. Während rund um ihn alles in der Krise versank, genoß der Kaiser mehr moralische und politische Macht als je zuvor.

Dennoch gab es Dinge, über die der Kaiser unglücklich war. Der effektive Zusammenbruch der konstitutionellen Regierung betraf nämlich auch jene Angelegenheiten, die Franz Joseph am meisten bekümmerten: die Armee und die Außenpolitik. Obwohl das System Koerber mit seinem freizügigen Gebrauch des Artikel 14 die Gesetzgebung sicherstellte, gab es eine ›unsichtbare Linie‹, die ohne parlamentarische Zustimmung nicht überschritten werden konnte.[20] Die Verordnungen, die den Status quo sicherten, wurden von den politischen Parteien und ihren Wählern in Cisleithanien grundsätzlich akzeptiert, doch wurde es unmöglich, am Parlament vorbeizuregieren, wenn größere Steuererhöhungen oder Erhöhungen der Einberufungsquoten vorgesehen waren. Hätte die Regierung die Quote per Verordnung angehoben, wäre dies nicht nur eine Prozedur von fragwürdiger Legitimität gewesen, sondern quasi einem Staatsstreich gleichgekommen. Und das war ein Schritt, den weder der alternde Kaiser bereit war zu tun, noch einer, den die politischen Nationen toleriert hätten. Daher wurden weder größere Steueranhebungen, noch eine Ausweitung der Akquisition von Geldern und Rekruten für die Armee beschlossen. Der neue »bürokratische Absolutismus« hatte seine Grenzen, und dies wurde in der Militärpolitik besonders spürbar, sodaß die k.u.k. Armee immer weiter hinter andere Großmächte zurückfiel.

Zusammen mit der fast ununterbrochenen Lähmung des politischen Systems in Österreich veranlaßte dies Österreichs engsten Verbündeten, Deutschland, darüber nachzudenken, ob Österreich-Ungarn weiterhin bündnisfähig war. 1905 überlegte der deutsche Kanzler, Fürst Bernhard von Bülow, sogar, ob sich die Habsburgermonarchie in eine große, neutrale »monarchische Schweiz« verwandeln könne, wenn eine internationale Vereinbarung sicherstellte, daß sie ihre Nationalitätenprobleme allein lösen würde.[21] Zwar änderte er bald seine Ansicht, doch sagt die Tatsache, daß er solche Vorstellungen überhaupt entwickelte, viel über Österreichs Verlust an Ansehen unter den Großmächten aus.

Bülows Ansicht über Österreich-Ungarn war stark von den Ereignissen in der ungarischen Hälfte der Doppelmonarchie beeinflußt. Auch hier stand die Frage über das Verhältnis von nationaler und kaiserlicher Macht im Mittelpunkt. In Ungarn konnte der Monarch keine Nationalitätenkonflikte schlichten, denn er war Teil des Konflikts mit der (magyarischen) Nation. Ungarn war in den 1890er Jahren ein Staat mit einer magyarischen Führung, voll nationalem Stolz. Bis in die 1890er Jahre war die Wirtschaft des ungarischen Königreiches, vor allem in der Hauptstadt, sichtbar gewachsen, und anläßlich der Milleniumsfeiern des Jahres 1896 triumphierte in Budapest der Nationalismus.[22] Der nationale Stolz der Magyaren, der zur Selbstüberschätzung tendierte, brauchte Ventile, und eine beliebte Forderung war die nach mehr Anerkennung der ›nationalstaatlichen‹ Gleichheit mit Cisleithanien oder sogar der Unabhängigkeit vom kaiserlichen Wien. Dabei wurde ausgeblendet, daß Ungarn ein fast ebenso vielfältiger multinationaler Staat war wie Cisleithanien.

Mitunter waren die konkreten Anlässe, über die sich ein Streit entwickelte, vergleichsweise nichtig. 1898 verursachte etwa das Begräbnis der Kaiserin eine politische Krise, da ihr Sarg ursprünglich nur die Inschrift »Kaiserin von Österreich« tragen hätte sollen. Nach vehementen ungarischen Protesten wurden die Worte »Königin von Ungarn« hinzugefügt. (Fürst Lobkowitz, der böhmische Hochadelige, fragte daraufhin, warum sie nicht auch als »Königin von Böhmen« erwähnt werde.)[23] Mitunter resultierte die Inanspruchnahme einer eigenen Identität in großen Reformen, die Ungarn – zumindest auf dem Papier – zu einem liberaleren und fortschrittlicheren Staat machten als die andere Reichshälfte. Ein wichtiges Beispiel dafür ist die zur Mitte der 1890er Jahre gegen den Widerstand der katholischen Kirche, der konservativen ungarischen Magnaten und des Kaisers und Königs durchgesetzte Zivilehe. Da sie als Herausforderung der führenden Kreise Habsburgs angesehen wurde, unterstützten die ungarischen Politiker diese anti-klerikale Maßnahme mit Nachdruck.[24]

Die Rolle des Kabinetts war in Ungarn in den 1890er Jahren ähnlich vage wie in Cisleithanien. Die Konfliktlinie verlief jedoch nicht zwischen den Nationen, sondern quer durch die führende nationale Elite. Man stritt also nicht darüber, ob mehr Macht für den magyarischen Nationalstaat gefordert werden soll, sondern wieviel. In der politischen Periode nach Tisza – mit einer aufsteigenden ungarischen Unabhängigkeitspartei, die langsam zur Hauptopposition des liberalen Regimes wurde – verstärkte sich der oppositionelle Druck, sodaß von der schwachen cisleithanischen Regierung und dem Kaiser und König immer mehr Zugeständnisse gefordert werden konnten.

Daß es 1898 nicht gelang, die wirtschaftlichen Ausgleichsverhandlungen durchzubringen, ist ein klassisches Beispiel für diese Art der magyarischen Politik. Im Kielwasser der Badeni-Affäre war es dem ungarischen Ministerpräsidenten, Baron Dezsö Bánffy, gelungen, von einer geschwächten cisleithanischen Regierung wichtige Zugeständnisse zu erreichen. Er hatte jedoch auch mit dem cisleithanischen Finanzminister, dem Tschechen Josef Kaizl, die Ischl-Klausel geschlossen, die viele Probleme des Ausgleichs gelöst hätte, weil sie die Zollunion solange verlängert hätte, solange sie von keinem der beiden Parlamente niedergestimmt wurde. Dies hätte die Fortsetzung des Ausgleichs gesichert, da der Kaiser und König die Macht gehabt hätte, Pläne zur Aufkündigung des Ausgleichs mit einem Veto zu belegen. Solch eine Zementierung des Ausgleichs war jedoch das Gegenteil von dem, was die magyarischen Nationalisten wollten. Die Ausgleichsgesetzgebung wurde daher im Parlament durch Obstruktion lahmgelegt, und als ein Ergebnis davon fiel die Regierung Bánffy. Das folgende Kabinett Kálmán Szélls verweigerte die Ischl-Klausel, und die Ausgleichsverhandlungen schleppten sich bis in das Jahr 1902 fort. Nach Alexander Spitzmüller war es die Drohung des Kaisers und Königs abzudanken, die Széll und Koerber zwangen, am Neujahrstag 1902 eine für die Ungarn vorteilhafte Vereinbarung zu schließen.[25] In der Zwischenzeit reagierte Kaizl auf das Scheitern seines Versuchs, die Einheit des Reiches zu sichern, indem er eine nationalistische pro-tschechische Linie einschlug und viele Tschechen in das Finanzministerium brachte.[26]

1902 kam zu dem Streit über den wirtschaftlichen Ausgleich ein fast noch hitziger diskutiertes, nationalistisch aufgeladenes Thema im Parlament hinzu, nämlich über das in diesem Jahr fällige Wehrgesetz, das eine Erhöhung der Einberufungskontingente vorsah, um dem Bevölkerungswachstum Rechnung zu tragen. Es war eine Errungenschaft Koerbers, daß der Reichsrat einer mäßigen Erhöhung der Quote zustimmte, doch dies nur zu tun bereit war, wenn das ungarische Parlament es auch tat. In der folgenden Debatte in Ungarn versuchten die Oppositionsparteien neuerlich, die ›imperialistische‹ Struktur der gemeinsamen k.u.k. Armee in Frage zustellen. Die ungarischen Regimenter sollten so in eine nationale, das heißt ungarischsprachige Armee, umgewandelt werden. Dies hätte nach sich gezogen, daß die deutsche Kommandosprache im ungarischen Teil der Armee durch Ungarisch ersetzt worden wäre. Dies erzürnte Franz Joseph, denn es bedrohte die Einheit seiner Armee. Daher verweigerte er trotz der bisherigen Konzessionen gegenüber der magyarischen Führung weitere Zugeständnisse.[27]

Die Probleme mit dem Wehrgesetz führten zur Obstruktion des Parlaments, dem Fall der Regierung Széll und zum Kabinett Khuen-Hédervàry. Der frühere Ban von Kroatien erwies sich jedoch als ähnlich überfordert, die Ungarn unter Kontrolle zu bringen. Um die Verhältnisse zu klären, verlautbarte Franz Joseph in seiner Verordnung von Chlopý am 17. September 1903 – sprachlich fast darauf angelegt, die magyarischen Empfindungen zu verletzen –, daß er für die fortgesetzte Unterminierung seines Oberbefehls über die Armee, ihrer Einheit oder ihrer »existierenden Organisation« (was die deutsche Sprache als Kommandosprache einschloß) keinerlei Verständnis habe.[28] Daraus entwickelte sich eine Krise, die der Badeni-Krise in Cisleithanien in nichts nachstand, mit Obstruktionen und Straßenkämpfen, die drohten, die Ordnung völlig zu zerstören.

Wie zuvor bei Badeni machte Franz Joseph einen Rückzieher. Im November 1903 ernannte er István Tisza, den Sohn des früheren ungarischen Ministerpräsidenten, zum neuen Ministerpräsidenten, nachdem zwischen dem König und den magyarischen Parteien ein schwankender Kompromiß geschlossen worden war. Im Sommer des Jahres 1904 war Franz Joseph sogar dabei, der Honvéd eine eigene Artillerie zu gewähren, trotz der Warnungen Körbers, daß dies auf eine Spaltung der gemeinsamen Armee hinauslaufe.[29] Dann kam die Sommerpause. Bis zum Herbst des Jahres 1904 brandeten die gleichen Auseinandersetzungen über das Wehrgesetz jedoch wieder auf, und Tiszas zweifelhafte Inkraftsetzung eines Anti-Obstruktionsgesetzes führte zu weiteren Obstruktionen und zu weiterer Unordnung. Seine Antwort darauf war, daß er im Jänner 1905 Wahlen abhalten ließ, vielleicht die einzigen ›sauberen‹ Wahlen in der Geschichte des dualistischen Ungarn. Das Ergebnis war eine vernichtende Niederlage für Tiszas Liberale und ein erdrückender Sieg für die Oppositionsparteien, die Feinde von Franz Josephs gemeinsamer Armee.[30]

Franz Joseph lud die Führer der Oppositionsparteien, einschließlich Gyula Andrássy, den Sohn des früheren Außenministers, und Ferenc Kossuth, den Sohn seines früheren großen revolutionären Feindes, ein, eine Regierung zu bilden, doch waren die Konditionen, die er bot, unannehmbar.[31] Im Juni ernannte der König einen anderen untadelig loyalen General, Baron Géza Fejérváry, zum Ministerpräsidenten eines Beamtenkabinetts. Als Antwort darauf rief die Opposition zum passiven Widerstand der Bezirksbeamten und zum Steuerstreik der »Patrioten« auf. Nach Jahrzehnten, in denen er sich gegenüber der Magyarisierungspolitik Ungarns und der Vernachlässigung beziehungsweise Unterdrückung der anderen Nationalitäten blind gezeigt hatte, brachte Franz Joseph im September, zunächst zögernd und erst nach einer weiteren Auseinandersetzung, ein politisches Druckmittel ins Spiel, das darauf Bezug nahm: Fejérvárys Innenminister, Josef Kristóffy, bereits bekannt für sein Interesse an einer Ausweitung des Wahlrechts, konfrontierte die magyarische Opposition mit dem Vorschlag, das Wahlrecht von sieben Prozent auf 16 Prozent der Bevölkerung auszudehnen.[32]

Aus heutiger Perspektive erscheint dies nicht besonders radikal, doch hätte dies zur damaligen Zeit eine verheerende Auswirkung auf die politische Stellung der magyarischen politischen Elite gehabt. Mit einem Schlag hätten nicht nur Teile der Unterschicht, sondern – im Blick der magyarischen Eliten fast noch schlimmer – auch viele Nicht-Magyaren eine Stimme gehabt. Franz Joseph verfolgte die Interessen der anderen Nationalitäten und jene der ungarischen Unterschichten jedoch nicht um ihretwillen; vielmehr dienten sie in der Auseinandersetzung mit der ungarischen Führung über die Beschaffenheit der dynastischen Macht als politische Werkzeuge.

Beinahe die gesamte ungarische politische Führung, Tisza eingeschlossen, war über die mögliche Einführung einer radikalen Wahlrechtsreform empört. In einem entwickelten und zentralisierten Staat wie Ungarn waren die alten Methoden des ungarischen Widerstands gegen eine entschlossene Exekutive nicht mehr so durchschlagskräftig wie früher. Die lokalen Verwaltungsbehörden waren auf die Investitionen der Zentrumsmacht angewiesen und die nationalistische Politik, die die Macht lieber im ungarischen Parlament konzentrieren wollte als in den oft fragwürdigen ungarischen Lokalbehörden, hatte die alte Komitatsautonomie ausgehöhlt.[33] Die Einsetzung neuer Exekutivbeamte in den Komitaten und die Anweisung der Regierung, den aufbegehrenden Komitaten die Unterstützung und den widerspenstigen Gemeindebeamten das Gehalt zu streichen, führte zum Zusammenbruch des nationalen Widerstands.[34] Fejérváry bekam von der politischen Klasse kaum Unterstützung. Er konnte jedoch das Militär und die Polizei einsetzen und vom Ausbleiben des Widerstands der nicht-magyarischen Bevölkerung und der magyarischen Unterschichten profitieren. Und er hatte selbstverständlich Franz Josephs Unterstützung. Als er das Parlament am 19. Februar 1906 mit Hilfe von Truppen auflöste, erschien es, als ob ein Staatsstreich – die Ankündigung einer radikalen Wahlrechtsreform – bevorstand.[35]

Eine der bevorzugten Spekulationen der Geschichtsschreibung über die Habsburgermonarchie ist es zu überlegen, was die Durchsetzung der Wahlrechtsreform in Ungarn 1906 bewirkt hätte. Vielleicht hätte dies die magyarischen nationalistischen Anmaßungen unter Kontrolle gebracht und den Chauvinismus der magyarischen Elite durch eine interessengestützte, flexible Politik ersetzt. Dies wäre der Monarchie als ganzes zugute gekommen; vielleicht wäre dies aber, in Anbetracht der folgenden Erfahrung mit der Einführung des allgemeinen Wahlrechts in Cisleithanien, auch ausgeblieben.[36] Derartige Spekulationen sind jedoch müßig. Als sich die Opposition entschloß, mit Franz Joseph eine Vereinbarung über eine Teilkapitulation zu schließen, nahm dieser von seiner Drohung Abstand, und es wurde ein Kompromiß erzielt, der die Minimalforderungen Franz Josephs befriedigte und die ungarische politische Elite an der Macht beließ. In der Geheimverhandlung hatten die ungarischen Führer einer Wahlrechtsreform zugestimmt und zugesagt, von Angriffen auf den Ausgleich Abstand zu nehmen. Doch es war von Anbeginn an offensichtlich, daß dies einen weit weniger radikalen Wandel nach sich ziehen würde, als es zunächst schien; wie sich herausstellen sollte, brachte es keinerlei Wandel. Es kann sein, daß dieser Vorstoß Franz Josephs letzte Chance gewesen wäre, die Macht in seiner Monarchie auf eine stabile Basis zu stellen. Stattdessen entschied er sich dafür, mit einer fachlich kompetenten, aber immer noch zutiefst chauvinistischen ungarischen Führung zusammenzuarbeiten, vielleicht, weil er der Vorstellung einer Kooperation mit magyarischen Sozialisten und linksliberalen Slowaken und Rumänen wenig abgewinnen konnte. Es gelang ihm zwar, die Stellung der Monarchie und sein Vorrecht auf die Armee zu sichern, doch nur auf Kosten seiner Position als Hoffnung jener Massen, die in der ungarischen Politik ohne Stimme waren. Aufgrund der zynischen Ausbeutung – und Preisgabe – des Ideals einer Wahlrechtsreform für rein dynastische Ziele klagte Oskar Jászi Franz Joseph später an, einen zentralen Beitrag zur »endgültigen moralischen Disintegration« der Monarchie geleistet zu haben.[37] In Ungarn feierte die ehemalige Oppositionskoalition in den Maiwahlen einen großen Sieg, und ein weiteres Kabinett Weckerle entschloß sich, eine gemäßigtere Politik gegenüber dem Ausgleich einzuschlagen, gleichzeitig aber mehr Chauvinismus in der Erziehung und gegenüber den Minderheiten zuzulassen sowie das geforderte Wahlrechtsreformgesetz zu verzögern.

Die Ereignisse in Ungarn wirkten auch auf die andere Hälfte der Monarchie zurück. Wie der cisleithanische Ministerpräsident Gautsch gegenüber dem Thronfolger Franz Ferdinand im November 1905 (neuerlich) anmerkte: »Täglich kehrt das Argument wieder, daß der Kaiser von Österreich nicht wehren könne, was der König von Ungarn zu gewähren versprochen hat.«[38] Die Einführung des allgemeinen männlichen Wahlrechts in Cisleithanien kam nicht von ungefähr. Vielmehr entwickelte sich die Reformbewegung über Jahre. Prominente Protagonisten waren die Sozialdemokraten. Die Wahlrechtsreform wurde jedoch erst im Oktober 1905 realistisch, als Franz Joseph auf seine Politik in Ungarn mehr Augenmerk legte.[39] Aufgrund der ausdrücklichen Unterstützung des Kaisers, weiterer öffentlicher Demonstrationen und der widerwilligen Befürwortung der Wahlrechtsreform durch liberale Organe wie der *Neuen Freien Presse*, kapitulierte der Reichsrat vor den Kräften der Demokratie. Es dauerte jedoch über ein Jahr, bis die Reform in einer Zeit, in der die nationalen Antagonismen ausnahmsweise den zweiten Platz einnahmen, durchgebracht wurde. (Obwohl die Aufteilung des Landes in Wahlkreise Gegenstand nicht enden wollender nationaler Streitigkeiten war, wobei die Deutschen mehr bekamen als es ihrer demographischen Zahl entsprach, aber weniger als ihr Anteil an Steuerzahlungen gerechtfertigt hätte.)

Während der langen Kampagne für das neue Wahlrecht befand sich der Herrscher der weltweit traditionsreichsten Dynastie in einer de facto-Allianz mit den revolutionären Sozialisten. Nachdem beide Kabinette, jenes von Gautsch und jenes von Prinz Conrad von Hohenlohe, gescheitert waren, gelang es dem Kabinett Max von Becks – er kam aus dem Kreis um Franz Ferdinand –, eine Wahlrechtsreform zu erlassen, die zur Einführung des allgemeinen männlichen Wahlrechts bei den österreichischen Reichsratwahlen führte. (Die Landtagswahlen blieben dem alten Kurienwahlrecht verpflichtet.) Die Reform wurde am 20. Jänner 1907 Gesetz.[40]

Warum Franz Joseph die Wahlreform in Cisleithanien mit derartigem Nachdruck verfolgte, ist das Thema vieler geschichtswissenschaftlicher Debatten, besonders angesichts seiner weit weniger entschiedenen Unterstützung einer Reform in Ungarn. Eine akzeptable Erklärung dafür lautet, daß dies im Rückgriff auf Taaffes Annahme geschah, wonach das allgemeine männliche Wahlrecht die nationalen Konflikte lösen würde. Vielleicht dachte Franz Joseph aber auch, wie Radetzky ein halbes Jahrhundert vorher, daß nur eine Wählerschaft von einfachen Menschen, Bauern und Arbeitern – die nicht wie die Mittelschichten mit nationalen Vorstellungen erfüllt waren – ein Parlament unterstützen würde, das zuallererst dem Reich verpflichtet war und auf supra-nationale Angelegenheiten unabhängig von der Nation ihr Augenmerk legte. Vielleicht handelte Franz Joseph aber auch pragmatisch und dachte, daß die Bedrohung durch die Massenparteien die etablierten politischen Parteien so weit einschüchtern würde, daß sie für den Kaiser zugänglicher würden. Seine augenscheinliche Unzufriedenheit mit der hohen Zahl an sozialistischen Abgeordneten (87 von insgesamt 516 Reichsratsabgeordneten), die bei den Maiwahlen 1907 gewählt wurden, kann als Hinweis dienen, daß die zweite Vermutung eher zutrifft als die erste.[41] Fast noch machiavellistischer ist die Annahme, daß er das cisleithanische Beispiel dazu benutzen wollte, um die magyarische Elite unter Druck zu setzen. Franz Joseph könnte sich jedoch auch gedacht haben, daß nichts schlimmer sein könne als der Reichsrat seiner Zeit. Redlich meint dazu, daß Franz Josephs persönliche Intervention mehr als alles andere dazu beitrug, daß das allgemeine männliche Wahlrecht erlassen wurde. Wenn dies stimmt, erkennt man daran erneut, wie mächtig der Kaiser in der cisleithanischen Politik noch immer war.[42]

Keine der Strategien Franz Josephs ging auf. Es trifft zwar zu, daß die Krise von 1905, im Unterschied zu Rußland, ohne Revolution abgewendet und die ungarische Führung mehr oder weniger unter Kontrolle gebracht werden konnte; wahr ist auch, daß Cisleithanien fortan über ein demokratisch gewähltes Parlament verfügte; und es stimmt, daß dieses Parlament zunächst mit weniger nationalistischem Extremismus zu kämpfen hatte, weil die zwei größten Verlierer der Wahl die Jungtschechen und die radikalen Deutschnationalen und die größten Gewinner die Katholiken, die Christlichsozialen und die internationalistischen Sozialdemokraten waren.[43] Doch mit 30 im Reichsrat vertretenen Parteien waren die Chancen einer konzentrierten Zusammenarbeit nie groß. Es gab zwar eine kurze Periode, in der die Regierung tatsächlich arbeitete, in der Beck mit einem parlamentarisch zustande gekommenen Kabinett regierte und zum Beispiel in der Lage war, 1907 mit den Ungarn einen relativ günstigen wirtschaftlichen Ausgleich zu schließen, der nur ein paar kleine konstitutionelle Spitzfindigkeiten kostete;[44] doch als sich die neuen national orientierten Massenparteien für schamlose nationalistische Demagogie ebenso anfällig erwiesen wie die älteren, kehrten auch die alten Verhaltensweisen des Reichsrats wieder. Böhmen blieb weiterhin ein nationaler Kampfplatz, den Karel Kramář, der Führer der Jungtschechen, weiter anheizte, als er im Juli 1908 einen neoslawischen Kongreß in Prag veranstaltete. In der Zwischenzeit brach der Kampf zwischen den Polen und den Ruthenen in Galizien erneut aus. Die bosnische Krise (siehe unten) spitzte den Konflikt weiter zu und gipfelte schließlich darin, daß Beck im November 1908 zurücktrat.[45]

Sein Nachfolger, Baron Richard von Bienerth, ein weiterer Beamter, gab zwar sein Bestes, um die nationalen Auseinandersetzungen unter Kontrolle zu halten, die nun überall in Cisleithanien ausbrachen, doch führte die tschechische Obstruktion dazu, daß der Artikel 14 zum ersten Mal nach sechs Jahren wieder angewendet wurde. Bei den Wahlen des Jahres 1911 feierten die deutschen ›Liberalen‹ und die deutschen ›Nationalen‹, nun im deutschen Nationalverband zusammengefaßt (in dem die jüdischen Liberalen ausgeschlossen und antisemitische Deutschnationalisten aufgenommen worden waren), wieder Erfolge, und die Christlichsozialen sowie der Polenklub verloren an Kabinettsposten. Obwohl die Sozialisten Gewinne machten, waren auch sie entlang nationaler Linien gespalten, was sich unter anderem in der separaten tschechischen Fraktion niederschlug, die 1910 ihre Unabhängigkeit erklärte.[46] Das demokratisch gewählte Parlament war durch den Nationalismus gespaltener denn je.

Auf Bienerths Kabinett folgte ein weiteres Kabinett Gautsch, und im November 1911 – Böhmen lag neuerlich im Aufruhr – wurde Karl Graf Stürgkh Ministerpräsident. Vor dem Hintergrund einer immer bedrohlicheren internationalen Situation gelang es Stürgkh 1912, das Wehrgesetz durchzubringen. Obwohl sich dies als zu spät erweisen sollte (siehe unten), war dies angesichts der Fraktioniertheit des Parlaments ein Erfolg. Die nationalen Konflikte wurden jedoch schlimmer, was nicht nur das Parlament, sondern auch viele Landtage, allen voran den böhmischen Landtag, lahmlegte. Der nicht allzu subtile Stürgkh löste 1913 mit Franz Josephs Wissen den böhmischen Landtag auf und setzte in einer Art Staatstreich, der die Rückkehr zum Absolutismus brachte, eine kaiserliche Kommission ein, die das Land fortan regierte. Als die tschechische Obstruktion daraufhin den Reichsrat im März 1914 zum Stillstand brachte, vertagte ihn Stürgkh. 1914, im Jahr der Kriegserklärung, wurde Cisleithanien mehr oder weniger so regiert, wie es im ersten Jahrzehnt der Regenschaft Franz Josephs der Fall gewesen war: als bürokratische Diktatur.[47]

In Ungarn funktionierte das politische System kaum besser, wenn auch mit einer definitiv ungarischen Ausrichtung. Nach einer Pause, in der der wirtschaftliche Ausgleich verhandelt wurde, brachen die alten Konflikte zwischen dem König und der Opposition wieder auf, die nun die Regierungskoalition bildete. Auf Wekerles Rücktritt im April 1909 folgte im Jänner 1910 nach einer neuerlichen Krise ein weiteres Kabinett Khuen-Héderváry.[48] Bei den Wahlen 1910 zog die Regierung, nun repräsentiert durch eine liberale Partei, die von István Tisza aufgestellt wurde und »Arbeitspartei« hieß, alle Register. Das Ergebnis war, wie in den Tagen seines Vaters, ein Sieg, der durch den Fleiß und den Scharfsinn von Regierungsbeamten zustandegekommen war. Khuen blieb zwar Ministerpräsident, doch Tisza hatte die Macht in diesem Land. Das bevorzugte politische Mittel des neuen Khuen-Kabinetts war die Zusammenarbeit mit dem Monarchen auf der einen Seite und eine von Chauvinismus geprägte Innenpolitik auf der anderen. Dennoch fiel Khuen über das Wehrgesetz des Jahres 1912, in dem eine erhebliche Vergrößerung der habsburgischen Armee vorgesehen war. Unter dem neuen Kabinett Lukács trat Tisza in seiner neuen Funktion als Präsident des Abgeordnetenhauses aus dem Schatten, entschlossen, dem Durcheinander und der Unabhängigkeit des ungarischen Parlaments ein Ende zu setzen.

Der Obstruktion durch die Oppositionsparteien begegnete er, indem er neue, restriktive, parlamentarische Verfahrensweisen einführte. Aufgrund seines harten Umgangs mit dem Parlament und der großen Unterstützung seiner Partei konnte Tisza das Wehrgesetz 1912 durchbringen.[49] An einem Punkt, als die Anhänger Kossuths im Parlament Unruhe stifteten, ließ sie Tisza sogar mit Polizeigewalt entfernen. Am 23. Mai 1912, dem ›blutigen Donnerstag‹, schickte er zudem die Armee, um die Demonstranten und die protestierenden Abgeordneten vor dem Parlamentsgebäude auseinanderzutreiben.[50] Tisza war nun der eigentliche Diktator Ungarns, der das Land mit den Mitteln des ›parlamentarischen Absolutismus‹ regierte. Er blieb jedoch – wie in der cisleithanischen Version des ›bürokratischen Absolutismus‹ – von Franz Joseph abhängig. Am letzten Tag des Jahres 1912 präsentierte er dem Parlament ein Wahlrechtsreformgesetz, das zuvor von Franz Joseph bewilligt worden war und kaum etwas dazu beitrug, daß das Wahlrecht erweitert wurde. Der Pakt zwischen dem Monarchen und dem Ministerpräsidenten sollte bis 1914 und darüber hinaus halten. Solange Tisza die Stimmen und die Gelder des Parlaments bereitstellte, würde Franz Joseph, der ›abwesende Gutsherr‹, die magyarische Hegemonie nicht in Frage stellen, deren Sicherung Tiszas Lebenswerk geworden war.

Bis 1914 war die cisleithanische Regierung zu einer Art Absolutismus zurückgekehrt, da sich jedes Mittel zur Linderung der nationalen Konflikte und Spannungen als ungeeignet erwiesen hatte. Dem parlamentarischen Absolutismus in Ungarn, der von einer kleinen nationalistischen Clique und dem Monarchen getragen wurde, brachten 1914 immer größere Teile der vom Wahlrecht ausgeschlossenen und unterdrückten nationalen Minderheiten und viele Angehörige der Unterschichten Widerstand entgegen. Der Unterschied in den beiden Reichshälften der Doppelmonarchie war somit grundlegend, und obwohl Franz Joseph im Amt blieb, funktionierte der Staat immer schlechter, vor allem die Armee und die Außenpolitik, die seine Hauptinteressen blieben. Zwar hatte das allgemeine männliche Wahlrecht dem Regierungssystem einen frischen Anstrich verliehen, doch funktionierte es weiterhin schlecht und verlangte nach einem radikalen Wandel, den der nunmehr 84jährige Kaiser jedoch nicht mehr zu bewerkstelligen vermochte.

Bismarck soll zu Wilhelm I. von Preußen inmitten der konstitutionellen Krise der frühen 1860er Jahre gesagt haben, daß »die Situation ernst ist, aber nicht hoffnungslos«. Karl Kraus, der führende Wiener Satiriker und Störenfried der Jahrhundertwende, soll die österreichische Situation 1914 als »hoffnungslos (...), aber nicht ernst« beschrieben haben. Was wir bisher über die Politik Österreich-Ungarns erfahren haben, ergibt in der Tat ein verzweifeltes, wenn nicht sogar hoffnungsloses Bild.

Und dennoch können wir uns fragen, wie ernst das politische Chaos und das nationale Geplänkel wirklich waren. Letztlich war die österreichisch-ungarische Monarchie bei weitem nicht das einzige System, das tiefe Erschütterungen hinnehmen hatte müssen. Frankreich hatte die Dreyfus-Affäre überlebt, Deutschland soeben die Zabern-Affäre, und auch dieses Land befand sich, vielen Einschätzungen zufolge, in einem Zustand sozialer Unruhe. Rußland war bereits 1905 in die Revolution gekippt und blieb bis 1914 ähnlich unregierbar. Sogar Großbritannien, mit seinem gerühmten Parlamentarismus, hatte gerade eine tiefe, konstitutionelle Krise, die Macht des Oberhauses betreffend, überwunden und erlebte fortwährende Probleme mit Irland. Richtig ist, daß Großbritannien und Frankreich bis 1914 viel von ihrer Instabilität überwinden hatten können, doch warum hätte nicht auch Österreich-Ungarn die Krise überstehen sollen? War es nicht gerade dabei, als aufgrund unglücklicher Zusammenhänge der Erste Weltkrieg ausbrach?!

Diese Frage dominiert viele Bücher der jüngeren Zeit über die Habsburgermonarchie und ihre ›Überlebensfähigkeit‹. Bücher wie jenes von Alan Sked streichen die vielen positiven Aspekte der Monarchie bis 1914 heraus, trotz der politischen Probleme. Die Wirtschaft habe sich gut entwickelt, trotz oder gerade wegen der politischen Gaunereien in Wien und Budapest. (Die niedrigen Militärausgaben ließen mehr Geld für politisch motivierte, aber nicht notwendigerweise unproduktive Investitionen über.) Zwar sei diese Wirtschaft ursprünglich den meisten entwickelten, westeuropäischen Ländern unterlegen gewesen, doch sei sie bis 1914 schneller gewachsen als etwa die britische Wirtschaft, und viele andere Länder wären sogar eingeholt worden. Zudem hätte die Zollunion der beiden Reichshälften auch in die eher rückständige östliche und südliche Peripherie Wohlstand gebracht, was zu einem höheren Grad an ökonomischer Integration geführt habe, als dies damals etwa in den Vereinigten Staaten der Fall gewesen sei.[51] Die industriell entwickelten Teile Böhmens und die Gegend um Wien hätten sogar die industrialisierten Regionen im Westen konkurrenzieren können, und das allgemeine Wohlstandsniveau sei jenem der südlich und östlich der Monarchie gelegenen Länder deutlich überlegen gewesen. In ökonomischer Hinsicht sei die habsburgische Monarchie ein Erfolg gewesen.

Vor allem sei die Monarchie aber ein Schauplatz einer kulturellen Blütezeit gewesen, die derzeit in Westeuropa und Amerika mit Enthusiasmus entdeckt werde: das Fin de siècle. Eine Gesellschaft, die Sigmund Freud, Gustav Mahler, Otto Wagner, Adolf Loos, Georg Lukács, Karl Mannheim, Franz Kafka und Ludwig Wittgenstein hervorbrachte, könne nicht ohne Vorzüge gewesen sein. Es stimme schon, daß viel von der kulturellen Brillanz gegen die Gesellschaft gerichtet worden sei, aus der sie entsprang, ja daß sie sie sogar vernichtend kritisierte. Es stimme auch, daß eine große Zahl an führenden kulturellen und intellektuellen Persönlichkeiten einem jüdisch-emanzipatorischen Milieu entstammten, dem eine eigene intellektuelle Dynamik innewohnte; weiters sei viel von der Kreativität dieser Zeit durch die antisemitische Atmosphäre angestachelt worden, die in Wien, Prag oder Budapest um 1900 vorhanden war. Wie auch immer würden diese Beispiele jedoch beweisen, daß es auch positive Aspekte an den politischen und sozialen Problemen der Monarchie gab, wann immer es zu kulturellen Produktionen kam.[52]

Paradoxerweise trug der Nationalitätenkonflikt viel zu dem relativ hohen Niveau an intellektueller und kultureller Produktivität in der Doppelmonarchie bei, denn die zwei Hauptforen für den nationalen Widerstreit waren Erziehung und Kultur. Es waren die Universitäten und Schulen, die zu den wichtigsten Trägern der politischen Auseinandersetzung zählten. Obwohl das Hauptziel nationale Überhöhung war, bestand ein Nebeneffekt darin, daß das kulturelle Niveau insgesamt anstieg. Die Verbreitung des tschechischen Nationalismus zeitigte besonders spektakuläre Auswirkungen; die Bevölkerung wurde gebildet, und die Intelligentsia blühte auf.[53]

Der Staat selbst spielte in diesem nationalen Wettkampf um die kulturelle Vorherrschaft eine wichtige Rolle. Im Fall Cisleithaniens versuchte man, die Nationalitäten mit großzügigen Erziehungs- und Kulturbudgets – mit Augenmerk auf nationale Gleichheit – zu besänftigen. In Ungarn wurden große Summen verteilt, um die nationale (magyarische) Kultur zu fördern. Die Magyarisierung führte zum absurden Ergebnis, daß in den Unterricht der ungarischen Sprache in der mehrheitlich nicht-magyarischen Peripherie wesentlich mehr investiert wurde, als im nahezu rein magyarischen Zentrum; sehr zum Nachteil der magyarischen Bauernschaft.[54]

Vor allem aber gewährleisteten die Obrigkeiten den Rechtsstaat. In Cisleithanien und Ungarn kennzeichneten die Politik häufige politische Störungen, die gelegentliche Ausrufung des Notstands oder der Gesetzesmißbrauch durch die ungarischen Autoritäten im Umgang mit ihren nationalen Minderheiten. Doch überall garantierte die Obrigkeit den grundsätzlichen Frieden. Während die gesetzlichen Rechte des Individuums im ungarischen Rechtssystem niemals völlig anerkannt wurden oder es nie zur völligen Trennung von Rechtsprechung und Verwaltung kam, funktionierte das cisleithanische Gerichtssystem mehr oder weniger gut.[55] Offiziell gab es in Cisleithanien die gänzliche Trennung von Verwaltung und Rechtsprechung sowie eine richterliche Kontrolle, auch wenn diese (bis 1926) statuarisch ungeregelt blieb und die Beamten dazu tendierten, viele Entscheidungen des Reichsgerichts oder des Verwaltungsgerichtshofs zu mißachten.[56] Der Anschein von Legalität bestand jedoch. Wenn auch von Nostalgie getragen, ist Stefan Zweigs Beschreibung jener Zeit als »Zeitalter der Sicherheit« angesichts der späteren Ereignisse durchaus nachvollziehbar.[57]

Die Obrigkeiten in Cisleithanien boten zudem den nationalen Minderheiten Schutz, und sie sicherten auch die gleichen Rechte der Bürger hinsichtlich Erziehung, Kultur und Sprache. Die Akten der zwei Höchstgerichte beweisen ihre ernsthaften Anstrengungen, die Garantien der nationalen Gleichheit zu überwachen, wie sie im Staatsgrundgesetz von 1867 festgelegt waren, auch wenn die Resultate kaum jemanden zufriedenstellten.[58]

Die Anstrengungen der Beamtenkabinette, den nationalen Kompromiß in die Tat umzusetzen, trugen mitunter auch Früchte. 1905 wurden in Mähren die nationalen Rivalitäten zwischen Deutschen und Tschechen, 1910 in der Bukowina zwischen Ruthenen, Rumänen, Deutschen, Juden, Polen und Ungarn dadurch beigelegt, daß das politische System in nationale Kurien unterteilt wurde. Ein weiterer nationaler »Ausgleich« wurde bis zum Jahre 1914 in Galizien zwischen Polen und Ruthenen ausgearbeitet, obwohl er niemals in Kraft trat. Weder Mähren noch die Bukowina waren jedoch zentrale Schauplätze des Nationalitätenkonflikts, und all diese ›Vereinbarungen‹ waren Ad hoc-Lösungen für regionale Nationalitätenkonflikte. Daß überhaupt Vereinbarungen getroffen werden konnten, war jedoch eine gewisse Ermutigung und beweist zumindest das Interesse der Obrigkeiten, den nationalen Aufruhr zu beruhigen.[59]

Im Lichte derartiger Entwicklungen behauptet Crankshaw, daß 1914 »außerhalb Ungarns die Dinge gut vorangingen«, eine Sicht, die vielleicht überraschend auch von Jászi geteilt wird.[60] Sogar für die ungarische Reichshälfte könne man eine Verbesserung des politischen Klimas konstatieren. Und in bezug auf die große Krise in Kroatien, der 1912 die Aufkündigung der Verfassung vorangegangen war, könne man anführen, daß es im Frühjahr 1914 zu einer Vereinbarung zwischen den Ungarn und der serbo-kroatischen Opposition kam.[61] Man könne somit behaupten, wie es Sked auch tut, daß das Nationalitätenproblem »am Vorabend des Krieges von 1914« im Schwinden begriffen war.[62]

Genauso gut könnte man anführen, daß es – ungeachtet der großen Unzufriedenheit der nationalen Gruppen in der Doppelmonarchie – vor 1914, ja sogar bis unmittelbar vor Ende des Krieges kaum Konzepte und Problemlösungen für »die Zeit danach« gab, die jenseits des politischen Systems der Habsburgermonarchie angesiedelt waren. Obwohl Sked die nationalen Konflikte dieser Zeit aufzeigt, betont er, daß keiner davon so groß gewesen sei, daß er die Monarchie gesprengt hätte: Die Magyaren hätten wohl alle anderen ungarischen Minderheiten unterdrückt, doch wäre die magyarische Hegemonie durch die Minderheiten nicht bedroht gewesen. In Cisleithanien hätte relative Gleichheit geherrscht. Die Italiener wären gut behandelt worden, ebenso die Polen. Die Tschechen wären zwar unzufrieden gewesen, doch hätte sich ihr Widerstand nicht gegen das politische System der Monarchie an sich gerichtet. Sogar Kramář, dessen Neoslawismus an Rußland orientiert war, hätte nach Franz Ferdinands Ermordung gesagt, daß die Tschechen die Doppelmonarchie in keinerlei Richtung verlassen würden.[63] All dies veranlaßt Sked daher zu behaupten, daß der Nationalismus keine Bedrohung für die Integrität der Monarchie gewesen sei.[64]

Das Problem an diesen und anderen ›rosigen‹ Szenarien für die Habsburgermonarchie des Jahres 1914 ist, daß die riesigen Schwächen hinter den offensichtlichen Stärken ausgeblendet werden. Ebenso übersehen wird der Unterschied zwischen öffentlichen Verlautbarungen und privaten Meinungen. Was Kramář 1914 wirklich über das tschechische Problem dachte, kann aus einem öffentlichen Statement kaum herausgelesen werden. Im Gegenteil: Es gibt Hinweise, daß sein weitaus gemäßigteres Gegenüber, Thomáš Masaryk, bereits 1910 meinte, daß die Monarchie dem Untergang geweiht sei, zumindest soll er dies zu seinem Freund Henry Wickham Steed gesagt haben.[65]

Wie Solomon Wank betont, war es für die nationalen Führer angesichts der internationalen Situation und der Bereitschaft der kaiserlichen Obrigkeiten, militärische Gewalt anzuwenden, vor 1914 völlig unrealistisch, nach Lösungen unabhängig von der Monarchie zu suchen. Die langfristigen Ziele vieler Nationalisten liefen jedoch sehr wohl auf Lösungen ohne Kaiser und Kaiserreich hinaus. Die Tschechen hatten großes Interesse daran, internationale Anerkennung als Nation zu erreichen und nicht weiter unter österreichischer Schirmherrschaft zu stehen. Daher trat bei den Olympischen Spielen 1908 auch ein tschechisches Team als »böhmische« Mannschaft und mit einer eigenen rot-weißen Flagge an.[66]

Andere Nationen im Reich hatten ebenso klare, langfristige Pläne, die unabhängig von der Monarchie waren. Die polnische Führung machte nie ein Hehl aus der Tatsache, daß ihr langfristiges Ziel ein unabhängiger, polnischer Nationalstaat war. Die Ungarn waren 1914 erklärtermaßen unzufrieden mit ihrem Status; die pro-russische Stimmung unter den Ruthenen hatte bis 1914 beträchtlich zugenommen; der Irridentismus unter den österreichischen Italienern verursachte außenpolitische Probleme (so wie dies auch mit den siebenbürgischen Rumänen der Fall war); in den südslawischen Ländern wurden die Kroaten und die Serben, wie wir noch sehen werden, so schlecht behandelt, daß sie sich zusammenschlossen und Forderungen nach einer trialistischen Revision der Monarchie aufstellten; manche schielten sogar auf das triumphierende Serbien als Kristallisationsort für ihren nationalen Stolz. Es stimmt: Keines dieser Probleme war für sich genommen ein Anlaß für den Krieg und den Zusammenbruch der Monarchie, doch zusammen ergeben sie kein rosiges Szenario. Auch wenn so manche Probleme verringert werden hätte können, wären nur halbe Lösungen möglich gewesen, und es gab außerdem keinerlei Garantie, daß sie nicht wieder aufflammen hätten können. 1914 waren die nationalen und konstitutionellen Konflikte des letzten Jahrzehnts sehr, sehr deutlich spürbar.

1907 hatte Franz Conrad Graf Hötzendorf, der Generalstabschef, erklärt, daß die Österreicher an der Zweiten Haager Konferenz über Abrüstung nicht teilzunehmen brauchten, da sich die habsburgische Macht in einem Zustand permanenter Abrüstung befände.[67] Dies hat etwas für sich. Bis 1912 waren die habsburgischen Obrigkeiten ständig mit den Konflikten der österreichisch-ungarischen Politik befaßt. Dies führte unter anderem aufgrund der problematischen Ausgleichsverhandlungen zur Einfrierung des Militärbudgets, während die anderen Großmächte ihre bewaffneten Kräfte ständig verstärkten und modernisierten. 1912 wurde die bedrohte Situation der Monarchie so offensichtlich, daß das ungarische und das cisleithanische Parlament beschlossen, das stehende Heer um 22 Prozent zu vergrößern (von 405.120 auf 494.120 Mann). Doch selbst zu diesem Zeitpunkt war der Kriegsminister, General Moritz Auffenberg, nicht in der Lage, die notwendigen Budgeterhöhungen zu erreichen, um die Ausgaben der Armee für die wiederholten Mobilisierungen der Jahre 1912 und 1913 zu bedecken. Die Nachtragszahlungen sollten in Raten ausgezahlt werden, wobei die zweite Rate bis 1914 aufgeschoben wurde. Daß keiner der beiden Staaten eines anderen Armee finanzieren wollte bewirkte, daß Österreich-Ungarn 1914 bei Rekruten und Gerät noch immer weit hinter den anderen Großmächten lag.[68]

Aus all dem könnte man schließen, daß die nationalen beziehungsweise konstitutionellen Konflikte in der Monarchie für ihren Zusammenbruch nicht unmittelbar ausschlaggebend waren, sondern vielmehr deren eigentliche Daseinsberechtigung – eine ausreichend große Armee erhalten zu können, um für die europäischen Großmächte ein echter Konkurrent zu bleiben – unterminierten. Die Nationalitätenkonflikte, könnte man weiter behaupten, seien daher die Hauptkräfte gewesen, die den Untergang der Monarchie herbeigeführt hätten, weil die Monarchie, verglichen mit dem Rest der europäischen Großmächte, nicht mehr konkurrenzfähig gewesen sei. Das erste Opfer dieser Entwicklung sei als die Verkörperung des dynastischen Prinzips Franz Joseph gewesen. So lautet zumindest die beliebteste Deutung der Rolle des Kaisers in seinen letzten Jahren: der alte Mann – verfolgt vom bösen Schicksal und verraten von den feindlichen Nationalitäten – als das letzte, noch verbliebene Bindeglied eines Reiches, das auseinanderzufallen drohte, sobald er das Kommando abgab, der jedoch wie ein edler Soldat die Stellung hielt. Derartige Ansichten scheinen auch zu Franz Josephs Zeiten weit verbreitet gewesen zu sein (und sie wurden von Zeit zu Zeit auch vom

Kaiser selbst vertreten),[69] und sie sollten sich noch lange halten. Franz Joseph, so meint(e) man, mag gesellschaftlichen Veränderungen ablehnend gegenübergestanden sein, doch er sei immer noch besser gewesen, als Franz Ferdinand oder die Krise, die nach dem Zerfall des Reiches kam (kommen werde) und die Österreich-Ungarn zur Beute des Pan-Germanismus oder des Pan-Slawismus oder welcher Bedrohung auch immer machte (machen werde).

Das Problem an diesem freundlichen Bild des alten Kaisers als der letzten, noch verbliebenen Hoffnung der Vernunft in einem Meer von nationalistischer Feindschaft besteht darin, daß Franz Joseph selbst soviel dazu beigetragen hat, daß dieser jämmerliche Zustand des Staates eingetreten war. Franz Joseph war weder ein Opfer noch ein Teil der Lösung, sondern eine der Hauptursachen der Probleme. Die Tatsache, daß die Doppelmonarchie auf Franz Josephs persönliches Überleben angewiesen war, war eine fatale Konsequenz aus seinem Versagen als Dynast, ganz zu schweigen von seiner Funktion als Oberhaupt des Staates. Ein erfolgreicher Dynast oder ein kluger Staatsmann hätte ein arbeitsfähiges Regierungssystem hinterlassen, das unabhängig von der Persönlichkeit des Nachfolgers funktioniert hätte. Genau dies versäumte Franz Joseph jedoch zu tun.

Über Jahre hielt der Kaiser Franz Ferdinand von jeder verantwortlichen Position fern, und als sich der Erbe ab 1906 durchzusetzen begann, gestand ihm Franz Joseph nur widerwillig Kompetenzen zu. Wirkliche Macht erlangte Franz Ferdinand nie. Franz Joseph dachte auch niemals daran, mehr Macht an die Vertretungskörper und die Regierungen seiner Monarchie und seiner Königtümer abzutreten. Wenn daher Crankshaw meint, Franz Joseph »glich viel eher einem Präsidenten als einem Autokraten, und er wußte das auch« und wenn er weiter spekuliert, Franz Joseph hätte sich – wäre er ein bißchen jünger und gesünder gewesen – in einen konstitutionellen Monarchen verwandelt, so ist dies weit hergeholt.[70] Franz Joseph sah sich immer als Kaiser von Gottes Gnaden an und sein Reich als seinen Besitz. Diese autoritäre Art zu denken und die hierarchische, imperiale Struktur seiner Herrschaft waren die Wurzeln vieler Probleme der Monarchie.

1914 dominierte die Politik in beiden Reichshälften eine Staatsbürokratie, in der die Macht von oben kam. Ungarn verfügte über eine eigene nationale Bürokratie, die dem Parlament verantwortlich war, und über Reste einer lokalen Komitatsautonomie. Diese Bürokratie entstammte weitgehend der Ära Bach, und Tiszas ›parlamentarischer Absolutismus‹ gewährte ihr weitreichende Befugnisse. Was die Komitate anbelangt, war es jedoch aufgrund des magyarischen Zentralismus und der Modernisierung der Infrastruktur im Zentrum zu einer erheblichen Verminderung der lokalen Unabhängigkeit gekommen, die in der Krise von 1905 und 1906 in aller Dramatik zum Ausdruck kam.[71] In Cisleithanien war die alte, kaiserliche Bürokratie nie verschwunden. Der Ausgleich 1867 hatte zwar die Reichweite der

Bürokratie beschränkt (sie nämlich von Ungarn ausgeschlossen), jedoch keine Strukturveränderung bewirkt.[72] Die liberale Ära war zwar eine Ära der tiefgehenden Reform gewesen, doch wurde die Bürokratie in dieser Zeit nur teilweise reformiert, und sie blieb im Prinzip ein Funktionsträger des Obrigkeitsstaates.

Viele Beobachter äußerten sich in der unmittelbaren Vorkriegszeit sehr kritisch über das anmaßende Verhalten der Obrigkeiten in Cisleithanien. Besonders scharf war die Kritik Henry Wickham Steeds, der das österreichische Beamtentum dem britischen *civil service* gegenüberstellte. In Großbritannien, so Steed, sei der *civil service* da, um dem Volk zu dienen; im Unterschied dazu meine die Bürokratie und auch die Bevölkerung in Cisleithanien, daß das Volk für den Staat da sei und nicht umgekehrt: »Das Volk (...) ist da, um regiert zu werden.«[73] Steed war auch entsetzt über die Arbeitsweisen der habsburgischen Beamtenschaft und die Prozeduren, die jedes Dokument durchlaufen mußte: Es werde, so Steed, »präsentiert, exhibiert, indiziert, prioriert, konzipiert, revidiert, approbiert, mundiert, kollationiert, expediert und registriert«.[74] Der Vatikan sei weitaus schneller.

Für uns in unserem bürokratischen Zeitalter mag dies keine Besonderheit des habsburgischen Staates gewesen sein. Dennoch scheint Cisleithanien besonders »bürokratisch« und ineffizient verwaltet worden zu sein. Dies sei, so Waltraud Heindl, der Staat gewesen, in dem Kafka aufwuchs. Und obwohl die kaiserlich-habsburgische Bürokratie seriöser und effizienter als jene der Staaten im Süden und Osten der Monarchie arbeitete, scheint sie um die Jahrhundertwende in jenen verknöcherten Zustand der Korruption und der Ineffizienz zurückgefallen zu sein, dem die Reformen der liberalen Ära vorübergehend ein Ende gesetzt hatten.[75] Dies war übrigens ein weiterer negativer Effekt des Zusammenbruchs der repräsentativen Regierung, denn der implizite Widerwillen gegen Reformen, der großen, bürokratischen Organisationen eigen ist, war relativ unüberwindlich, wenn diese Organisation einem schlecht funktionierenden Parlament verantwortlich war und wenn der höchste Beamte, Franz Joseph, viel zu alt war, um einen radikalen Wandel auch nur zu wünschen, geschweige denn herbeizuführen.

So beschreibt Steed denn auch eine Beamtenschaft, die außerhalb der Kontrolle des Kaisers amtshandelte. »Justament nicht!« Diese Formulierung erschien Steed am geeignetsten, um die staatspolitische Einstellung der Beamten und den kollektiven Widerstand der Beamtenschaft, auch nur irgendetwas zu verändern, das gegen ihre Interessen gerichtet war, zu verdeutlichen.[76] Für Steed war die Bürokratie bis 1914 zum Hauptproblem der habsburgischen Monarchie geworden, die ein Drittel der öffentlichen Einkünfte verschlang und drohte, eine »Klasse von privilegierten Drohnen und gebildeten Fürsorgeempfängern« zu werden.[77] Zweifellos drückt sich in Steeds Meinung auch die englisch-liberale Kritik an der Entwicklung moderner, technokratischer und bürokratischer Staaten aus. Doch war die

Expansion der habsburgischen Staatsbürokratie in den Jahrzehnten vor 1914 tatsächlich außergewöhnlich. Gab es 1870 80.000 Beamte, so beschäftigten die habsburgischen Zentralstellen 1910 bereits 400.000 Beamte.[78] In Ungarn betrug die Zahl der Staatsbeamten 1870 etwas über 23.000; 1902 waren es bereits annähernd 100.000; 1918 bereits etwas unter 230.000 – eine Verzehnfachung in einem halben Jahrhundert![79] Steeds Anprangerung des »Bürokratismus« der Monarchie wird durch solche Zahlen erhärtet.[80]

Die bürokratisch-hierarchische Struktur des franzisko-josephinischen Reiches ist immer wieder für die negativen Aspekte der politischen Kultur dieser Länder verantwortlich gemacht worden. Steed vermißte, wie so viele seiner britischen Zeitgenossen, in der Habsburgermonarchie das Verständnis für die Freiheit des Individuums, das in der britischen und amerikanischen Kultur so wichtig war. Daß es fehlte, sah er als wichtigen Grund für die politische Unreife der Bevölkerung an, die stets danach trachte, so Steed, von der Regierung Schutz und Hilfe zu bekommen.[81] Auf der anderen Seite bedeutete die autoritäre Hierarchie, daß es wenig Vertrauen oder Loyalität zwischen der Regierung und den Regierten gab. Sogar Regierungs- und Verwaltungsinstitutionen auf lokaler und auf Länderebene konnten nicht viel Vertrauen gewinnen, da das restriktive Kurienwahlrecht sicherstellte, daß der Großteil der Bevölkerung wenig bis nichts dazu zu sagen hatte, wie er regiert wurde.[82] Unter solchen Umständen blühte die Loyalität gegenüber der Nation als Gegengewicht zum entfremdeten und aufgezwungenen Staatsapparat geradezu auf.

Wie Jászi meint, zogen der Mangel an bürgerlichem Selbstverständnis und an kompetenter Selbstverwaltung auf lokaler Ebene sowie die Beibehaltung, wenn nicht sogar Erweiterung der Macht der kaiserlichen Obrigkeiten nach sich, daß jede praktische Erfahrung für transnationale Zusammenarbeit auf lokalem Niveau fehlte. So wie das Versagen der parlamentarischen Regierung in Wien und ihr Ersatz durch den ›bürokratischen Absolutismus‹ transnationale Kooperationen auf der Ebene von Staaten verhinderte, so stellte die bürokratische Struktur der meisten Lokalverwaltungen sicher, daß keine Kooperation auf lokaler Ebene zustande kam. Während sich die Beamten für ein Bindeglied des Reiches hielten, stellten sie vielmehr sicher, daß die Völker des Reiches ihre Probleme niemals selbst lösen konnten.[83]

Wenn Franz Josephs habsburgischer Staat aufgrund seines bürokratisch-hierarchischen Paternalismus die Zusammenarbeit der Nationalitäten indirekt hintertrieb, so wurde auch er durch den Nationalitätenkonflikt schwer beeinträchtigt. Eines der vielen Probleme war externer Natur. Auf der Ebene der Gemeinden führten die Modernisierung, die Ausweitung der Verwaltungskompetenzen (die etwa auch das nationalisierte Eisenbahnwesen umfaßten) und die administrative Spezialisierung in weiten Teilen der Monarchie zu einer Machtkonzentration, die einen effektiven Machtwechsel von den autonomen städtischen Gremien zu den Repräsentanten des Zentralstaates, dem so mächtigen Bezirkshauptmann und (von ihm ausgehend) zu den zentralen Dienststellen, der ultimativen Quelle für die notwendigen Ressourcen, Macht und Sachkenntnis, bedeutete.[84] Zu diesem Trend in Richtung ›administrativer Zentralismus‹ gab es einen Gegentrend, der besonderes in den größeren Städten und auf der Ebene der Kronländer sichtbar wurde, nämlich das Entstehen von proto-nationalen Bürokratien.

Da die autonomen Verwaltungen in den großen Städten (besonders in Wien und Prag) und vor allem die verschiedenen Landesausschüsse, die parallel zur zentralisierten Staatsbürokratie existierten, von der ›zweigleisigen‹ Natur der österreichischen Verwaltung und dem konstitutionellen Raum, der für die lokale Autonomie durch die Liberalen in den 1860er Jahren geschaffen wurde, profitierten, kam es hier in den letzten Jahrzehnten der Monarchie zu einer erheblichen Kompetenz- und Personalerweiterung. Die bürokratischen Systeme, die dabei entstanden, entwickelten sich allmählich zur Konkurrenz für die habsburgischen Obrigkeiten.[85] Hier fanden Angriffe auf die kaiserliche Politik im allgemeinen immer wieder eine Basis, etwa im Fall der Übernahme Wiens und Niederösterreichs durch Karl Luegers Christlichsoziale.[86] Oder sie wurden wie etwa in Böhmen, wo die Verwaltung bis zum Jahr 1914 beinahe zur Gänze mit Tschechen besetzt war, zum Vehikel für nationalistische Politik. Während die »k.u.k.« Beamten gegenüber der Monarchie bis zum Ende besonders loyal blieben, orientierten sich die autonomen Verwaltungen in den Ländern, sobald die ersten Zeichen des Zerbrechens der Monarchie auftraten, rasch an lokalen Bündnispartnern.[87]

Ein anderes Problem war interner Natur. Eine Form des nationalen ›Kuhhandels‹, die sich unter Taaffes »Eisernem Ring« entwickelt hatte, war von Anbeginn an auch eine besonders wichtige Machtbasis der Habsburgermonarchie: die Vergabe von Posten in der Bürokratie. Wenn die einheitliche habsburgische Beamtenschaft ursprünglich durch die national differenzierte Beamtenstruktur auf lokaler Ebene ausgeglichen wurde, so führte die Zentralisierung der Macht in Cisleithanien dazu, daß es in den Debatten um nationale Rechte, die den Reichsrat Jahrzehnt für Jahrzehnt lahmlegten, oft nur mehr darum ging, welche Nationalität welche Posten in der Landes- oder Zentralregierung bekam. Unter Taaffe, und noch stärker unter Koerber, wurden sogar Posten in den Wiener Ministerien gegen politische Vorteile gehandelt, sodaß das, was einst eine einheitlich deutschsprachige Zentralverwaltung gewesen war, immer mehr ein vielsprachiges Abbild der politischen Landkarte wurde. Wie beim berühmten trojanischen Pferd entwickelten sich innerhalb der kaiserlichen Beamtenschaft nationale Bürokratien – sehr zum Schrecken der alten, über-nationalen *und* deutschsprachigen Beamtenkaste.[88] Dadurch bekam die kaiserliche Bürokratie eine besondere Struktur: Meist standen Deutsche an der Spitze, während die unteren Ränge von den verschiedenen Nationalitäten, besonders den Tschechen, besetzt waren. Zwar prägte die alte deutsche Beamtenschaft noch immer die höheren Ränge der Bürokratie, doch entglitt ihr langsam die Macht, sogar in der Zentralverwaltung. 1914 sprach beinahe ein Viertel der Staatsbeamten in Wien eine andere Sprache als Deutsch.[89]

Dies hatte Steed zufolge paradoxe Konsequenzen. Ursprünglich, so Steed, hätte Franz Joseph zur Zeit des »Eisernen Ringes« die Absicht gehabt, »den deutschen Einfluß in Österreich zu neutralisieren, indem er die Macht der Tschechen und der anderen Slawen verstärkte und ihnen schrittweise Universitäten, Hochschulen und andere Bildungsmöglichkeiten gab, um sie im *civil service* zu beschäftigen zu können. Daß diese Zugeständnisse den Geist des Nationalismus ins Zentrum der Verwaltung tragen und die vergleichsweise homogene habsburgische Bürokratie für tschechische, polnische und andere slawische Beamte öffnen würde, deren Hingabe an die eigene Nation sich eines Tages als stärker erweisen sollte, als ihre Hingabe an den habsburgischen Staat, erkannte Franz Joseph nicht.« Steed sah in Franz Josephs Anwort auf die konstitutionelle Herausforderung der Deutschliberalen des Jahres 1879 daher den Anfang vom Ende der gleichförmigen, habsburgischen Beamtenschaft und in weiterer Folge auch des habsburgischen Staates.[90]

Die schleichende Invasion der Nationalitäten und die Aufsplittung der habsburgischen Zentralbürokratie hätten verhindert werden können, wenn die Habsburgermonarchie zumindest dort, wo es ein Nationalitätenproblem gab, nach föderalistischen Prinzipien reformiert worden wäre oder andere Prinzipien zur Anwendung gekommen wären, die das Nationalitätenproblem behandelt hätten. Dazu gab es viele Vorschläge. Einer der berühmtesten stammt von dem Austromarxisten Karl Renner. Es ist seine Idee der Personalautonomie. Nationale Identität wäre so zu einer Frage der persönlichen Wahl und Nationalismus vorrangig zu einer Frage von Kultur und nicht von Politik geworden.[91] Eine Umstrukturierung des Reiches nach förderalistischen Prinzipien wäre wahrscheinlich, trotz einer Reihe von Abgrenzungsproblemen, für eine Aussöhnung der Nationalitäten und den Fortbestand der Habsburgermonarchie der beste Weg gewesen. Föderalistische Dezentralisierungen von Großreichen zeitigen sehr unterschiedliche Konsequenzen, und es ist angesichts der Dramatik der nationalen Rivalitäten fraglich, ob der Föderalismus funktioniert hätte. Vorstellbar ist es jedenfalls.

Wie Jászi, infolge von Fischhof, herausstrich, wäre eine progressive, föderale Monarchie mit einer prosperierenden Wirtschaft und einer relativ effizienten, gesetzestreuen Bürokratie, in der jede Nation das Gefühl haben konnte, daß ihre Rechte verteidigt werden, ein beinahe unwiderstehlicher Anziehungspunkt für die unterschiedlichen auf dem Balkan entstehenden Staaten gewesen – so wie es die europäische Union für die gegenwärtigen zentral- und osteuropäischen Staaten ist.[92] Das hätte die Monarchie nicht nur

›lebensfähig‹, sondern zu einer ›europäischen Notwendigkeit‹, ja einer wirklichen Großmacht auf der europäischen Bühne gemacht.

Eine derartige Spekulation ist jedoch müßig, denn sie ignoriert die Fakten. Der Föderalismus beziehungsweise der Trialismus waren aufgrund des Vetorechts der ungarischen Führerschaft im Dualismus nicht durchsetzbar. Der Föderalismus in Cisleithanien hätte Ungarns Gleichwertigkeit in der Monarchie herausgefordert. Der Trialismus, bei dem die südslawischen Länder beider Teile der Monarchie und Bosnien-Herzegowina hinzugekommen wären, hätte einen dritten gleichwertigen Partner zu Cisleithanien und Ungarn geschaffen. Dies kam für die Ungarn nicht in Frage, denn dies hätte die Integrität des Landes der Krone zu St. Stephan (die Kroatien-Slawien einschloß) angegriffen. Angesichts der Verachtung der österreichischen Deutschen für den Föderalismus war die deutsch-magyarische Phalanx dagegen – beziehungsweise gegen den Trialismus – unüberwindlich. Bedenkt man den Druck seitens Berlin gegen jedwede Schwächung der Deutschen oder der Ungarn beziehungsweise gegen jedwede Stärkung der slawischen Position in der Monarchie, wird klar, daß jeder Versuch, die Macht im habsburger Staat zu dezentralisieren und zu ›deimperalisieren‹, zum Untergang verurteilt war.

Hätte es jedoch einen Herrscher mit einem ausgeprägten Willen und ausreichendem politischen Fingerspitzengefühl gegeben, wäre der Föderalismus auch keine außergewöhnlichere Maßnahme gewesen als das allgemeine männliche Wahlrecht. Vielleicht hätte es auch genützt, sich an die anderen Nationalitäten in der Habsburgermonarchie zu wenden. Doch Franz Joseph wollte all dies nicht. Als Antwort auf einen Vorschlag, das Kaiserreich grundlegend zu reformieren, soll der gealterte Kaiser gesagt haben: »En théorie, en théorie, peutêtre; mais, en pratique, il faut avoir été Empereur soixante ans.«[93] Zum Teil hatte er recht damit. Im letzten Jahrzehnt seiner Regenschaft hatte niemand sonst mehr Wissen oder mehr Gespür für die Geschäfte der Monarchie als der Kaiser selbst. Das erlaubte ihm, manche Dinge sehr klar zu sehen. 1904 gestand er Margutti: »Die Monarchie ist keine künstliche Kreation, sondern ein organischer Körper. Sie ist ein Fluchtplatz, ein Asyl für all die fragmentierten Nationen, die über Zentraleuropa verstreut sind, die, wenn man sie allein ließe eine bedauernswerte Existenz führten und zu einem Spielball der mächtigeren Nachbarn werden würden.«[94] Franz Joseph hatte also doch etwas gelernt in den letzten 60er Jahren.

Das Problem bestand jedoch darin, daß er auch die Vorurteile aus der Zeit vor 60 Jahren in sich trug. Er vertrat eine Sicht auf die Monarchie und das Reich, die zur Mitte des 19. Jahrhunderts bereits unangemessen war, ganz zu schweigen vom frühen 20. Jahrhundert. Franz Joseph sah die Monarchie als Heim für die kleineren Nationen Zentraleuropas an und meinte daher, diese müßten ihm dankbar sein, daß sie seinem Reich angehören durften, und glücklich darüber, von der Dynastie regiert zu werden. Der Kaiser und

König war sich wahrscheinlich der Rolle seiner Monarchie als multinationaler Staat bewußt, doch zog er es vor, die Ressourcen seines Reiches zu benutzen, um das Prestige und die Macht der Dynastie zu behaupten. Für ihn konnte die Habsburgermonarchie nie zur »großen Schweiz« werden; sie blieb seine Hausmacht, zuerst und zuletzt.

Es ist schwierig, jenen Biographen zu widersprechen, die Franz Josephs besondere Schwäche herausstrichen, das Nationalitätenproblem als ein Machtspiel und nicht als ein Problem behandelt zu haben. Innerhalb des kaiserlich-dynastischen Systems wurde die Nationalitätenfrage zu einem machiavellistischen Machtkampf voll an Intrigen und Verrat. Steed formulierte dies so: »Ein österreichisches Volk mußte niemals verzweifelt sein, solange es Mittel finden konnte, um die Regierung zu ängstigen. Nur die Machtlosen beziehungsweise jene, für die der Staat ›keine Verwendung‹ hatte, wurden jedoch in ihrer hoffnungslosen Situation allein gelassen.«[95] Doch dieser barocke Hobbesianismus war ungeeignet, langfristige und funktionierende Lösungen hervorzubringen.

Die nationale Frage war angesichts der nationalen Zusammensetzung der Monarchie unumgänglich. Doch, wie Jászi argumentiert, wäre sie vielleicht lösbar gewesen, wenn die im Spiel befindlichen Kräfte produktiv tätig geworden wären (z.B. in einem föderalistischen Modell): »Das wirklich Böse, das die intellektuellen und moralischen Kräfte der Monarchie erschütterte war der Umstand, daß dieser eigentlich natürliche Prozeß ungerichtet war, und die wachsenden nationalen Kräfte nicht kanalisiert wurden durch irgendeine Form von staatsmännischer Konzeption, sei es in der Innenpolitik oder in der Außenpolitik. Mit Ausnahme von Kremsier und dem Experiment von Hohenwart wurde das Nationalitätenproblem niemals als das fundamentalste Problem Österreichs behandelt, sondern nur als eine Frage von Taktik. Die politische Hauptaufgabe bestand niemals darin, wie man aus einem zerfallenden feudalen Schloß ein komfortables modernes Haus bilden könnte für all die Völker Österreichs, sondern immer darin, wie dieser unhygienische Slum weiterhin mit Hilfe von künstlichen und billigen Umbauten vermietet werden konnte.«[96] Wenn Jászi recht hat, so war ein Hauptverantwortlicher für die Unfähigkeit der Monarchie, *der* Fluchtpunkt der Nationen Zentraleuropas zu werden, jener Mann, der sie über ein halbes Jahrhundert für seine dynastischen Zwecke mißbrauchte. Wenn die Habsburgermonarchie ein Flickwerk war, so trägt Franz Joseph für vieles davon die Verantwortung.

1914 war es schon etwas spät, um die Verhältnisse in der Monarchie positiv zu verändern, und die wahrscheinlichste Alternative zur Franz Joseph war nicht allzu verheißend: Franz Ferdinand, Franz Josephs Neffe und Erbe, wurde von der Bevölkerung mehr gefürchtet als geliebt. Im Gegensatz dazu bezeichneten ihn einige Historiker trotz seines Militarismus und seines reaktionären Konservativismus als eine Hoffnung für den Frieden, der die

Reform innerhalb der Monarchie möglicherweise bewerkstelligen hätte können. Wir wissen nicht, was passiert wäre, wenn er den Thron bestiegen hätte und ob seine Koketterie mit einer radikalen Reform – einer gewissen Art von föderativem Absolutismus – angesichts der ungarischen Opposition jemals Wirklichkeit werden hätte können. Außerdem ist unklar, ob dies die Chancen für ein Überleben der Monarchie erhöht hätte; umgekehrt hätte ein Erfolg Franz Ferdinands zu einer weiteren Beschneidung der politischen Freiheit in der Monarchie führen können.[97]

Seit 1906 hatte Franz Ferdinand in der Regierung einiges zu sagen, und manche aus seinem Belvederezirkel dominierten die höheren Ränge der Regierung, unter ihnen Aehrenthal, Conrad von Hötzendorf und Beck. Doch die Beziehungen zwischen dem Belvedere und Schönbrunn waren niemals warmherzig, vor allem aufgrund von Franz Ferdinands Hochzeit mit Sophie Chotek, einer einfachen Adeligen, die aus diesem Grund für die Rolle einer Kaiserin nicht in Frage kam. Franz Joseph erlaubte die morganatische Ehe erst, nachdem Franz Ferdinand auf alle Thronrechte für seine aus dieser Ehe stammenden Kinder verzichtet hatte. Franz Ferdinands Sympathie für einen ›radikalen‹ Konservativismus war nichts, womit der betagte, auf Traditionen setzende Kaiser sehr viel anfangen hätte können. Aus diesem Grund hielt der Kaiser seinen Erben von der Macht fern; als Mitglieder des Belvederezirkels in die Regierung kamen, wurden sie Männer des Kaisers, indem sie seinem und nicht dem Kommando von Franz Ferdinand unterstellt wurden. Beck, ursprünglich ein Mitglied des Belvederezirkels, sollte letztlich eine so sehr von Franz Ferdinands Ansichten abweichende Politik verfolgen, daß dieser sogar zu seinem Sturz als Ministerpräsident beitrug.[98]

1914 war Franz Joseph fast nur mehr eine Kraft der Beharrung. Seine Isolation von der Gesellschaft, die allein schon durch das Hofleben und die Regierungsstruktur zustande kam, nahm mit der Gebrechlichkeit des Alters nur noch zu. 1913 meinte der österreichisch-deutsche Schriftsteller, Joseph Baernreither: »Ein Wall von Vorurteilen schließt den Kaiser von allen freien politischen Persönlichkeiten ab. Nicht nur jeder atmosphärische, sondern auch jeder frische politische Luftzug wird durch den oberhofmeisterlichen, hausmilitärischen und medizinischen Ring, der den Monarchen umgibt, von ihm ferngehalten. Das mit Macht durchflutende Leben unserer Zeit dringt kaum wie ein fernes Rauschen an das Ohr unseres Kaisers. Jede wirkliche Teilnahme an diesem Leben ist ihm versperrt, er versteht die Zeit nicht mehr, und die Zeit geht über ihn hinweg.«[99] Zu einer Zeit, als eine Reform weit dringender war als je zuvor, war der regierende Monarch zu isoliert, zu alt und zu müde, um sie in Angriff zu nehmen. Margutti berichtet, daß er die Worte »Trialismus« oder »Föderalismus« in seiner Gegenwart auszusprechen verbot.[100] Franz Joseph wußte von sich selbst, daß er ein ›Anachronismus‹ war. Als er 1910 Theodore Roosevelt traf, beschrieb er sich selbst als »letzter europäischer Monarch der alten Schule«.[101]

Erinnern wir uns an Franz Josephs Ausspruch aus dem Jahr 1912: »Ich will keinen Krieg, ich habe immer nur Unglück mit Kriegen gehabt, wir werden siegen und Provinzen verlieren.« Dies kann als Ausdruck eines bewundernswerten Engagements für den Frieden gewertet werden. Derartige Sätze sind jedoch auch Aussagen eines altmodischen, kaiserlichen Dynasten, der sich über den Verlust von Ländern mehr sorgt, als über den von Menschen. Zudem scheint Franz Joseph noch nicht verstanden zu haben, daß der Verlust von Ländern nicht das Schlimmste war, das ihm passieren konnte. Ein weitaus größeres Problem für seine Monarchie – die nur scheinbar von einer repräsentativen Regierung und unter dem Signum nationaler Gleichheit regiert wurde – war der Zugewinn von Ländern mit südslawischer Bevölkerung. Als Bosnien-Herzegowina 1878 okkupiert wurde, hatte dies zu großen Konflikten geführt und war seither ein wiederkehrendes Problem in den Ausgleichsverhandlungen geblieben. Es ist daher mehr als ein Zufall, daß die südslawische Frage und die Ereignisse in Bosnien zu jenem Krieg führten, der die Doppelmonarchie zerstören sollte.

Mit einem Fuß im Grab

Kronprinz Rudolf hatte seinen Vater 1888 anonym davor gewarnt, auf dem Balkan zu expandieren: »Sie haben einen Fuß nach dem Balkan gesetzt, das ist mit einem Fuße in's Grab gestiegen, das Ihnen ihr angeblich bester Freund aushöhlt.«[102] Die österreichische Außenpolitik nach 1897 sollte Rudolfs Warnung bestätigen. Auch ein anderer anonymer Autor des Jahres 1880 schilderte zur Zeit der Krise mit Bosnien-Herzegowina anschaulich das Dilemma von Kaiser und Monarchie: Nach dem Verlust seiner Großmachtposition hätten sich die Machthaber Österreich-Ungarns entscheiden müssen: Rückzug aus ›Großmachtmanövern‹ und Konzentration auf den finanziellen und wirtschaftlichen Wiederaufbau der Monarchie oder Kampf um das habsburgische Prestige und die Wiedergewinnung des Großmachtstatus unter Hintanstellung des Wiederaufbaus.[103] Franz Joseph, der Herrscher, traf keine der beiden Entscheidungen. Er vertrat eine Form von Pazifismus, die vom Budgetspielraum und den internen politischen Zwängen bestimmt war, und kämpfte gleichzeitig darum, Habsburgs Position als Großmacht aufrechtzuerhalten. Die Weigerung, sich zwischen dem Wiederaufbau der Monarchie und der Wiedererlangung der internationalen Macht zu entscheiden, hatte dramatische politische Konsequenzen, als ein Problem auftauchte, das sich weder der Innenpolitik noch der Außenpolitik eindeutig zuordnen ließ: die südslawische Frage.

Es war, wie Rudolf vorausgesagt hatte, auf dem Balkan, wo Franz Joseph auch den zweiten Fuß ins Grab setzte. In den letzten Jahren wurde immer wieder die These formuliert, daß die Habsburgermonarchie überleben hätte können, wenn sie nur mit den Problemen innerhalb der Monarchie befaßt gewesen wäre. Man könnte auch umgekehrt behaupten, daß Österreich-Ungarn eine ›europäische Notwendigkeit‹ geblieben wäre, wenn seine Außenpolitik nicht von innenpolitischen Problemen überlagert worden wäre.[104] Die Außenpolitik und die Innenpolitik der Monarchie getrennt zu denken, heißt jedoch, den habsburgischen Staat und seinen Herrscher völlig mißzuverstehen. Wie Samuel Williamson pointiert formuliert, war die Monarchie ein spezieller Fall, denn »die Außenpolitik war die eigentliche raison d'être der Doppelmonarchie«.[105] Alan Sked, der zu denken scheint, daß die Monarchie 1914 ›lebensfähig‹ war, meint wiederum, daß die Verknüpfung von Außenpolitik und Innenpolitik – verkörpert in Franz Joseph – den Untergang der Doppelmonarchie erst herbeigeführt habe. Franz Joseph hätte nicht zulassen können, daß Ruf und Ehre der Monarchie durch die Serben beleidigt wurden. Dies habe Österreich veranlaßt, Serbien im Juli 1914 den Krieg zu erklären.[106]

In gewisser Weise spiegelte die Ursache für den Ersten Weltkrieg auf tragische Weise die habsburgischen Probleme mit Lombardo-Venetien und Piemont in den 1850er Jahren. Aufgrund ihres Status als ›europäische Notwendigkeit‹ und als zentraleuropäische ›Zufluchtstätte‹ mußte sich die Monarchie außenpolitisch profilieren. Zum anderen waren Außenpolitik und Innenpolitik aufgrund der Rolle der Südslawen im dualistischen System und der Rolle der Monarchie auf dem Balkan unentwirrbar miteinander verbunden. Was sie auf so fatale Weise verband, war die irredentistische Beziehung zwischen Serbien und den Südslawen. Nicht allgemeine innenpolitische Meinungsverschiedenheiten waren das fatale Problem Österreich-Ungarns, sondern der Irrendentismus der Italiener, Ruthenen und Rumänen, vor allem aber der Südslawen.[107] Serbien war das ›Piemont des Balkans‹, und dies wirkte so nachhaltig auf die habsburgische Politik zurück, daß es zu einem Weltkrieg kam.

Trotzdem mußte es zu außergewöhnlichen Vorkommnissen kommen, bevor die habsburgischen Ängste vor den Südslawen, vor allem den Serben, zu einer Kriegserklärung führten. Die Zeitspanne zwischen 1897 und 1908 führt vor Augen, daß innenpolitische Meinungsverschiedenheiten und eine feindliche Außenpolitik nicht notwendig zusammenhängen müssen. In den Jahren, in denen die Monarchie aufgrund der nationalen und konstitutionellen Konflikte in beiden Reichshälften geschwächt war, gab es wenig oder gar keinen Anreiz für eine aggressive Außenpolitik, solange sich die andere Großmacht, die Interessen auf dem Balkan hatte, nämlich Rußland, kooperativ verhielt. Zum Glück für die Monarchie waren die Russen zu dieser Zeit darauf konzentriert, im fernen Osten zu expandieren, und daher bereit, mit den Österreichern zusammenzuarbeiten, um auf dem Balkan den Status quo zu bewahren. Eine derartige Kooperation stand auch im Mittelpunkt der Verhandlungen von Goluchowski und seinen russischen Verhandlungspartnern, die in den 1903 gefaßten Punktationen von Mürzsteg über Mazedonien zum Ausdruck kam.[108] Der Pole Goluchowski sah die Entente nämlich eher als Möglichkeit an, die habsburgische Position vor russischen Übergriffen zu schützen, denn als Basis für ein echtes Bündnis, wie dies russophile Österreicher, etwa der Botschafter in Rußland, Baron Lexa Aehrenthal, gewünscht hätten. Goluchowskis Einstellung zur Entente diente den habsburgischen Interessen, zumindest bis 1906, ausgezeichnet.[109]

Während die Annäherung an Rußland die außenpolitische Position der Monarchie auf dem Balkan stabilisierte, entwickelte sich das Problem mit den Südslawen innerhalb der Monarchie immer mehr zum Schlechteren. Das größte Problem dieser Zeit war die üble Behandlung der Kroaten durch die Ungarn. Die Kroaten gehörten traditionellerweise zu den loyalsten von Franz Josephs Untertanen. Trotz ihrer Benachteiligung durch den Ausgleich von 1867 blieben sie gegenüber den Habsburgern loyal, wenn auch nur unter dem Motto, der Feind meines Feindes ist mein Freund. Franz Joseph tat jedoch wenig dazu, um sich dieser Loyalität zu versichern. Vielmehr gab er die Kroaten den Magyaren und der Magyarisierung preis. Als sich 1903 eine Deputation aus Istrien und Dalmatien an den Monarchen wandte, um gegen die Behandlung ihrer »nationalen Brüder« in Kroatien durch die ungarischen Autoritäten zu protestieren, weigerte sich Franz Joseph, sie auch nur anzuhören.

Ganz ähnlich hatte er es 1892 abgelehnt, eine Deputation von (cisleithanischen) Rumänen zu empfangen, die gegen die ungarische Politik Einspruch erheben wollte, und er tat es aus dem gleichen Grund: Sich in ungarischen Angelegenheiten an den Kaiser zu wenden, war verboten, denn dies berührte die Verantwortung des ungarischen Königs. Franz Joseph mischte sich nie in ungarische (magyarische) Angelegenheiten ein, solange es sich um die Minderheiten der Monarchie handelte. Außerdem hatte er 1903 größere Sorgen: Angesichts der Probleme mit dem Wehrgesetz wollte er keinerlei zusätzliche Auseinandersetzung mit den Ungarn. Doch die grobe Zurückweisung der kroatischen Politiker scheint ausschlaggebend gewesen zu sein, daß sich diese anderswo um Hilfe umsahen. Redlich nennt Franz Josephs Ablehnung, die südslawische Deputation zu empfangen, seine »schwerste politische Sünde«.[110]

Die enttäuschten kroatischen Abgeordneten trafen sich daraufhin in Fiume mit dalmatinischen Abgeordneten und faßten am 2. Oktober 1905 eine Resolution ab, in der sie sich für ein Bündnis zwischen Dalmatien und Kroatien aussprachen und ankündigten, der magyarischen Opposition gegen den König ihre Unterstützung zu gewähren. Diese Unterstützungserklärung für die magyarische Opposition war ein Schock für die habsburgische Obrigkeit. Fast noch schlimmer war jedoch ein Treffen in Zara (Zadar), bei dem die serbischen Abgeordneten der gleichen Landtage zusammenkamen und am 16. Oktober eine Resolution unterzeichneten, in der sie der Resolution von Fiume ihre Unterstützung zusagten. Das kaum Vorstellbare war geschehen: Serbische und kroatische Führer hatten sich – was ist Schlimmeres denkbar? – gegen die Habsburger und mit den Ungarn verbündet. 1906 rückten Serben und Kroaten in Kroatien noch enger zusammen, als sich eine Koalition aus Mitgliedern der kroatischen Partei der Rechten und der unabhängigen serbischen Partei bildete, die im kroatischen Landtag eine Mehrheit erlangte (43 von 84 Sitzen) und sich mit der ungarischen nationalistischen Opposition gegen Franz Joseph zusammentat. Doch ein derartiges Bündnis konnte nicht lange halten, und die kroato-serbische Koalition überwarf sich bald mit den Magyaren über weitere chauvinistische Forderungen der Magyaren bei der Eisenbahntrassierung in Kroatien. Der Konflikt verunsicherte jedoch die kroatische Politik noch weiter und führte 1908 zu etwas Ähnlichem wie einer absolutistischen Herrschaft, wobei Serben und Kroaten Verbündete blieben.[111]

Zur problematischen Situation in Kroatien kam die Krise in Bosnien-Herzegowina hinzu. Verwaltet vom gemeinsamen Finanzministerium, hatte sich Bosnien-Herzegowina während der Okkupation in vielerlei Hinsicht entwickelt. Der Lebensstandard war verbessert worden (obwohl die Forderung, daß die Okkupation aus den Einkünften des Landes beglichen werden müsse, die Anstrengungen um eine Weiterentwicklung behinderte),[112] und es konnte die Ordnung aufrechterhalten werden, und mit ihr der Friede. Doch das Versäumnis einer ernsthaften Landreform (die unterblieb, um die meist moslemische, landbesitzende Klasse zufriedenzustellen) machte die Bauern (weitgehend Serben) immer unzufriedener, während die muslimische Elite weiterhin zu ihren osmanischen Herren aufblickte. Wie so oft in ähnlichen Situationen zeigte die Bevölkerung wenig Dankbarkeit für die österreichisch-ungarische Entwicklungspolitik, sondern äußerte viel Kritik an der Anwesenheit der österreichisch-ungarischen Beamten und Soldaten.[113]

Als man sich mit der Unzufriedenheit der bosnischen Serben zu beschäftigen begann, war es nicht gerade hilfreich, daß der souveräne Nationalstaat Serbien gleich jenseits der Monarchiegrenze lag. Bis 1900 hatte dies nicht viel bedeutet, denn Serbien war bis dahin entweder in einem so chaotischen Zustand gewesen, daß es kein positives Modell für die von Habsburg regierten Völker abgab oder es war ohnedies ein Klientelstaat Österreich-Ungarns gewesen. Im Jahre 1900 hatte der serbische König Alexander die österreichische Patronanz jedoch gegen die russische eingetauscht.[114] Der brutale Übergiff des Jahres 1903, als anstelle der Obrenović die Karadjordjević an die Macht kamen, zog keine militärische Antwort Franz Josephs oder Goluchowskis nach sich, denn Serbien wurde nicht mehr als Bündnispartner angesehen. Ende 1903 war unübersehbar, daß eine stark an Rußland orientierte serbische Regierung für die habsburgische Balkanpolitik zu einem großen Problem werden würde.

Eine der größten Ängste der Österreicher in ihrem einzigen noch verbliebenen Einflußgebiet, dem Balkan, war, daß anstelle des europäischen türkischen Reiches ein großer slawischer Staat kommen könnte, der zu einem russischen Satellitenstaat werden und eine große Anziehungskraft auf die südslawische Bevölkerung der Monarchie ausüben würde. Wie in der österreichischen Geschichte üblich, wurde es einem Slawen, dem Polen Goluchowski, überlassen, dieser Angst im November 1903 Ausdruck zu verleihen, als er die Unterstützung einer albanischen Enklave in Mazedonien gewährte: »Die albanische Nation bildet schließlich einen Damm gegen die slawische Flut in den Besitzungen der Hohen Pforte auf dem Balkan.«[115] Das Bündnis Serbiens mit Bulgarien hätte einen solchen Staat bedeutet; auch nur eine enge Allianz von Staaten hätte die ›abgenützte‹ Politik der Monarchie, einen südslawischen Staat gegen den anderen auszuspielen, aus dem Gleichgewicht gebracht. Als die Österreicher gegen Ende des Jahres 1905 erkannten, daß zwei südslawische Staaten (Serbien und Bulgarien) eine heimliche Zollunion geschlossen hatten, gingen im österreichisch-ungarischen Außenministerium auf dem Ballhausplatz die Alarmglocken los.[116]

Österreich hatte ein gutes, auf internationales Recht gestütztes Argument gegen Bulgarien, ein schwaches gegen Serbien vorzubringen. Doch Goluchowski entschloß sich, an Serbien Vergeltung zu üben. Er tat dies hauptsächlich aus innenpolitischen Gründen. Er ging davon aus, daß es niemals ein irredentistisches Problem mit Bulgarien geben würde, jedoch sicher eines mit Serbien, »das seit einigen Jahren fortwährend gegen die Monarchie intrigiert, indem es die serbo-kroatische Bevölkerung aufhetzt und gegen Österreich-Ungarn in Bosnien und in der Herzegowina agitiert.«[117] Er lancierte daraufhin eine Kampagne gegen die wirtschaftlichen Interessen Serbiens, indem er auf der strikten Durchsetzung der Veterinärbeschränkungen des serbischen Schweineimports beharrte. Dieser Konflikt, der durch die Debatte darüber, wo Serbien seine Waffen kaufen solle (in Böhmen oder Frankreich), und durch magyarische Landbesitzerinteressen kompliziert wurde, die sich der serbischen Konkurrenz in der Lebensmittelproduktion entledigen wollten, führte zum vier Jahre dauernden »Schweinekrieg«, der 1910 endete. Dieser Handelskrieg zog Serbien kurzfristig und die Habsburgermonarchie langfristig in Mitleidenschaft. Serbien gelang es jedoch, andere Absatzmärkte für seine Produkte zu finden, vor allen Dingen in Deutschland, Österreichs vermeintlichem Bündnispartner. So büßte die Monarchie die Macht über die serbische Wirtschaft ein, sie verlor ihr Gesicht unter den anderen Großmächten, weil sie ein so kleines Land zu vernichten suchte bzw. darin versagte, Serbien wirklich in die Knie zu zwingen, und der Haß der Serben wurde nur noch größer.[118]

Als Goluchowski 1906 durch Aehrenthal abgelöst wurde, veränderten sich zwar die Grundzüge der Politik kaum, doch befürwortete der neue Außenminister engere Kontakte mit Rußland. Außerdem war er einer jener

›Aufsteiger‹, zu denen auch Conrad von Hötzendorf und Beck zählten, die neue Ideen in die habsburgische Diplomatie brachten. Aehrenthal wollte für Österreich-Ungarn die Position einer unabhängigen Macht wiedergewinnen, nachdem sich die Monarchie über so viele Jahre passiv verhalten hatte und vom Zweibund mit Deutschland viel zu abhängig geworden war. Aehrenthals Ziel war es, wie Roy Bridge formuliert, eine »kraftvolle Außenpolitik einzuschlagen, um das Selbstbewußtsein des Patienten [der Monarchie] und seinen Lebenswillen zu stärken«. Für ihn waren »eine starke, konstruktive Außenpolitik und eine stabile, gesunde innenpolitische Situation (...) zwei Seiten derselben Medaille«. Im Februar 1907 verfaßte Aehrenthal ein Memorandum, in dem er klarmachte, wie das neue Machtgleichgewicht erreicht werden konnte. Er schlug die Annexion Bosnien-Herzegowinas vor und dessen Integration in ein neu zu bildendes südslawisches Gebiet, das aus cisleithanischen und ungarischen Ländern zusammengefügt und unter die Oberhoheit der Stephanskrone gestellt werden solle. Diese Form von Außenpolitik (die Annexion) sollte ein Resultat hervorbringen, daß den Magyaren schmeicheln und, in Form eines quasi Dreibundes, die Südslawen zufriedenstellen sollte. Die innenpolitischen Probleme wären so durch eine dynamische Außenpolitik gelöst worden.[119]

Der frühere britische Diplomat, Horace Rumbold, erkannte den innenpolitischen Nutzen von Aehrenthals Politik und befürwortete sie. In einem Bericht des Jahres 1909 machte er die permanenten nationalen Konflikte dafür verantwortlich, daß die ›Reichsidee‹ zerstört und Österreich-Ungarn als Großmacht abgewertet worden sei. Gleichzeitig zeichnete er jedoch einen Ausweg. Die Badeni-Krise und die Krise von Chlopý kommentierend, meinte er: »Mit Problemen wie diesen, denen sie immer wieder gegenübersteht, ist es nicht überraschend, daß sich die kaiserliche Regierung letztlich zu einer dezidierteren Politik auf dem Balkan entschlossen hat, in der Hoffnung, daß hiedurch in beiden Hälften der Monarchie ein – in diesem polyglotten Reich so lange schlummernder – Sinn für Solidarität und ein gemeinsames Gefühl der Ergebenheit gegenüber kaiserlichen Interessen erweckt würde, und zwar unabhängig von der Nationalität.«[120]

Die Annexion Bosnien-Herzegowinas war, wie Rumpold betont, durch innenpolitische Zwecke motiviert und somit – in Hans-Ulrich Wehlers Worten – ein klassischer Fall von »Sozial-Imperialismus«.[121] So gesehen war es tatsächlich das interne Nationalitätenproblem – und besonders das Dilemma mit den Südslawen –, das Österreich-Ungarn in die Krise des Jahres 1908, das Jahr der Annexion Bosnien-Herzegowinas, brachte, die sich, nicht nur für die Monarchie, sondern für das gesamte europäische Machtgleichgewicht als verheerend erweisen sollte.

Aehrenthals einzige Gelegenheit, eine offensivere Außenpolitik zu betreiben, bestand auf dem Balkan. 1907 entwickelte er daher Pläne, die Anfang 1908 an die Öffentlichkeit kamen, eine Eisenbahn in den mit einer habsburgischen Garnison versehenen Sandschak (das Gebiet zwischen Serbien und Montenegro) bauen zu lassen, um das habsburgische Reich mit dem osmanischen zu verbinden. Sein Plan war ein Schlag ins Gesicht der Serben und Montenegriner und zog die österreichisch-russischen Beziehungen ernsthaft in Mitleidenschaft, die aufgrund der Meinungsverschiedenheiten über Mazedonien ohnedies strapaziert waren.

Zu Beginn der politischen Auseinandersetzungen über die Umwandlung der Okkupation Bosniens in eine Annexion versuchte Rußland, die Entente mit Österreich-Ungarn wiederzubeleben und auszudehnen. Der Wunsch, Habsburgs Position in Bosnien zu festigen, Aehrenthals überzogene Selbstsicherheit in der Durchsetzung seiner Politik und die bekannten politischen Verwicklungen auf dem Balkan führten jedoch zu einer Verschärfung der Situation.[122]

Die Vorgänge rund um die Annexion Bosniens sind voll an geheimen Vereinbarungen, Doppelverhandlungen, Versuchen, jemanden in den Rücken zu fallen, Mißverständnissen und unglücklichen Zufällen, sodaß das Ergebnis für die europäische Diplomatie mehr oder weniger verheerend ausfallen mußte. Kurz zusammengefaßt, wurde aus einem Handel zwischen Aehrenthal und dem russischen Außenminister, Alexander Iswolsky, der während des Sommers 1908 ausgearbeitet und in Buchlau im September finalisiert wurde, um die Entente zu stärken und sie angesichts der jungen türkischen Revolution in Konstantinopel für beide Seiten zu nutzen, ein Schlag ins Wasser, bei dem Rußland als unversöhnlicher Feind der Monarchie zurückblieb.

Die politischen Führer der Habsburgermonarchie entschlossen sich für die Annexion Bosnien-Herzegowinas, um den militärisch motivierten Rückzug aus dem Sandschak zu kaschieren. Außerdem war Bosnien, das über drei Jahrzehnte de facto Teil der Habsburgermonarchie gewesen war, infolge der jungtürkischen Revolution als einziges Gebiet in Europa ohne Verfassung zurückgeblieben. Dies konnte nur verändert werden, wenn Franz Joseph die souveräne Macht besaß, ein solches Dokument zu erlassen: ein weiterer Grund für die Annexion. Ein dritter war die Angst, daß in Bosnien Wahlen abgehalten werden und Abgeordnete an das neue türkische Parlament entsendet werden könnten. Ein vierter Grund bestand darin, daß Franz Joseph seinen einzigen Gebietsgewinn für die Dynastie endgültig sichern wollte.

Die Annexion wurde schließlich 1908 mit dem Einverständnis Rußlands durchgeführt. Sie war Teil des Rückzugs aus dem Sandschak. Daß sich eine problematische Situation entwickelte, war zum Teil Aehrenthals Fehler. Seine Voreiligkeit, mit der er die Annexion bereits am 5. Oktober 1908 verlautbarte, ohne zuvor die anderen Großmächte konsultiert oder zumindest informiert zu haben, stieß diese ebenso vor den Kopf wie die Tatsache, daß Aehrenthal Ferdinand von Bulgarien in das Geheimnis einweihte, sodaß dieser Bulgariens Unabhängigkeit von der Türkei zwei Tage vor der Bekanntgabe der Annexion verlautbaren konnte. Die Großmächte vermuteten eine österreichisch-bulgarische Verschwörung, um die neue türkische Regierung zu kompromittieren.

Die russische Führung war nicht nur wütend über die Geschwindigkeit der Aktion Aehrenthals, über die vermutete österreich-bulgarische Verschwörung und die Zurückweisung Rußlands in der Meerengenfrage. Sie war auch verblüfft über die Empörung in der russischen Öffentlichkeit angesichts der bevorstehenden »Versklavung der slawischen Brüder in Bosnien« durch die Habsburger. Iswolsky wurde daraufhin völlig isoliert. Anstatt zurückzutreten, entschloß er sich, Aehrenthal des Verrats anzuklagen und zu behaupten, er habe in Buchlau der Annexion nicht zugestimmt und Aehrenthals gegenteilige Behauptung sei nur ein weiteres Beispiel für dessen Unehrenhaftigkeit.[123]

Die Annexion Bosniens führte zu schweren politischen Krisen diesseits und jenseits der Grenzen. Die unmittelbare Reaktion der Großmächte war einheitlich negativ. Der erste, der sich zu Wort meldete, war Wilhelm II., der Aehrenthal der »ängstlichen Dummheit« zieh.[124] Großbritannien und Frankreich stellten sich hinter Rußland, und in Italien empörte sich die Öffentlichkeit über den »habsburgischen Imperialismus«. Serbien und Montenegro fühlten sich gedemütigt und waren aufgrund der Zerstörung ihrer eigenen Ambitionen in Bosnien-Herzegowina sehr aufgebracht.

Auch auf die Innenpolitik der Monarchie, insbesondere die Regierungsbeziehungen zu den Südslawen, wirkte sich die Annexion negativ aus, besonders als die ungarische Regierung Führer der kroatisch-serbischen Koalition – unter ihnen deren Chef Franja Supilo – des Verrates anklagte. Die Gerichtsverhandlung in Zagreb und der ebenfalls 1909 abgehaltene Friedjung-Prozeß wurden für die österreichisch-slawischen Liberalen wie etwa den Tschechen Thomáš Masaryk und die slawophilen Liberalen im Westen, etwa R. W. Seton-Watson, zu einer cause célèbre, als klar wurde, daß die Anklage gegen die südslawischen Politiker auf gefälschtem Beweismaterial beruhte.[125] Die westliche Öffentlichkeit maß die Moral des österreichisch-ungarischen ›Rechtsstaates‹ an diesen beiden Gerichtsverhandlungen. Das Renommé der Monarchie war jedenfalls schwer angeschlagen.[126]

Mile Starčević, der Neffe von Ante Starčević, der frühere Führer der Rechtspartei in Kroatien, sagte angesichts der Bosnien-Krise zu Seton-Watson: »Österreich ist noch schlimmer als die Magyaren, und es hat Kroatien seit 1527, als der erste Habsburger gewählt wurde, betrogen.« Franz Joseph, fügte er hinzu, könne dies verändern, »aber er will es nicht. Er spielt die Nationalitäten einfach nur gegeneinander aus.«[127] Während der politischen Auseinandersetzungen über die Annexion Bosniens wurden die Schlachtlinien zementiert: nicht zwischen Magyaren und Kroaten in der ungarischen Reichshälfte, sondern zwischen Franz Joseph und den habsburgischen Machthabern auf der einen Seite und den »Südslawen«, beziehungsweise »Slawen«, auf der anderen.

Auch international verhärteten sich die Fronten, und die Konflikte, die bereits während der ersten marokkanischen Krise des Jahres 1906 an die Oberfläche gekommen waren, brandeten neu auf. In dieser unangenehmen, ja verzweifelten Situation, in der sich Aehrenthal im Winter 1908 befand, geschah etwas Überraschendes: Die Führung in Berlin stellte sich nach ihrem ersten anfänglichen Schock, aus Angst, ihr einziger, seriöser Bündnispartner könnte abhanden kommen, an Österreich-Ungarns Seite. Aufgrund der Unterstützung der Monarchie durch seinen deutschen Bündnispartner konnten sich die habsburgischen Machthaber gegenüber den anderen Mächten, die sich als weit weniger einig erwiesen, durchsetzen. Die Annexion wurde nicht nur anerkannt, sondern die Krise veranlaßte die Deutschen auch dazu, mit den Österreichern zum ersten Mal seit Jahren auf höchster Ebene Militärgespräche aufzunehmen. Dabei sicherte Helmut Graf Moltke Conrad von Hötzendorf am 19. März 1909 für den Fall einer russischen Mobilisierung infolge eines Angriffs auf Serbien die militärische Hilfe Deutschlands zu.[128]

Aufgrund der anfänglichen Weigerung der Montenegriner und Serben, die Annexion anzuerkennen, kam es im März 1909 zu einer diplomatischen Auseinandersetzung zwischen der Monarchie und Rußland, dem Patron Serbiens, die fast zum Krieg führte. Rußland sollte jedoch diplomatisch unterliegen und die Serbien und Montenegriner neuerlich gedemütigt werden. Aehrenthal triumphierte. Ein paar Monate später kommentierte er diese politische Auseinandersetzung als »Bilderbuchbeispiel, daß der Erfolg nur sicher ist, wenn die Stärke da ist, um ihm den Weg zu bahnen (...) Wir sind keine quantité négligeable. Wir haben den Platz, der uns unter den Großmächten zusteht, zurückerobert.«[129] Dies war, kurzfristig betrachtet, richtig. Langfristig gesehen, war diese Auseinandersetzung jedoch eher ein Bilderbuchbeispiel dafür, was passiert, wenn eine politische Macht ihre Gegner unterschätzt. Rußland, ein wichtiges Gegengewicht zu den weit machtvolleren deutschen Bündnispartnern, war für immer verloren. Da sich Rußland – neuerlich durch die Habsburger – hintergangen fühlte und gezwungen sah, seinen serbischen ›Schützling‹ fallen zu lassen, wurde es zum erklärten Feind. Die Briten, ein traditioneller Verbündeter, waren durch Aehrenthals Aktionen ebenfalls verstimmt. Aehrenthals Politik der Entschlossenheit, die Österreich-Ungarn ursprünglich unabhängiger von Deutschland machen sollte, band es noch mehr an Berlin. Die politischen Mächte auf dem Balkan wie Serbien und Montenegro, waren zwar gedemütigt, doch nicht unterworfen. Arthur May meinte darüber in Anlehnung an einen Boxkampf: »Aehrenthal hat in der bosnischen Angelegenheit zwar die Runde gewonnen, doch sollte der ganze Kampf mit einem k.o. für Österreich enden.«[130]

Die Monarchie war einfach nicht stark genug, um jene Art von Kräftespiel zu verfolgen, das ihr Aehrenthal verordnet hatte. Zwar kam die Wirtschaft gut voran, viel besser übrigens, als man einst glaubte, doch blieb sie weiterhin verwundbar. Der Exporthandel, der weitgehend auf den Balkan konzentriert und einer immer härteren Konkurrenz ausgesetzt war, besonders durch den ›Bündnispartner‹ Deutschland, stagnierte. 1906 war die Zahlungsbilanz das letzte Mal positiv. Zur wirtschaftlichen Schwäche kam ein fortwährender Liquiditätsmangel hinzu. 1907 gab es zum letzten Mal einen Budgetüberschuß (wegen des außergewöhnlich niedrigen Niveaus an Ausgaben für das Militär).[131] Die Kosten der militärischen Mobilisierung während der Krise mit Bosnien-Herzegowina in den Jahren 1908 und 1909 führten 1909 zu einem sehr großen Defizit, und im Jahre 1910 rechnete die kaiserliche Bürokratie sogar damit, daß Ausgaben nicht mehr bedeckt werden konnten.

Aehrenthal erkannte die Schwäche der österreichischen Position und zog letztlich auch die Konsequenz daraus: Er richtete seine Politik ab 1910 erneut auf die Bewahrung des Status quo aus, wie die Debatten über Albanien und Kreta in diesem Jahr zeigen. Um die österreichisch-ungarische Position zu verbessern, verfolgte er eine ausgleichende Politik gegenüber Italien und Großbritannien. Doch die Situation auf dem Balkan blieb angespannt. Innerhalb der Monarchie stellte Kroatien nach wie vor ein großes Problem dar, da ein weiterer Friedjung-Prozeß die Regierung in Verlegenheit brachte.[132] In Dalmatien war 1909 Serbokroatisch als interne Sprache des Gerichtssystems eingeführt worden. 1910 wurde der istrische Landtag aufgelöst und sollte in Friedenszeiten nie mehr zusammentreten. Zwei Jahre nach der Annexion Bosnien-Herzegowinas war das Land noch immer ein Unruheherd, mit nur zaghaften Anfängen einer konstitutionellen Regierung.[133] Das benachbarte Serbien war mit gestärkten wirtschaftlichen Kontakten aus dem »Schweinekrieg« hervorgegangen und nicht mehr länger nur eine Marionette der habsburgischen Wirtschaft.

Sogar in ihrem eigenen ›Hinterhof‹ war die österreichische Position schwach. Als die Deutschen in der zweiten marokkanischen Krise um Unterstützung baten, tat Aehrenthal wenig, um zu helfen. Seine Rechtfertigung dafür zeigt, wo die Habsburgermonarchie 1911 stand: »Aber was kann ich machen! Wir können keine Weltpolitik machen.«[134] Das war zwar ironisch gemeint, aber es offenbart dennoch den beschämenden Abstieg einer dynastischen Macht, die einst für sich in Anspruch genommen hatte, die Welt zu regieren.

Die zweite marokkanische Krise und die Annexion Bosniens veranlaßten Italien 1911, in Teilen Libyens einzumarschieren, um sich ein Stück des osmanischen Reiches zu sichern. Aehrenthal hielt, obwohl unglücklich über diesen Schritt der Italiener, an seiner Stillhaltepolitik fest. Schließlich war Italien ein offizieller Verbündeter. Conrad von Hötzendorf hingegen wollte einen Präventivkrieg gegen Italien beginnen, da Italien leicht angreifbar war. Etwa zu dieser Zeit, genauer am 15. November 1911, hatte Conrad von Hötzendorf auch eine berühmt gewordene Audienz bei Franz Joseph, der ihm bei dieser Gelegenheit klarmachte, wer die österreichische Außenpolitik verkörperte: »(...) die fortwährenden Angriffe gegen Aehrenthal, diese Nadelstiche, das verbiete ich. Diese fortwährenden Angriffe, besonders die Vorwürfe wegen Italien und dem Balkan, die sich immer wiederholen, die richten sich gegen *mich*: die Politik mache *ich*, das ist *meine* Politik. Meine Politik ist eine Politik des Friedens.«[135] Bald darauf wurde Conrad von Hötzendorf entlassen. Aehrenthals Stillhaltepolitik – die Politik des Kaisers – hatte triumphiert.

Bis zum Winter 1912 wurde Serbien zum gefürchtetsten politischen Gegner Habsburgs, weil es die habsburgischen Interessen innerhalb und außerhalb der Monarchie gefährdete. Serbien profitierte am meisten von der Demontage dessen, was von der europäischen Türkei übriggeblieben war, und der italienische Angriff auf Libyen beschleunigte seinen Machtgewinn. Als Aehrenthal im Februar 1912 starb und ihm Leopold Graf Berchtold folgte, entstand gerade die Balkanliga, der schließlich Serbien, Bulgarien, Griechenland und Montenegro angehörten.

Angesichts ihrer Schwächung durch die italienische Invasion und die albanischen Revolten bot die Türkei den Balkankleinstaaten ein zu verlockendes Ziel – daran konnten auch verhaltene russische Bemühungen, geschweige denn österreichische Proteste, nichts ändern. Am 8. Oktober brachte Montenegro das Bündnis gegen die Türken zur Geltung. Diese wurden im ersten Balkankrieg vernichtend geschlagen. Der schnelle Zusammenbruch der Türkei brachte auch die habsburgischen Entscheidungsträger aus der Fassung, die als militärische Beobachter anwesend waren, während ihre Außenpolitik vor ihren Augen demontiert wurde. Am 14. September 1912 diskutierte der Kronrat eine Intervention, doch gab es weder genügend Geld für einen Krieg, noch war die Armee in Bereitschaft; den Türken zu Hilfe zu kommen hätte außerdem die christlichen Balkanstaaten gegen die Monarchie aufgebracht, und weder Franz Joseph noch Franz Ferdinand waren für eine, auch nur gemäßigte Intervention zugunsten der Türken zu gewinnen.[136]

Der Ausgang des Krieges war furchtbar. Der Sandschak, einst die strategische Verbindung der Monarchie zur Türkei, wurde zwischen Serbien und Montenegro aufgeteilt, und der Aufstieg dieser beiden Länder drohte selbst die minimalen habsburgischen Ziele, einen unabhängigen albanischen Staat zu errichten und Serbien den Zugang zum Meer zu verwehren, zu zerstören. Am 12. Dezember 1912 wurde Conrad von Hötzendorf zum Generalstabschef wiederernannt. Die Österreicher mobilisierten ihre Truppen, um ihren diplomatischen Drohungen gegenüber Serbien, das einen Seehafen an der Adria anstrebte, Nachdruck zu verleihen. In der Folge gab Rußland wieder einmal klein bei. Es ließ Serbien und danach Montenegro fallen, nachdem die Montenegriner Skutari erobert hatten.

Im Frieden von London am 30. Mai 1913 wurden weit bessere Konditionen für die Monarchie ausgehandelt, als zunächst zu hoffen war: Es kam zur Schaffung eines unabhängigen Albanien, das Serbien den Zugang zur See abschnitt. Gleichzeitig konnte Serbien infolge des Friedensschlusses seinen Flächenanteil verdoppeln, ohne daß ein türkisches ›Gegengewicht‹ bestanden hätte. Daß Österreich seine strategischen Interessen durchkreuzt hatte, machte Serbien für die Zukunft zu einem bitteren und haßerfüllten Feind.[137]

Serbien wurde zum Schreckgespenst für die außenpolitisch Verantwortlichen in der Monarchie, und es reifte in vielen, einschließlich Franz Joseph, die Überzeugung heran, daß nur ein Krieg die Bedrohung abwenden könne, auch wenn man dabei eine Konfrontation mit Rußland riskiere.[138] Serbien war zu dieser Zeit noch immer ein armer, rückständiger Staat, weit kleiner und weniger entwickelt, als die Monarchie. Um zu verstehen, warum es zu einer derartigen Bedrohung für das habsburgische Reich werden konnte, sodaß zur Verhinderung eines Seehafens für Serbien sogar das Risiko eines Krieges gegen Rußland eingegangen wurde, muß die wechselseitige Abhängigkeit der Innenpolitik und der Außenpolitik in Rechnung gestellt werden – besonders in den Köpfen der politisch Verantwortlichen.

Die kurze Antwort auf die Frage, wieso das arme Serbien als so bedrohlich empfunden wurde, ist, daß Serbien 1913 das gefürchtetste Zentrum des südslawischen Irredentismus war: Ein serbisch geführter südslawischer Staat hätte tatsächlich das Ende der Monarchie herbeiführen können. Serbien als einen so attraktiven Anziehungspunkt für die habsburgischen Südslawen anzusehen, widersprach jedoch wichtigen Tatsachen: Innerhalb der Doppelmonarchie, inklusive Bosnien-Herzegowina, gab es über sieben Millionen Südslawen (ungefähr 1,4 Mio. Slowenen, 2,9 Mio. Kroaten, 2,1 Mio. Serben, 650.000 moslemische Slawen). Im gesamten Rest des südöstlichen Europas lebten nur etwas mehr als 3 Millionen Südslawen (exklusive der Bulgaren). Tatsächlich war die Anzahl der Serben in Serbien (ungefähr 2,6 Millionen) nicht sehr viel höher als die Anzahl der Serben in der Monarchie (2,1 Millionen). So gesehen, hätte es weit mehr Gründe dafür gegeben, die Monarchie als Anziehungspunkt für die Südslawen Serbiens und Montenegros anzusehen.[139]

Dieses Verhältnis der Bevölkerungsgruppen war die Basis für das Entstehen von Plänen zur Schaffung eines Dreibunds. Wie Aehrenthal betonte und Schriftsteller wie Josef Baernreither ausführlich darlegten, hätte es die Monarchie diplomatisch enorm gestärkt, wenn die Südslawen innerhalb der habsburgischen ›Gemeinschaft‹ ihren eigenen Staat errichten hätten können.[140] Serbien und Montenegro wären nicht zu derartigen Bedrohungen, sondern zu integralen Bestandteilen eines vergrößerten habsburgischen Reiches geworden, das den Balkan dominierte. Angesichts der jüngsten kriegerischen Erfahrungen auf dem Balkan muß man sich jedoch fragen, ob irgendeine Form von Dreibund und Föderalismus erfolgreich gewesen wäre. Solange Franz Joseph lebte, war eine derartige Umgestaltung der Monarchie ohnedies undenkbar. Serbien und Montenegro blieben daher eine Bedrohung für die Monarchie, nicht nur, weil Rußland ihr Schutzherr war, sondern auch, weil sie für die Südslawen innerhalb der Monarchie so attraktiv waren. Zum Teil beruhte die Angst der habsburgischen Eliten vor den Serben auf der Überzeugung, es mangle den Südslawen an Loyalität gegenüber der Monarchie und ihrem Kaiser. Hätte es mehr Vertrauen in die Loyalitätsgefühle der Südslawen gegeben, hätten die politisch Verantwortlichen Serbien mit Gleichmut betrachten können. Dies war jedoch nicht der Fall. Zudem scheint es Beweise gegeben zu haben, daß derartige Zweifel zumindest teilweise angebracht waren.

Ende Dezember 1911 schrieb der britische Vizekonsul in Ragusa (Dubrovnik), Lucas-Shadwell, der den habsburgischen Machthabern wohlwollend gegenüberstand, über die politische Atmosphäre in Dalmatien an das Außenministerium: »Der Großteil der Bevölkerung ist anti-dynastisch eingestellt, denn er sieht die Dynastie als anti-slawisch und als einen essentiellen Bestandteil des gegenwärtigen Regimes an. Das Gefühl dem Kaiser gegenüber ist eines der völligen Gleichgültigkeit; er wird als ein Deutscher mit deutschen Vorurteilen wahrgenommen und als viel zu weit weg und ohne Sympathie für seine slawischen Untertanen. Die dalmatinischen Slawen haben das Gefühl, daß sie wie eine untergeordnete Rasse behandelt werden und sie wissen zu gut, daß ihr Land durch die zentrale Regierung vernachlässigt worden ist. Es kann kaum erwartet werden, daß irgendein Gefühl für den Kaiser empfunden wird, der in den Augen eines Bauern, für all dies verantwortlich ist.«[141]

Aufgrund der fortbestehenden Probleme innerhalb der Monarchie, mit Kroatien, wo 1912 die Verfassung aufgehoben wurde, und mit Bosnien, wo keine handelnde Mehrheit im neuen Landtag gefunden werden konnte, wurde jedwede Zunahme an serbischer Macht in Wien als alarmierend empfunden. So gesehen, klingt es schlüssig, daß Williamson den Ausgang des zweiten Balkankrieges 1913 für das weitere dramatische Schicksal der Monarchie verantwortlich macht.

Dieser zweite Balkankrieg begann mit einem Streit zwischen Bulgarien und Serbien über die Beute des ersten Balkankrieges und wurde 1913 von den Bulgaren angezettelt. Der Krieg endete bereits im August mit der Niederschlagung der Bulgaren durch die Serben, die Griechen, die Rumänen und die Türken. Der folgende Friede von Bukarest am 10. August 1913 war das nächste Desaster für die Monarchie. Serbien ging noch größer daraus hervor und erlangte noch mehr Macht und Prestige unter den Balkanstaaten. Die Monarchie hatte sich einer Teilnahme an dem Krieg wieder einmal enthalten. Erstens hatte der rasche Zusammenbruch Bulgariens die habsburgische Führung überrascht. Zweitens ließen die Kosten der Mobilisierung der Armee und die daraus resultierende Wirtschaftsflaute – verursacht durch die frühere Skutarikrise – die politische Öffentlichkeit und die führenden Kreise Habsburgs, inklusive Franz Joseph und Franz Ferdinand, in verzweifelte Gleichgültigkeit verfallen. Die Tatsache, daß die Deutschen das antibulgarische Bündnis unterstützt hatten, verschlimmerte die Hilflosigkeit der Monarchie.[142]

Neuerlich konnte die Monarchie nur ein Minimum an Forderungen durchsetzen, und es gab abermals eine Auseinandersetzung mit den Serben über deren Okkupation von weiten Teilen Albaniens. Die habsburgischen Machthaber drohten erneut Gewalt an, diesmal weit direkter als vorher, indem sie Serbien am 17. Oktober 1913 ein Ultimatum stellten. Nun waren die Österreicher bereit, einen Krieg gegen Serbien und damit gegen Rußland zu beginnen. Sollte die habsburgische Monarchie nicht einmal Serbien niederringen können, war sie nicht mehr länger eine Großmacht, und wenn sie keine Großmacht mehr war, hatte sie ihre Daseinsberechtigung verloren.

Die Serben gaben klein bei, weil ihnen ihre russischen Förderer dazu rieten. Doch dieser Kniefall ließ den Balkan zum Pulverfaß werden. Serbien fühlte sich erneut gedemütigt, und mit Rußland verhielt es sich angesichts der schlechten Behandlung ihres ›Schützlings‹ so ähnlich. Die Habsburger schlossen aus ihrem Erfolg, daß Serbien nur Gewalt oder zumindest deren ernsthafte Androhung verstünde.[143] Zudem fühlten sich die Machtträger bei Hof und Franz Joseph in ihrem immer militanteren Umgang mit Serbien durch den Enthusiasmus Wilhelm II. über Österreichs erfolgreiche Durchsetzung gegenüber Serbien bestätigt.[144] Die einzige Figur in den führenden Kreisen Habsburgs, die für eine gemäßigtere Politik stand, war Franz Ferdinand.[145]

Zu Beginn des Jahres 1914 waren die Beziehungen der Monarchie zu ihren Nachbarn auf dem Balkan so belastet, daß die habsburgischen Machtträger immer mehr verzweifelten. Zwar konnte das Verhältnis zu dem erniedrigten Bulgarien wieder freundlicher gestaltet werden, doch peilten die beiden Hauptgewinner der Balkankriege, Serbien und Rumänien – beides Zentren des Irredentismus – die Verbreitung dieses Irredentismus innerhalb der Monarchie als ihr nächstes Ziel an. Serbiens Behandlung durch die Habsburger und seine enormen Prestigegewinne in weiten Teilen des habsburgischen Südslawentums ließen Pašić, den serbischen Ministerpräsidenten, den nächsten Schlag vorbereiten, noch dazu, da er mittlerweile das russische Versprechen hatte, das nächste Mal gegenüber etwaigen habsburgischen Einschüchterungsversuchen nicht klein beigeben zu müssen. Rumänien war ein heimlicher Verbündeter der Monarchie. Doch seine, das Selbstbewußtsein stärkenden Siege im zweiten Balkankrieg und die andauernde schlechte Behandlung Siebenbürgens veranlaßten die rumänische Führung dazu, sich nicht mehr an Österreich-Ungarn um Hilfe zu wenden, sondern es zum Ziel von Gebietsgewinnen zu machen.[146]

In der Zwischenzeit beuteten die Ententemächte die Schwäche der Monarchie auf dem Balkan aus, und Rußland verstärkte seine bewaffneten Kräfte mit französischem Kapital. Umgekehrt waren auch die österreichischen Beziehungen zu den Mitgliedern des Dreibunds nicht gerade gut. Italien war unglücklich über die habsburgischen Aktionen in Albanien, und Deutschland verfolgte, nachdem es sich scheinbar auf dem Balkan auf Franz Josephs Seite geschlagen hatte, eine Politik, die – zur Erbitterung des Ballhausplatzes – den habsburgischen Interessen zuwiderlief. Es geschah 1914, daß Berchtold infolge einer Diskussion mit Franz Ferdinand in Konopischt das Matscheko-Memorandum aufsetzte, um die Deutschen zu einer ›vernünftigeren‹ Haltung zu bringen.

In seinem ursprünglichen Entwurf war dieses Memorandum eine Zusammenfassung der armseligen diplomatischen Situation, in der sich die Monarchie befand, und eine Argumentationshilfe für eine diplomatische Offensive. Es verlieh dem russischen Standpunkt Nachdruck, betonte die Probleme mit Rumänien und beschrieb die große Bedrohung, die von einem neuen Balkanbündnis unter der Schirmherrschaft der Entente und einer Vereinigung von Montenegro mit Serbien ausgehen würde, wodurch Serbien der Zugang zum Meer gewährt und es so groß gemacht würde, daß eine solche Union zu einem gefährlichen ›Stolperdraht‹ werden könnte. In dieser Fassung war das Memorandum ein diplomatischer Aufruf, um die beschriebenen Eventualitäten zu verhindern (Eventualitäten, die schwärzer skizziert wurden, um die Deutschen zu einem kooperativeren Verhalten zu bringen). Doch die folgenden Ereignisse veränderten alles.

Noch bevor das Memorandum abgesandt werden konnte, erreichte Wien die Nachricht, daß der Thronerbe, Franz Ferdinand, und seine Frau am 28. Juni 1914 in Sarajewo, der Hauptstadt Bosnien-Herzegowinas, von einem bosnisch-serbischen Studenten, Gavrilo Princip, ermordet worden waren. Ein Südslawe, Serbe und Untertan des Kaisers hatte den habsburgischen Erben in der Hauptstadt des einzigen Gebietsgewinnes der Dynastie während der Regierungszeit Franz Josephs ermordet.

Aufgrund der vorangegangenen Erfahrungen, ihrer Angst vor Serbien und den Südslawen, aus Sorge um den Status und des Prestige der Habsburgermonarchie reagierten die führenden Kreise Habsburgs äußerst alarmiert. Diesmal erschien ihnen die bloße Androhung von Gewalt als zu wenig. Zwar sollte noch ein Monat vergehen, bevor Franz Joseph seinen zweiten Fuß ins Grab setzte, doch deutete alles darauf hin, daß ein gewaltvoller Zusammenstoß bevorstand.

Zwei Jahre zuvor, im Juni 1912, hatte Theodor von Sosnosky das Attentat auf den Ban von Kroatien »einen frühen Blitzschlag aus den schweren Gewitterwolken, die sich bedrohlich über dem südöstlichen Teil der Monarchie auftürmen«[147] bezeichnet. 1914 symbolisierten die Schüsse Gavrilo Princips das »Donnergrollen des Himmels«. Der ›Friedenskaiser‹ war dabei, einen Weltkrieg zu entfachen.

Tod und Verklärung

Der Weg in den Krieg

»Entsetzlich! Der Allmächtige läßt sich nicht herausfordern! (...) Eine höhere Gewalt hat wieder jene Ordnung hergestellt, die ich leider nicht zu erhalten vermochte (...)«[1] Das waren angeblich die ersten Worte Franz Josephs, als er von der Ermordung Franz Ferdinands und dessen Frau erfuhr. Sollte Franz Joseph dies tatsächlich gesagt haben, bedeutet es, daß er die Ermordung seines Erben als Vergeltung Gottes für die Mißachtung der dynastischen Pflichten Franz Ferdinands – dieser heiratete eine einfache Adelige – ansah. Margutti meinte daher, »(...) daß es nur eine Aufregung, kein Schmerz für Franz Joseph« gewesen sei.[2] Von einem sofortigen Vergeltungsschlag war keine Rede.

Schon bald veranlaßte jedoch der Mord und die sich bietende Gelegenheit, die serbische Bedrohung ein für allemal zu ›regeln‹, den gleichen Monarchen dazu, Serbien den Krieg zu erklären. Zweifellos waren am 28. Juli 1914 viele Kräfte daran beteiligt, daß die Kriegserklärung zustande kam, doch der Mann, der sie letztlich unterschrieb, war Franz Joseph.[3] Er traf damit zum letzten Mal eine folgenschwere politische Entscheidung. Graf Paar, der Adjutant des Kaisers, reagierte mit Entsetzen, als sein Herr die Kriegserklärung unterzeichnete: »Mit 84 Jahren unterschreibt man kein Kriegsmanifest.«[4] Warum Franz Joseph seine Unterschrift unter das Dokument setzte, ist eine bis heute viel diskutierte Frage.

Der Vorsehung hatte Franz Josephs erster Gedanke nach der Ermordung des Thronfolgers gegolten. Danach verfiel der Kaiser in tiefe Verzweiflung.[5] Als ihn Berchtold am 30. Juni in Bad Ischl traf, wollte er »über die Zukunft der habsburgischen Herrschaft beruhigt werden«. Franz Joseph war so aufgeregt, daß er Berchtold die Hand reichte und ihn aufforderte, sich zu ihm zu setzen – eine außergewöhnliche Ehre, auch gegenüber einem so hohen Aristokraten.[6] Berchtold selbst war nach der Ermordung Franz Ferdinands, der ein enger Freund von ihm gewesen war, überzeugt, daß eine scharfe Reaktion, einschließlich eines militärischen Einschreitens, unumgänglich war. Alles andere käme einem »Verzicht auf unsere Großmachtposition«[7] gleich.

Berchtolds Rat und sich bewahrheitende Vermutungen, daß Teile der serbischen Regierung in die Ermordung involviert waren, veranlaßten Franz Joseph bereits am 2. Juli dazu, Wilhelm II. einen Brief zu schreiben, in dem er die Deutschen für den Fall einer militärischen Aktion gegen Serbien und folglich gegen Rußland um Hilfe bat.[8] Es ist jedoch unklar, wie dezidiert Franz Joseph selbst die Idee eines Krieges verfolgte und welche Art von Krieg er im Sinn hatte.

Es gibt Berichte, die großteils von seinem Adjutanten Margutti stammen, daß Franz Joseph einem Krieg eher ablehnend gegenüberstand und eher von den politischen Ereignissen, seinen für ein hartes Vorgehen plädierenden Beratern und den deutschen Verbündeten zur Kriegserklärung genötigt worden sei. Zu Weihnachten 1913 soll er etwa, Berichten zufolge, ganz andere Pläne zu Serbien geäußert und Graf Paar gegenüber sogar eingestanden haben, daß es klüger gewesen wäre, auf Ferdinand von Bulgarien zu hören und Serbien einen Adriahafen zuzugestehen, um es zufriedenzustellen und die Handelsmacht der Magyaren auf dem Balkan zu brechen.[9] Noch während der Julikrise, meint Margutti, hätten die Berater des Kaisers das Ultimatum gegenüber Serbien als bloßen diplomatischen Coup angesehen, und Franz Joseph sei sehr betroffen gewesen, als er sich dessen bewußt wurde, wie unannehmbar die serbische Antwort auf das Ultimatum war. Er zitiert den Kaiser mit den Worten: »Nun, der Abbruch der diplomatischen Beziehungen bedeutet noch immer nicht den Konflikt.« In Marguttis Augen wurde ein friedliebender Kaiser von den Umständen und seinen Beratern in den Krieg getrieben.[10]

Daß es großen Druck gab, einen Krieg zu beginnen, ist unbestreitbar. Berchtold war, wie gesagt, für eine sofortige Aktion, und dies, obwohl er früher unter den eher gemäßigten Beratern des Kaisers gewesen war. Weit angriffslustigster war der Generalstabschef, Conrad von Hötzendorf, der seit Jahren für einen Präventivkrieg plädiert hatte – entweder gegen Italien oder gegen Serbien. Für ihn war es keine Frage, daß Österreich in den Krieg ziehen sollte; für ihn stand nur zur Debatte, wann: »1909 wäre der Krieg ein Spiel mit offenen Karten gewesen, 1913 ein Spiel mit einer gewissen Aussicht, aber 1914 bedeutete er ein Vabanquespiel. Doch es gab keine Alternative.«[11] In den Augen Conrad von Hötzendorfs erzwang der Mord keine Vergeltung, sondern bot vielmehr eine gute Gelegenheit für eine längst fällige Kriegserklärung.

Dies scheint auch die Ansicht von Berchtolds angriffslustigem Kabinettchef auf dem Ballhausplatz, Alexander Graf Hoyos, gewesen zu sein, der am 5. Juli mit einem neu geschriebenen und verbesserten Matscheko-Memorandum nach Berlin reiste, um die Unterstützung der Deutschen zu erlangen. Diese Unterstützung und der berühmte »Blankoscheck« wurden ihm zugesichert, weil die Deutschen damit ihre geopolitischen Ambitionen zu realisieren hofften – so die Meinung der Historiker. Auch sie suchten nach einer Gelegenheit für einen Präventivschlag, bevor die ›Umzingelungsstrategie‹ der Entente Deutschland – wie die deutsche Führung befürchtete – von seinem angestammten Platz als Weltmacht vertreiben konnte.[12]

Die historischen Details der Kriegserklärung des Juli 1914 sind außerordentlich komplex. Kurz skizziert, scheinen sich die österreichisch-ungarischen Militärs ausschließlich auf den Balkan konzentriert zu haben – das hieß Krieg gegen Serbien und möglicherweise gegen Rußland; die deutschen

Alliierten richteten ihre Ambition jedoch aus geopolitischen Gründen auf einen Weltkrieg. Als es die Monarchie Deutschland überließ, Rußland zur Mobilisierung zu zwingen, verlor es »die Kontrolle über die Ereignisse – bis zu einem erheblichen Ausmaß sogar über sein eigenes Schicksal«.[13] Bereits im Juli 1914 waren die Österreicher Deutschlands Handlanger, wenn auch willige Handlanger, geworden.

Angesichts der zahlreichen angriffslustigen Berater und der enthusiastischen Kriegsbefürwortung der deutschen Alliierten waren nur wenige in der Monarchie bereit, dieser Entwicklung Einhalt zu gebieten. Den Vertreter der gemäßigten Linie, Franz Ferdinand, gab es nicht mehr. Dies machte einen der größten Feinde des ermordeten Erben, István Tisza, zum führenden beziehungsweise einzigen Gegner der Kriegserklärung im Kronrat vom 7. Juli.[14] Tisza war von der Sinnhaftigkeit eines Krieges alles andere als überzeugt. Als Magyar fürchtete er die Niederlage, doch auch der Sieg erschien ihm problematisch, denn er hätte die dynastische Macht gestärkt, mehr Serben in die Monarchie gebracht und mehr Druck in Richtung des verhaßten Trialismus erzeugt. Aber auch Tisza schloß sich am 14. Juli aufgrund der deutschen Parteinahme für den Krieg und der Angst, daß eine Stillhaltepolitik gegenüber Serbien auf die anderen Nationalitäten in Ungarn, vor allem auf die Rumänen, zurückwirken würde, dem Kriegsbeschluß an.[15] An seine Tochter schrieb er, um sich für seine Zustimmung zu rechtfertigen: »Wir müssen ernsthaft auf die Umverschämtheit der Serben reagieren; wir können sie nicht einfach hinnehmen.«[16] Er stimmte der aggressiven Position aber auch zu, weil es das war, was Franz Joseph wollte.

Was auch immer die kaiserliche Umgebung in Ischl über ihren verzweifelten und friedliebenden Kaiser gedacht haben mag, Franz Joseph scheint sehr bald davon überzeugt gewesen zu sein, daß diesmal eine dezidierte Reaktion – bis hin zu einem Krieg – wirklich notwendig war. Bereits zu Zeiten der Skutari-Krise im Mai 1913 scheint er sich auf die Seite der Kriegsbefürworter geschlagen zu haben.[17] Franz Joseph war sich der Konsequenzen des Ultimatums an Serbien durchaus bewußt. Leo von Bilinski, der gemeinsame Finanzminister, strich dem Kaiser gegenüber in einem Gespräch am 20. Juli heraus, daß das Ultimatum einen europaweiten Krieg entfachen würde. Franz Joseph antwortete, Berichten zufolge: »Ja, ich weiß. Rußland kann so eine Note unmöglich tolerieren«.[18] Obwohl einigen seiner Berater, vielleicht auch ihm selbst, mulmig wurde, als der Krieg näher rückte, stimmte Franz Joseph allem zu, was zum Ultimatum an Serbien führte und von Berchtold so entworfen wurde, daß es unannehmbar war; und es war seine Hand, die die Kriegserklärung unterzeichnete, obwohl er sehr gut wußte, daß dies eine europaweite Feuersbrunst entfachen würde. Er war, wie Kann es formulierte, »die letzte Entscheidungsmacht«, und sogar ein Sympathisant wie Margutti, strich die Verantwortung seines Kaisers heraus: »Franz Joseph, der das letzte Wort hatte, zumindest offiziell, läßt sich in eine katastrophale Situation hineinziehen, ohne definitive Absichten, erklärte Ziele oder eine klare Einschätzung dessen, was zu erwarten ist.«[19]

Es scheint, daß der Hauptgrund, warum Franz Joseph dem Krieg zustimmte, darin bestand, daß er – wie so oft zuvor – die Würde und den Status der Dynastie verteidigen wollte. Dies ist es jedenfalls, was das Kriegsmanifest des 29. Juli 1914, »An meine Völker«, nahelegt. Der Krieg, für den die Vorsehung verantwortlich gemacht wurde, müsse ausgefochten werden, so Franz Joseph: erstens, um die Ehre »meiner Monarchie« zu schützen; zweitens, um ihren guten Namen und ihre Position unter den Großmächten zu verteidigen; und drittens, um die Besitzungen zu sichern.[20] Berchtold bestätigt diese dynastische Begründung der Kriegserklärung in seiner späteren Beschreibung der Außenpolitik Kaiser Franz Josephs. Die Politik des Kaisers sei eine Politik des Friedens gewesen, schrieb er, doch habe diese Politik Grenzen gehabt: »Grenzen des Anstands und der Selbstachtung, namentlich aber der Sorge um die Fortexistenz seines angestammten Patrimoniums mit der ihm anvertrauten Völkerfamilie«. Franz Joseph mußte sein habsburgisches Patrimonium (mit dem er eine »Völkerfamilie« geerbt hatte) verteidigen.[21] Es mag sein, daß die Entscheidung für den Krieg eine irrationale Antwort auf die innen- und außenpolitischen Probleme der Monarchie gewesen war, wie Sked und andere kompetente Historiker meinen. Selbstverständlich war das »irrationale« Motiv, die kaiserliche Ehre zu verteidigen, die durch die bosnischen und serbischen »Terroristen« (und ihre serbischen Regierungskollaborateure) herausgefordert wurde, zentral für die Kriegsentscheidung. Doch der tiefere Grund war, wie Sked ebenfalls bemerkt, »die Natur der Monarchie selbst«: Und diese grundsätzliche Beschaffenheit der Monarchie war 1914 aufgrund von früheren Fehlern der habsburgischen Außen- und Innenpolitik bedroht.[22] Wie Williamson ausführt, war der wichtigste Punkt im Jahre 1914 »daß sich Wien als Großmacht verstand. Um diesen Status aufrechtzuerhalten, glaubten die Politikmacher in der Doppelmonarchie, den Serben – und Russen – besondere Stärke vor Augen führen zu müssen. Eine Großmacht mußte wie eine Großmacht handeln, um zu beweisen, daß sie ihre eigene Zukunft selbst bestimmen konnte.«[23]

Aus all diesen Gründen entschloß man sich für ein drastisches Vorgehen gegen Serbien. Indirekt beeinflußte diese Haltung nicht nur Franz Josephs Versagen (und das seiner Minister), eine funktionierende Vereinbarung unter den Streitparteien der Monarchie zustandezubringen und die zahlreichen Leerläufe, die durch den Dualismus und die zerstrittenen Nationalitäten hervorgerufen wurden, zu beseitigen, sondern auch eine grob fahrlässige Handhabung des südslawischen Problems.

Franz Joseph mag seinen slawischen Untertanen niemals besonders sympathisch gewesen sein, und dies mag wiederum seiner Angst vor Serbien Vorschub geleistet haben.[24] Zudem trug der Kaiser eine Fülle ›deutscher‹

Vorurteile gegen die Slawen in sich, die ihn an den Zweibund banden und seine Anerkennung des Föderalismus oder Trialismus verhinderten. Vielleicht hätte er auch nie versuchen sollen, zuallererst Bosnien-Herzegowina zu besetzen. In jedem Fall widersprachen alle anderen Handlungsmöglichkeiten Franz Josephs Konzeption der Habsburgermonarchie als dynastische Großmacht. Dieses Verständnis und Franz Josephs politische Umsetzung dieses Verständnisses über mehr als ein halbes Jahrhundert hatten Österreich-Ungarn bis zum Sommer 1914 zu einer zweitklassigen Macht werden lassen.

Angesichts der Tatsache, daß die Habsburgermonarchie durch seinen Hauptverbündeten, Deutschland, oftmals in die Knie gezwungen und mißachtet worden war, mit zwei vermeintlichen Allianzpartnern, Italien und Rumänien, inoffiziell im Konflikt lag und als eine durch die Ententemächte hoffnungslos an Deutschland gebundene Macht galt, die durch ein aufstrebendes Serbien mit Gebietsansprüchen in Bosnien-Herzegowina herausgefordert wurde, wirkt Österreichs Entscheidung für den Krieg nicht irrational; still zu halten, hätte die Monarchie, wie Berchtold betonte, als etwas erscheinen lassen, das nicht mehr länger eine Großmacht war. Wie der Außenminister später schrieb: »War für Kaiser Franz Joseph die Tatsache gegeben, daß unsere Rolle in der Weltgeschichte ausgespielt wäre, wenn wir willenlos das Schicksal walten lassen würden.«[25]

Wäre die Habsburgermonarchie ein funktionierender multinationaler Staat gewesen, hätte ein solcher Rückzug keine allzu gravierenden Konsequenzen gehabt. Österreich-Ungarn hätte sich vorübergehend aus dem Großmachtspiel zurückgezogen, um seine Probleme zu lösen – sofern sich die anderen Mächte einer Einmischung enthalten hätten. Doch für die Habsburgermonarchie, deren Machtbasis die kaiserliche Dynastie war, war ein freiwilliges Ende ihrer Großmachtposition unannehmbar. Aufgrund des politischen Selbstverständnisses und des Prestigedenkens der führenden habsburgischen Kreise war es nur vernünftig, anzunehmen, daß der Krieg das Prestige und den Status der Monarchie retten würde. Die Folgen des Krieges vermochte sich jedoch niemand auszumalen. Die maßgeblichen Kreise waren sich nur vage der globalen Herrschaftsgelüste der Deutschen bewußt, und sogar die Folgen des Krieges für die Monarchie wurden nur ansatzweise skizziert.

Wie auch immer: Angesichts der verzweifelten Lage, in der sich Franz Joseph und die österreichische Führung befanden, erschien jedwede Aktion, um die Serben auf ihren Platz zu verweisen, als unabdingbare Notwendigkeit. Und nachdem Gewalt in den Augen der Machthaber die einzige Sache war, die die Serben verstanden, lief alles auf Krieg hinaus, koste es, was es wolle. Williamson meint dazu: »(...) daß die Habsburgermonarchie nicht in den Krieg zog, um Gebiete oder Ruhm zu erlangen, sondern um sich selbst zu retten. Wie dieses Ziel durch einen Krieg erreicht werden sollte, überlegten die Entscheidungsträger nie genau. Der Krieg war nur dazu da, um das Problem in Angriff zu nehmen.«[26]

Die österreichische Entscheidung für den Krieg war von Fatalismus geprägt. Conrad von Hötzendorf sah die Kriegserklärung als Wagnis an. Franz Joseph beschrieb die Dinge in noch düstereren Farben. Gegen Ende Juli sagte er zu Conrad: »Wenn die Monarchie schon zugrunde gehen soll, so soll sie wenigstens anständig zugrunde gehen.«[27] Als er die Kriegserklärung unterschrieb, verließ der Kaiser Alexander von Krobatin, den Kriegsminister, mit einem noch fatalistischeren Kommentar.[28] Ein wesentlich jüngerer Franz Joseph hatte 1866, nach seiner Niederlage gegen Preußen, gemeint: »Wenn man alle Welt gegen sich und gar keinen Freund hat, so ist wenig Aussicht auf Erfolg, aber man muß sich solange wehren, als es geht, seine Pflicht bis zuletzt tun und endlich mit Ehre zugrunde gehen.«[29] Vielleicht war der eigentliche Grund für Franz Josephs Unterschrift unter die Kriegserklärung, daß er an eine Welt glaubte, in der die Ermordung seines Erben ein Werk der Vorsehung und der Vergeltung war; in der, seine Ehre zu behaupten und den Ruf seiner Familie und der ganzen Dynastie zu retten, die vorrangigste Pflicht war. Als ein Mann, der die schrecklichsten persönlichsten Tragödien überlebt und schwere politische und militärische Erniedrigungen ertragen hatte, glaubte er an das Schicksal und die Vorsehung. Warum sollten er und seine Monarchie nicht neuerlich überleben? Warum sollte nicht noch einmal ›höhere Gewalt‹ wirksam werden? Sollte Franz Joseph tatsächlich darauf gehofft haben, so wurde er schrecklich enttäuscht.

Krieg und Tod

Am 28. Juli 1914, dem Tag der Kriegserklärung, hörte der Herrscher, der die Kriegserklärung unterzeichnet hatte, auf, der Herr der Habsburgermonarchie zu sein. Alle Macht wurde fortan im Armeeoberkommando, mit Conrad von Hötzendorf an der Spitze, konzentriert. Der Kaiser, dessen 84. Geburtstag bevorstand, wurde nämlich als zu alt angesehen, um eine aktive Rolle im Kriegsgeschehen zu spielen.[30] Stattdessen verbrachte er seine Zeit mehr oder weniger durchgehend in Schönbrunn, wo ihn seine Generäle mit Informationen versahen.[31]

Wäre Franz Joseph selbst an der Spitze gestanden, hätte er kaum Schlimmeres anrichten können als Conrad von Hötzendorf in den ersten Wochen des Krieges. Zuvor jemand, der immer die Initiative ergriff, gelang es dem nunmehrigen ›Diktator‹ der Monarchie, Österreich-Ungarns Mobilisierungspläne aus der Zeit vor dem Krieg für die serbische und die russische Front – vor allem »Plan B« und »Plan R« – durch überstürzte Anordnungen und Gegenanordnungen völlig durcheinander zu bringen. Das daraus resultierende Chaos, verewigt in Hašeks *Guter Soldat Schwejk*, führte dazu, daß Truppen von einem Ende des Reiches an das andere beordert wurden, um, dort angekommen, sofort wieder zurückgeschickt zu werden. Die Verwirrung, die durch Conrads schlechte Organisation entstand, verschlimmerte das Grundproblem Österreich-Ungarns im Krieg: Wie im Jahre 1866 fanden sich die österreichischen Kräfte zwischen zwei Fronten aufgespalten. Eine der beiden wäre möglicherweise bewältigbar gewesen, beide nicht.[32]

In den folgenden Feldzügen in Serbien und in Polen erwies sich die habsburgische Armee, Franz Josephs Stolz und Freude, als national einig, und es gab auch nur wenige Vorfälle von Desertion oder Meuterei. Doch als Streitkraft versagte sie völlig. In Serbien mußte ein ursprünglicher Vorstoß sofort aufgegeben werden, als der serbische Widerstand stärker als erwartet ausfiel; ein weiterer Vorstoß führte im Dezember zur Einnahme von Belgrad, doch erzwang eine serbische Gegenattacke gegen Ende des Jahres bereits wieder den Rückzug. In Polen war die entsetzliche Niederlage in der Schlacht von Lemberg im September zwar teils der Fehler der Deutschen – die ihr Versprechen aus der Vorkriegszeit, an der Ostfront zu helfen, nicht hielten –, doch die Schlacht, die damit endete, daß gegen Ende des Monats fast ganz Ostgalizien in russische Hände fiel, hinterließ eine habsburgische Armee, die nicht mehr imstande war, sich einer Großmacht wie Rußland entgegenzuwerfen. Die langen Jahre ohne ausreichende Geldmittel und moderne Waffen sowie Conrad von Hötzendorfs Versessenheit auf offensive Taktiken forderten unter den kaiserlichen Truppen einen sehr hohen Blutzoll. Der russische Vorstoß nach Galizien zerstörte die österreichisch-ungarische Armee endgültig, und obwohl die habsburgischen Truppen (mit deutscher Hilfe) schließlich in der Lage waren, diesen Vorstoß vor Krakau zu stoppen und Czernowitz zurückzuerobern, waren gegen Ende des Jahres vier Fünftel der Infanterie und die Hälfte des ursprünglichen Offizierskorps durch Tod, Verwundung oder Gefangennahme verloren. Gegen Ende des Jahres 1914 hatte die traditionelle habsburgische Armee, über die so viel berichtet wurde, aufgehört zu existieren.[33] Franz Joseph, der das Kriegsgeschehen nicht mehr bestimmte, blieb nur, dies mit Verzweiflung zur Kenntnis nehmen.[34]

Parallel dazu versuchte er, auf der diplomatischen Front zu punkten, obwohl fraglich ist, wie hilfreich dies war. Mit Italien entstand in diesem Jahr eine Situation, die allzusehr an die Ereignisse des Jahres 1866 erinnerte, im übrigen mit ganz ähnlichen Resultaten. Italien erklärte am 3. August seine Neutralität, denn es war durch den Dreibund nicht verpflichtet, der Monarchie zu Hilfe zu kommen, wenn sie Serbien attackierte. Stattdessen benutzte Italien Aehrenthals 1911 erfolgte Interpretation des Artikel 7 dieses Bündnisvertrages im Stil Napoleons III. und forderte von Franz Joseph zur Kompensation für die habsburgischen Gebietsgewinne in Serbien und als Lohn für die italienische Neutralität Gebiete (die italienische Irredenta).

Bereits am 8. August überlegte der Kronrat auf Druck der Deutschen, das Trentino abzutreten, doch war ein derartiger Handel von Anbeginn an mehr als unwahrscheinlich. Wie Berchtold anmerkte, war das Bewahren der Integrität der Monarchie nämlich eines der Hauptkriegsziele. Besitzungen abzugeben, um den Krieg zu gewinnen, war daher nicht vorgesehen.[35] Aus diesem Grund machten die Österreicher als Preis für ein aktives Bündnis mit Italien nur wenige Konzessionen, nämlich Valona, und nicht mehr.[36]

Der Widerstand gegen die italienische ›Erpressung‹ fand auch Franz Josephs Unterstützung, der die Lehre des Jahres 1866 außer acht ließ. Als Antwort auf den Rat der Deutschen, den italienischen Forderungen nachzugeben, meint er in charakteristischer Weise: »Ich ziehe es vor, alles zu verlieren und in Ehren zugrunde zu gehen, lieber das, als daß ich mich auf diesen abscheulichen Räuberhandel einlassen soll!«[37] Ein weiterer Anstoß der Deutschen im Jahre 1915 führte zu einer noch pointierteren Antwort: »Ich kann es verstehen, daß man nach einer Niederlage oder gar nach einem verlorenen Feldzug ein Stück Land abtreten muß, dies aber zu tun, bloß damit sich der Nachbar nicht an unsere Feinde anschließe, erscheint mir unbegreiflich.«[38] 1866 hatte er selbst dasselbe mit Venetien getan. Er konnte jedoch nicht dazu bewegt werden, ›angestammte Gebiete‹ abzugeben und seine wiederholte Verweigerung, auch nur das Trentino abzutreten, führte am 11. Januar 1915 zum Rücktritt Berchtolds.[39]

Berchtold wurde durch Stephan Graf Burián ersetzt. Dieser teilte ursprünglich Franz Josephs Widerstand in der Italienfrage, doch führten im Frühjahr 1915 zunehmende Probleme und der Druck der Deutschen dazu, daß Italien, trotz Franz Josephs Rede über die Ehre, und noch dazu unabhängig vom Kriegserfolg, große Gebietsteile angeboten wurden. Das Angebot kam jedoch zu spät. Italien unterzeichnete am 26. April 1915 den Geheimvertrag von London mit der Entente und erklärte der Monarchie am 23. Mai den Krieg.[40]

Daß Italien aufgrund von Franz Josephs Starrsinn verlorenging, schmerzte die Mittelmächte zunächst nicht sehr. 1915 kam es nämlich zu einer Serie von Siegen. Die gemeinsame österreichisch-deutsche Gorlice-Tarnow-Schlacht im Mai, angeführt vom deutschen General Falkenhayn, führte zu den größten Gebietsgewinnen des gesamten Krieges und vertrieb die Russen aus Polen. Im Oktober endete eine weitere gemeinsame Offensive im Süden – mit der Hilfe eines neuen Verbündeten, Bulgarien – mit der Eroberung von Serbien. Damit war das ursprüngliche Kriegsziel erreicht.[41] Doch beide großen Erfolge waren nur mit deutscher Hilfe erzielt worden. Der einzige österreichische Feldzug, Conrads ›schwarz-gelber Feldzug‹ von Rowno im Herbst, endete mit einer Niederlage, die in einer noch größeren Abhängigkeit von Deutschland resultierte.[42] Bis 1915 schienen die Mittelmächte zwar den Krieg zu gewinnen, doch war Österreich-Ungarn dabei, jedwede Unabhängigkeit innerhalb des Bündnisses einzubüßen. Die Diskussionen darüber, was mit dem eroberten Polen geschehen sollte, zeigen dies nur zu gut.

Die Pläne für ein »habsburgisches Polen« wären allein schon an Tiszas Verweigerung der Zustimmung zu einem austro-magyarisch-polnischen ›Trialismus‹ gescheitert. Als jedoch klar wurde, daß die Deutschen von den habsburgischen Machtträgern die effektive Unterwerfung verlangten, rückten diese Pläne weit in den Hintergrund. Wie Bridge betont, »war bis 1914 die Kontrolle über den Satelliten Österreich-Ungarn zu einem deutschen Kriegsziel geworden.«[43] Kein Wunder, daß Conrad von Hötzendorf die Deutschen »unseren heimlichen Feind«[44] nannte.

1916 hatte sich die Situation weiter verschlechtert. Conrad von Hötzendorf, noch immer entschlossen, der zunehmenden deutschen Vorherrschaft zu trotzen, lancierte im Mai eine Offensive gegen Italien und ignorierte dabei General Erich von Falkenhayns Rat, es nicht zu tun. Da die habsburgischen Streitkräfte – zugunsten der Offensive in Italien – an der russischen Front geschwächt wurden, sprengte die im Juni begonnene Brussilow-Offensive die österreichischen Verteidigungslinien auf und führte zu weiteren großen Menschenverlusten und Gebietseinbußen.[45] Nicht genug damit, schlug sich Rumänien, ein früherer Verbündeter, am 2. August auf die Seite der Gegner und eroberte sehr rasch und zum Entsetzen der herrschenden österreichisch-ungarischen Kreise Siebenbürgen. Doch neuerlich retteten die deutschen Truppen die Situation, indem sie dem russischen Vorstoß im September Einhalt geboten und die rumänische Front umdrehten, sodaß General August von Mackensen im Dezember in Bukarest stand. Die Monarchie war gerettet, doch der Preis dafür war hoch: Am 3. August 1916 übernahmen die Deutschen das Kommando an der gesamten Ostfront, und am 6. September 1916 mußten die habsburgischen Generäle einem gemeinsamen Oberkommando zustimmen, das von Wilhelm II., Hindenburg und Ludendorff angeführt wurde und sowohl die deutschen als auch die habsburgischen Truppen befehligte.[46] Die Habsburgermonarchie hatte ihre militärische Unabhängigkeit an die Deutschen, an das Hohenzollernreich, verloren.

Im Herbst 1916 stand es schlecht um Franz Joseph und die Habsburgerdynastie, trotz der militärischen Erfolge. Polen war bis zum November von einem auf dem Papier bestehenden habsburgischen Territorium zu einem österreichisch-deutschen Kondominium geworden, das eigentlich unter deutscher Kontrolle stand.[47] Deutsche Forderungen nach einer engeren Zusammenarbeit der beiden Monarchien führten zu Vereinbarungen wie jener von Salzburg im September 1916 zwischen deutschen und österreichisch-deutschen Abgeordneten. Innerhalb der Monarchie gab es deutliche Zeichen von Auflösung. Die ungarischen Obrigkeiten hatten begonnen, Cisleithanien von der Nahrungsmittelversorgung abzuschneiden, und die Not an der ›Heimatfront‹ führte zu Arbeitsunruhen und einer Welle von Streiks, die diesen Zustand verschlimmerten. Die Niederschlagung jedweder politischen Opposition mündete in der äußerst problematischen Anklage Karel Kramářs wegen Hochverrats, die den Panslawismus unter den Slawen der Monarchie weiter anstachelte.[48]

Franz Joseph, mittlerweile gebrechlich geworden, spürte, daß sein Patrimonium zerfiel, und er machte einen letzten Versuch, etwas dagegen zu unternehmen. Bereits im Juli soll er infolge eines ungewöhnlichen Wirbelsturms über Wiener Neustadt zu Margutti gesagt haben: »Es steht schlecht um uns, vielleicht schlechter als wir ahnen. Die hungernde Bevölkerung des Hinterlandes kann auch nicht mehr weiter. Wir werden sehen, ob und wie wir noch den Winter übertauchen können. Im nächsten Frühjahr mache ich aber Schluß mit dem Kriege. Ich will nicht, daß wir ganz und rettungslos zugrunde gehen!«[49] Im Oktober sprach sogar Burián von der Notwendigkeit, Frieden zu schließen. Als Friedrich Adler, der Sohn des sozialistischen Führers, Viktor Adler, den cisleithanischen Ministerpräsidenten Stürgkh ermordete, beauftragte Franz Joseph keinen geringeren als Ernest von Koerber mit der Aufgabe, noch einmal zu einer konstitutionellen Regierungsform zurückzukehren.[50]

Ob Franz Josephs Meinungswandel im Jahre 1916 in der Monarchie und im Ausland Positives bewirkt hätte; ob die moralische Autorität, die er noch immer besaß, eher ihn als seinen Nachfolger, Karl, befähigt hätte, Frieden zu schließen; und ob er in der Lage gewesen wäre, seiner geschlagenen Monarchie eine konstitutionelle Regierung zu geben, muß offen bleiben, denn Franz Joseph verstarb am 21. November 1916, bis zuletzt an seinem Schreibtisch arbeitend. Er wurde am 30. November neben seiner Frau und seinem Sohn in der Kapuzinergruft begraben.

Die Verklärung

Die Begräbnisprozession für Franz Joseph war eines der letzten großen Schauspiele habsburgischen Prunkes in Wien. Inmitten der Katastrophen des Ersten Weltkrieges hatte dieser Pomp jedoch viel von seiner Anziehungskraft und seiner Autorität verloren. Manés Sperber, ein junger jüdischer Flüchtling aus Galizien, blickte erstaunt auf die Pracht, die an ihm vorüberzog und er begann, über seine eigene jüdische Kindheit in Galizien nachzudenken: »Während meine ermüdeten Augen gleichgültig dem Zug magyarischer Adeliger aus der Slowakei folgten, dachte ich mit Stolz an den Urgroßvater, der stets auf jedes Würdezeichen verzichtet hatte, dessen Würde aber allen, auch den Ukrainern und Fremden Respekt gebot. Er verachtete alles, was Schein, was unecht war, und haßte am meisten die in der Tat gefährlichste Täuschung: die Vermengung von echt und unecht. Und nun hatte ich die Pracht von Jahrhunderten vorbeiziehen sehen. Sie hatte mich schließlich gelangweilt und entdecken lassen, daß es auf sie gar nicht ankommt, weil sie nur eine scheinbare Bedeutung haben kann.«[51] Wie Redlich betonte, gab es keinen großen Ausbruch von Trauer, denn die Menschen waren im Krieg apathisch geworden.[52] Das Dahinscheiden des alten Kaisers wurde jedoch als Abschied von einer Ära wahrgenommen, deren Majestät einst aus sich selbst heraus Macht ausgestrahlt hatte; das dynastische Reich, das sich über Jahrhunderte auf Pracht, Majestät und Großartigkeit als äußere Zeichen von Macht verlassen hatte, sollte seinen Kaiser nicht allzulange überleben.

Franz Josephs Nachfolger, Karl, der sein Erbe unmittelbar antrat, erschien auf den ersten Blick als Hoffnungsträger. Die Monarchie war gegen Ende des Jahres 1916 noch immer intakt, ebenso die Macht des österreichischen Kaisers und des ungarischen Königs, die Franz Joseph so hartnäckig verteidigt hatte. Als Karl im Mai 1917 den Rücktritt István Tiszas verlangte, des Mannes, der über Jahre Ungarns Herrscher gewesen war, gehorchte dieser dem König.[53] Auch die habsburgische Armee bestand weiter, und ihre unterschiedlichen nationalen Kontingente blieben überraschend loyal; ebenso die Bevölkerung an der ›Heimatfront‹, trotz zunehmender Bedrängnis. Diese positiven Aspekte wurden jedoch von der Tatsache überschattet, daß Österreich-Ungarn den Kriegszustand kaum mehr aufrechterhalten konnte und sich seine Position innerhalb der Mittelmächte zunehmend verschlechterte.

Ab dem Frühjahr 1917 war der Außenminister, Ottokar Graf Czernin, angesichts der wirtschaftlichen Not in der Monarchie und der Revolution in Rußland davon überzeugt, daß ein Friedensschluß unabdingbar war, um die Monarchie zu retten. Dies hieß, entweder mit den Ententemächten zu verhandeln oder sich auf einen deutschen Sieg zu verlassen. Mit Hilfe der dynastischen Verbindungen des Hauses Bourbon-Parma, genauer des Schwagers des Kaisers, Prinz Sixtus, wurden hinter Deutschlands Rücken geheime Verhandlungen mit Frankreich aufgenommen. Doch bis zum Mai blieben sie ohne nennbares Ergebnis. In der Zwischenzeit sah sich Czernin gezwungen, noch mehr Macht an die deutschen Verbündeten abzugeben, die gegen Ende des Jahres 1917 als Gewinner des Krieges erschienen. Im März 1918 entschied sich Czernin, jede Hoffnung aufzugeben, mit den Briten und den Franzosen einen Frieden zu verhandeln. Dies veranlaßte die Franzosen, die Sixtus-Mission der vorangegangenen Jahre aufzudecken. Damit endete die Unabhängigkeit der Monarchie, denn die ›betrogene‹ deutsche Führung forderte von Karl im Treffen von Spa am 12. Mai 1918 die Unterwerfung Österreich-Ungarns unter eine Version von Mitteleuropa, die von Deutschland diktiert wurde.[54] Wie Bridge argumentiert, hatte die Monarchie noch vor Kriegsende »aufgehört, eine unabhängige Großmacht zu sein«.[55]

Franz Josephs früher geäußerte Bemerkung, daß die Habsburger zwar Kriege gewinnen, doch Provinzen verlieren würden, trifft auch auf den Ersten Weltkrieg zu: Selbst wenn die Mittelmächte den Krieg gewonnen hätten, hätte die Monarchie aufgehört, eine unabhängige Großmacht zu sein, das heißt sie hätte jenen Status verloren, den zu erhalten Franz Joseph ein Leben lang gekämpft hatte. Doch davon war ohnedies keine Rede. Die Mittelmächte verloren nämlich, und als in der zweiten Hälfte des Jahres 1918 mit den Niederlagen an der Westfront und dem Zusammenbruch Bulgariens an der Balkanfront deutlich wurde, daß die Siegesserie vorbei war, brach die Monarchie auseinander.

Kaiser Karls Manifest, in dem er Cisleithanien am 16. Oktober 1918 den Föderalismus versprach (die Ungarn harrten noch immer aus), wäre 1912 eine brillante politische Aktion gewesen; Ende 1918 schenkte ihr niemand mehr Aufmerksamkeit. Schon 1917 hatte das Übel mit der Rückkehr des Reichsrats seinen Lauf genommen. Die Forderungen der tschechischen und südslawischen politischen Führer nach Unabhängigkeit für ihre Staaten (formal innerhalb einer reformierten Monarchie) waren nun nicht mehr aufschiebbar. Schon im Sommer 1918 lagen ausgearbeitete Pläne für eine Separierung der Staaten der Habsburgermonarchie vor.[56] Die Monarchie wurde nicht durch die rachsüchtige Politik der westlichen Mächte auseinandergerissen, wie immer wieder behauptet wird. Es wurden vielmehr die nationalen Probleme, vor allem mit den Tschechen, viel zu spät ernstgenommen und dies auch nur als Antwort auf den Druck ›von unten‹.[57] Wie Mark Cornwall gewandt formulierte: »Die Monarchie schmolz in einer Mischung von interner Desintegration und externem Druck dahin.«[58] Die Monarchie, die des äußeren Scheins wegen und aus politischer Notwendigkeit in den Krieg gezogen war, verschwand praktisch über Nacht.

Einige vermißten sie nach 1918. Doch ursprünglich waren es nicht viele: die Hofgesellschaft und der Hochadel, deren Titel in der Republik bald abgeschafft wurden; die früheren habsburgischen Beamten, die nun in großer Zahl nach Wien, der Hauptstadt »Deutsch-Österreichs«, zurückkamen; die deutsche Minderheit in Böhmen, die ihrer Schutzmacht verlustig gegangen war, und bald auch die Magyaren, deren Staat nun nur mehr ein Drittel seiner früheren Größe umfaßte.

Die Mehrzahl der Bewohner der Habsburgermonarchie verfiel jedoch zunächst in ekstatische Freude über das Ende der habsburgischen Herrschaft. Die Tschechen, die Slowaken, die Südslawen, die Rumänen erfreuten sich an ihrer neu geschaffenen nationalen Freiheit. Sogar die ›staatstragenden‹ österreichischen Deutschen, von denen die meisten einen ›Anschluß‹ an Deutschland anstrebten, und die galizischen Polen, die ihre polnische Unabhängigkeit wiedererlangt hatten, zeigten wenig Bedauern über das Ende des alten Reiches und seines Kaisers.

Erst später, als sich das Leben in den Nachfolgestaaten zum Schlechteren wendete, verklärte sich das Bild des Kaisers in sein Gegenteil: in ein Porträt eines Mannes voll Weisheit und Toleranz. Diese Umkehrung spiegelt sich auch im ›Habsburgermythos‹ der österreichischen Zwischenkriegsliteratur, der am berühmtesten und berührendsten von Josef Roth in *Radetzkymarsch* umgesetzt wurde.[59]

Zentraleuropa geriet in den 1930er und 1940er Jahren zunächst in die Fänge des Faschismus und des Nationalsozialismus und erlebte danach die Ära des Kommunismus und des Kalten Krieges. Es überrascht daher wenig, daß das Bild von Franz Joseph als »guter, alter Kaiser« immer positiver wurde. Bis in die Gegenwart verwandelte sich Franz Joseph fast in eine Art Idealfigur eines toleranten und gleichrangigen Zentraleuropas, das so viele wieder aufleben lassen möchten. Diese Bilder verdecken all das an Franz Josephs Politik, das weder von Toleranz noch von nationaler Gleichheit zeugt.

Es ist Franz Josephs spezifischem Führungsstil, seiner absolutistischen Weltanschauung und seiner Skepsis gegenüber dem Konstitutionalismus zu verdanken, daß Österreich-Ungarn bis 1914 zu jenem hierarchischen und bürokratischen – kafkaesken – Staat wurde, der die Geschichte Zentraleuropas so sehr prägen sollte. Die Nachfolgestaaten erbten viele Züge jenes autoritären, bürokratischen Staates (und viel von seinem Personal), den sie in mehr oder weniger positiven Spielarten weiterzuentwickeln versuchten.[60] Als die Kommunisten in Zentraleuropa ihre ›Überwachungsstaaten‹ errichteten, gab es willige Beamte, die dies umsetzten, deren Ursprünge in die Zeit vor 1918 zurückreichen.

Ganz ähnlich verhält es sich mit der Art, wie Franz Joseph den Nationalitätenkonflikt behandelte, indem er die Vorteile für die Dynastie vor nationale Gerechtigkeit oder gar nationale Zusammenarbeit setzte. Auch wenn viele, einschließlich seiner Erben,[61] das Gegenteil behaupten, zog Franz Joseph den Zentralismus dem Föderalismus vor, denn nur der Zentralismus sicherte ihm ausreichend Macht und Prestige. Daß das ›dynastische Prinzip‹, dem stets dynastische Selbstsucht eigen ist, so sehr im Vordergrund stand, war ein wichtiger Faktor, daß der Machiavellismus und die Hinterzimmerpolitik der kaiserlichen Obrigkeiten von den österreichisch-ungarischen Politikern übernommen wurde. Dies war für die Nachfolgestaaten der Zwischenkriegszeit ein schweres Erbe.[62] Obwohl einige Versuche unternommen wurden, vor allem in der Tschechoslowakei, eine Politik der Gleichberechtigung gegenüber den nationalen ›Minderheiten‹ zu vertreten, gewann die alte Versuchung, den Gegner einfach auszuschalten, zu oft die Oberhand. In der Tschechoslowakei führten etwa die tschechischen Beamten die gleichen Regeln ein, die ihnen einst die Deutschen auferlegt hatten, diesmal mit verkehrten Rollen.

Das vielleicht schlimmste Erbe Franz Josephs war jedoch jene Form der ›staatsbürgerlichen Erziehung‹, die er den Völkern seiner Monarchie angedeihen ließ. Die ständige Überbetonung der Bedeutung des Kaisers in den cisleithanischen Schulbüchern und die Art, wie man den Kaiser für alle Errungenschaften in seinem Reich lobpreiste – der Titel eines dieser Schulbücher lautete etwa *Was Kaiser Franz Joseph für seine Völker tat* –, verhinderte das Entstehen eines von der Dynastie unabhängigen Staatspatriotismus, der zu den nationalistischen Ambitionen einzelner Führer und Gruppen ein Gegengewicht dargestellt hätte. Die Habsburger hatten immer nur versucht, die dynastischen Vorrechte und nicht die politisch-konstitutionellen Strukturen zu stärken.[63] Alle Loyalität wurde einst, wenn sie nicht einer bestimmten Nation galt, mit der Person des Monarchen, des Führers, verknüpft. Es würde viel zu weit gehen, Franz Joseph für Adolf Hitler und das Führerprinzip verantwortlich zu machen. Doch Franz Josephs Verachtung des Konstitutionalismus, seine paternalistische Sicht auf »seine Völker« und seine Betonung der dynastischen und persönlichen Loyalität waren zumindest nicht dazu angetan, die politische Mündigkeit der Staatsbürger zu stärken, die eine Barriere gegen die faschistischen Verlockungen und Bedrohungen hätte sein können. Die ›österreichische Staatsidee‹ blieb eine Konstruktion. Sie wurde bis weit in die Zweite Republik zu keiner echten Überzeugung. So gesehen war es nur teilweise überzogen, daß A.J.P. Taylor schrieb, Hitler sei »Österreichs größtes Geschenk an das deutsche Volk« gewesen.[64]

Das Fehlen einer Art supra-nationaler Habsburgermonarchie oder eines Ersatzgebildes dafür hatte nachteilige Konsequenzen für ganz Zentraleuropa. Franz Josephs Bestehen auf dem ›dynastischen Prinzip‹ war ein entscheidender Faktor, daß zwischen den Nationalitäten so böses Blut entstand und kaum jemand eine Form von ›Donaukonföderation‹ anstrebte. So gesehen, machte Franz Joseph indirekt auch jeden ernsthaften Versuch unmöglich, in der Zwischenkriegszeit ein ›gemeinsam‹ denkendes und handelndes Zentraleuropa zu schaffen.

Obwohl die ›kleinen Nationen‹ Zentraleuropas als Teil eines riesigen multinationalen Staates von der Habsburgermonarchie profitierten, waren sie als Untertanenstaaten einer dynastischen Herrschaftskonzeption unterworfen, die verhinderte, daß ein funktionierendes multi-nationales Arrangement der Staaten zustandekam. Es entwickelte sich vielmehr ein dysfunktionales, politisches System, das die nationalen Konflikte verschärfte und letztlich einen großen Krieg provozierte. Als Verkörperung des dynastischen Prinzips der Habsburgermonarchie trug Franz Joseph entscheidend zu jenen Problemen bei, als deren Opfer er so oft erscheint.

Vielleicht hätten die zentraleuropäischen Nationen niemals in einem anderen supra-nationalen Staat als der Habsburgermonarchie vereint werden können.[65] Fraglich ist auch, ob die nationalen und ethnischen Gegensätze dieser Zeit unter anderen politischen Verhältnissen stabilisiert und ausgesöhnt werden hätten können. Der Schrecken des letzten bosnischen Krieges und die Haltung der Serben legen die These nahe, daß die Nationalitätenfrage in diesen Ländern nur schwer zu lösen ist. Doch es bleibt der Verdacht, daß viele der existierenden Probleme in Zentraleuropa auf jene zentrale

Frage dieses Buches zurückgeführt werden können, nämlich wie Franz Joseph seine Macht gebrauchte, und was dies in weiterer Folge bedeutete.

Franz Joseph bezeichnete sich selbst gegenüber Theodore Roosevelt als den letzten Monarchen der alten Schule. Als 1878 Ulysses Grant, einer der fähigsten Generäle seines Jahrhunderts, zu Besuch kam und einer Militärparade beiwohnte, bemerkte er gegenüber dem Kaiser, daß er es satt habe, an Militärparaden teilzunehmen. Franz Joseph war so erstaunt über diese Bemerkung, daß seine einzige Reaktion darin bestand, lauthals zu lachen.[66] Franz Joseph herrschte mit wenig Vorstellungskraft, doch mit einem verbissenen Bestehen auf seinen Vorrechten. Er hielt zeitlebens an dem fest, was er am besten kannte: die Welt der prestigeträchtigen Großmachtpolitik, der Militärmanöver und der Paraden, doch dies war um 1900 für einen Monarchen bei weitem zu wenig. Seine Welt und jene von Ulysses Grant unterschieden sich bereits grundlegend. Wenn man so will verkörperten sie Vergangenheit und Zukunft.

In vielerlei Hinsicht erscheint Franz Joseph heute als eine sympathische Figur. Wenn es die dynastischen Interessen erlaubten, war er ›anständig‹, und er wurde im Alter immer milder. Obwohl er ein aufrichtiger Katholik war, der, soweit er konnte, den anti-klerikalen Angriff des Liberalismus abwehrte, und obwohl er die Emanzipation der Juden anfänglich verachtete, begann er nach 1867, den Status seiner jüdischen Untertanen anzuerkennen und nach dem Aufstieg des Antisemitismus, besonders des Rassenantisemitismus, ein überzeugter Verteidiger jüdischer Rechte zu werden. Wenn es stimmt, so wehrte er 1914 die christlichsoziale Drohung, jüdische Flüchtlinge aus Wien auszuweisen, ab, indem er drohte, den Ausgewiesenen Schönbrunn zu öffnen.[67] Sein kostbares, kaiserliches Armeeoffizierkorps (besonders die Reserve), dies muß betont werden, war viel offener für Juden als jenes der Preußen.[68] Mitunter zeigte Franz Joseph sogar Anzeichen, daß er den Wert seines multi-nationalen Staates verstand. Aber ›Anständigkeit‹ allein genügt nicht, um einen Vielvölkerstaat zu regieren.

Vielleicht waren die Probleme, die er hatte, unlösbar. Selbst wenn sie lösbar gewesen wären, hätte es eines genialen Menschen bedurft, um sie zu durchschauen, und man kann Franz Joseph nicht dafür verantwortlich machen, daß er kein genialer Mensch war. Daß er jedoch darauf bestand, das Oberhaupt des habsburgischen Staates zu bleiben und daß er bestimmte Personen und Formen von Politik bevorzugte, die zum Zusammenbruch des Jahres 1918 führten, kann ihm jedoch vorgeworfen werden.

Mitunter wird behauptet, Franz Josephs Tragödie habe darin bestanden, daß er zu lange auf dem kaiserlichen Thron gewesen sei. Meiner Meinung besteht seine persönliche Tragödie darin, daß er überhaupt Kaiser war. Als er 1916 starb, war die Zukunft von all dem, wofür er gekämpft hatte, völlig offen. Redlich schrieb: »So scheint es, daß nicht Franz Joseph selbst, sondern vielmehr dem von ihm verkörperten Reichsgedanken im altösterreichischen Sinne das volle Maß der Tragik zuerkannt werden muß.«[69] Die wahre Tragödie aber sind jene hunderttausenden Menschen, die dem Zusammenbruch der Habsburgermonarchie und der Macht, die sie verkörperte, zum Opfer fielen; einer Macht, die nur am Fortbestand der Dynastie interessiert und daher unfähig war, ein friedliches und sicheres ›Heimatland‹ für alle zu schaffen. Daß die Monarchie niemals zu jener ›Heimat der Völker‹ wurde und Franz Joseph niemals zu jener Persönlichkeit, die diese ›Heimat‹ garantieren konnte, ist eine unabänderliche Gewißheit der zentraleuropäischen Geschichte.

Anmerkungen

EINLEITUNG, S. 9–20

1 H. Broch (1984), Hugo von Hofmannsthal and his Time: The European Imagination 1860–1920. Übersetzt u. hg. M. P. Steinberg. Chicago, 72ff.

2 H. W. Steed (1969), The Habsburg Monarchy. 1914^{2}. New York, 294f.; H. & C. Seton-Watson (1981), The Making of a New Europe: R. W. Seton-Watson and the Last Years of Austria-Hungary. Seattle, 96, 101.

3 H. W. Steed (1937), The Doom of the Habsburgs. London, 95.

4 O. Jászi (1929), The Dissolution of the Habsburg Monarchy. Chicago (Studies in the Making of Citizens).

5 J. Redlich (1929), Emperor Franics Joseph of Austria: A Biography. New York, 448, 509.

6 A. Margutti (1921), The Emperor Francis Joseph and His Times. London, 55, 205f.

7 J. Havránek (1991), Central Europe. East Central Europe and the Historians 1940–1948. In: E. Somogyi (Hg.), Verbürgerlichung in Mitteleuropa. Budapest, 299–308.

8 R. A. Kann (1977), A History of the Habsburg Empire. 1526–1918. Berkeley, 517–520.

9 A. J. P. Taylor (1948) [1964], The Habsburg Monarchy 1809–1918. Harmondsworth, 243.

10 Kann, 1977, 310ff.; Taylor, 1948 [1964], 241–244.

11 Kann, 1977, 519; Taylor, 1948 [1964], 245–250.

12 Vgl. Fußnote 8.

13 E. Crankshaw (1963), The Fall of the House of Habsburg. New York, 305.

14 Ebd., 312.

15 Ebd., 304.

16 A. J. May (1951), The Habsburg Monarchy, 1867–1914. Cambridge, Mass., 489.

17 R. J. W. Evans (1988), The Habsburg Monarchy and the Coming of War. In: R. J. W. Evans, Pogge von Strandmann H. (Hg.), The Coming of the First World War. Oxford, 34; vgl. F. Fischer (1967), Germany's Aims in the First World War. London.

18 Vgl. C. S. Maier (1988), The Unmasterable Past: History, Holocaust and German National Identity. Cambridge, Mass.; D. Blackbourn, G. Eley (1984), The Peculiarities of German History: Bourgeois Society and Politics in Nineteenth-Century Germany. Oxford.

19 S. Wank (1993), The Nationalities Question in the Habsburg Monarchy: Reflections on the Historical Record. Working Papers in Austrian Studies 93 (3).

20 D. F. Good (1984), The Economic Rise of the Habsburg Empire, 1750–1914. Berkeley.

21 P. W. Schroeder (1976), Munich and the British Tradition. The Historical Journal 19: 225–237; vgl. Alan Skeds Diskussion dazu: A. Sked (1989), The Decline and Fall of the Habsburg Empire 1815–1918. London, 246f.

22 I. Deák (1990), Beyond Nationalism: A Social and Political History of the Habsburg Officer Corps 1848–1918. Oxford, 9.

23 A. Sked, 1989, 230–234, 256ff.

24 K. Marx (1960), MEW. Bd. 8. Berlin, 115.
25 D. Lieven (1993), Nicholas II. Emperor of all the Russias. London; J. C. G. Röhl (1987), Kaiser, Hof und Staat: Wilhelm II. und die deutsche Politik. München.
26 Z.B. J.-P. Bled (1992), Franz Joseph. Übers. T. Bridgeman, Oxford.

TRADITION, S. 21–32

1 M. Tanner (1993), The Last Descendant of Aeneas: The Habsburgs and the Mythic Image of the Emperor. New Haven.
2 R. J. W. Evans (1979), The Making of the Habsburg Monarchy, 1550–1700: An Interpretation. Oxford.
3 C. Ingrao (1994), The Habsburg Monarchy 1618–1815. Cambridge, Mass., 129 (New Approaches to European History).
4 T. C. W. Blanning (1994), Joseph II. London, 21–29 (Profiles in Power).
5 Ebd., 27–39.
6 Ebd., 38.
7 Ebd., 40–44.
8 W. Heindl (1991a), Gehorsame Rebellen: Bürokratie und Beamte in Österreich. 1780–1848. Wien, 21–34 (Studien zu Politik und Verwaltung).
9 Blanning, 1994, 70ff.
10 Ebd., 92–119.
11 Ebd., 132f., 143–150.
12 J. Whaley (1994), Austria, Germany, and the Dissolution of the Holy Roman Empire. In: R. Robertson, E. Timms (Hg.), The Habsburg Legacy: National Identity in Historical Perspective. Edinburgh, 9 (Austrian Studies 5).
13 Blanning, 1994, 176–189.
14 T. C. W. Blanning (1989), The French Revolution and the Modernization of Germany. Central European History 22 (2), 122ff.
15 F. R. Bridge (1990), The Habsburg Monarchy among the Great Powers, 1815–1918. Oxford, 26ff.; A. Sked (1989), The Decline and Fall of the Habsburg Empire 1815–1918. London, 8–25.
16 A. J. P. Taylor 1948 [1964], The Habsburg Monarchy 1809–1918. Harmondsworth, 25; O. Jászi (1929), The Dissolution of the Habsburg Monarchy. Chicago, 83 (Studies in the Making of Citizens).
17 J.-P. Bled (1992), Franz Joseph. Übers. T. Bridgeman. Oxford, 11f.
18 Sked, 1989, 27.
19 Heindl, 1991a, 329f.
20 Ebd., 74; Sked, 1989, 28.
21 Sked, 1989, 48; Jászi, 1929, 78.
22 Heindl, 1991a, 112ff.; H. Lentze (1962), Die Universitätsreform des Ministers Graf Leo Thun-Hohenstein. Wien, 25–28.
23 Sked, 1989, 69ff.; N. T. Gross (1973), The Habsburg Monarchy. In: C. M. Cipolla (Hg.), The Fontana Economic History of Europe (5 Bde.). Glasgow, Bd. 4, Tl. 1, 248; Bridge (1990), 27.
24 Bridge, 1990, 33ff.
25 Sked, 1989, 35.

ABSOLUTISMUS, 33–72

1 E. C. Corti (1950), Vom Kind zum Kaiser: Kindheit und erste Jugend Kaiser Franz Josephs I. und seiner Geschwister. Graz, 7–11; J.-P. Bled (1992), Franz Joseph. Übers. T. Bridgman, Oxford, 1ff.
2 Corti, 1950, 154.
3 Ebd., 119.
4 Ebd., 143.
5 Ebd., 194–200.
6 Ebd., 212–220.
7 Ebd., 240.
8 Ebd., 82, 204.
9 Ebd., 119.
10 Ebd., 46, 81, 202; J. Redlich (1929), Emperor Francis Joseph of Austria: A Biography. New York, 20f.
11 Corti, 1950, 195.
12 Ebd., 41, 125ff.
13 Ebd., 244; Redlich, 1929, 22.
14 Corti, 1950, 109.
15 A. Sked (1989), The Decline and Fall of the Habsburg Empire 1815–1918. London, 30f; A. J. P. Taylor (1948), The Habsburg Monarchy 1809–1918. Harmondsworth (1964), 53ff.
16 Sked, 1989, 34ff, 74.
17 W. Heindl (1991a), Gehorsame Rebellen: Bürokratie und Beamte in Österreich, 1780–1848. Wien, 178–209.
18 Sked, 1989, 71–74.
19 G. Barany (1975), Ungarns Verwaltung 1848–1918. In: A. Wandruszka, P. Urbanitsch (Hg.), Die Habsburger Monarchie 1848–1918 (6 Bde.). Wien, Bd. 2, Verwaltung und Rechtswesen, 316–321.
20 Sked, 1989, 35f.
21 Ebd., 32–36.
22 O. Jászi (1929), The Dissolution of the Habsburg Monarchy. Harmondsworth, 248–251; vgl. L. Namier (1958), Vanished Supremacies: Essays on European History 1812–1918. London, 112–122.
23 Taylor, 1948, 55: Taylor verwendet die Formulierung »a manufacture of tradition« und nimmt die Debatte der 1930er Jahre über »invention of tradition« voraus.
24 Jászi, 1929, 83, 130.
25 Ebd., 163f.
26 Ebd., 379.
27 E. Gellner (1983), Nations and Nationalism. Oxford, 8–18.
28 S. Beller (1994), Germans and Jews as Central European and »Mitteleuropäische« Elites. In: P. Stirk (Hg.), Mitteleuropa: History and Prospects. Edinburgh, 61–74.
29 P. Urbanitsch (1975), Die Deutschen in Österreich: Statistisch-deskriptiver Überblick. In: A. Wandruszka u. P. Urbanitsch (Hg.), Die Habsburger Monarchie 1848–1918 (6 Bde.). Wien, Bd. 3, Teil 1, 37f.; G. Gottas (1975), Die Deutschen in Ungarn. In: Wandruszka u. Urbanitsch, Bd. 3, Teil 1, 349.
30 Beller, 1994, 62–69.
31 A. Sked (1979), The Survival of the Habsburg Empire: Radetzky, the Imperial Army and the Class War, 1848. London, 172–183.

32 T. C. W. Blanning (1994), Joseph II. London, 112–116, 189, 202.
33 L. Péter (1994), Language, the Constitution and the Past in Hungarian Nationalism. In: R. Robertson, E. Timms (Hg.), The Habsburg Legacy: National Identity in Historical Perspective. Edinburgh, 13–22 (Austrian Studies, Bd. 5); Barany, 1975, 316–325.
34 R. A. Kann (1977), A History of the Habsburg Empire, 1526–1918. Berkeley, 294f.; Sked, 1989, 63f.
35 Kann, 1977, 292f.; Jászi, 1929, 258–265.
36 Kann, 1977, 295f.; Jászi, 1929, 254.
37 F. R. Bridge (1990), The Habsburg Monarchy among the Great Powers, 1815–1918. Oxford, 26–36.
38 Ebd., 36f.
39 Sked, 1979, 172–183 u. 1989, 57–63.
40 Corti, 1950, 125ff., 254f.
41 Zu 1848 generell: P. N. Stearns (1974), 1848: The Revolutionary Tide in Europe. Norton u. New York (Revolutions in the Modern World); J. Sperber (1994), The European Revolutions, 1848–1951. Cambridge, Mass. (New Approaches to European History).
42 Sperber, 1994, 23–26.
43 D. F. Good (1984), The Economic Rise of the Habsburg Empire 1750–1914. Berkeley, 38–73.
44 Stearns, 1974, 17–28; Taylor, 1948 (1964), 64.
45 Sked, 1979, 106, 114.
46 W. L. Langer (1969), Political and Social Upheaval 1832–52. New York, 255 (The Rise of Modern Europe).
47 Sked, 1989, 81.
48 Ebd., 80–83; Kann, 1977, 300.
49 Langer, 1969, 354–360.
50 Sked, 1979, 124f.; Langer, 1969, 370–374.
51 Taylor, 1948 (1964), 81.
52 Bled, 1992, 37.
53 Taylor, 1948 (1964), 75.
54 Kann, 1977, 304; vgl. Sked, 1989, 94–101.
55 H.H. Brandt (1987), The Revolution of 1848 and the Problem of Central European Nationalities. In: H. Schulze (Hg.), Nation-Building in Central Europe. Leamington Spa, 107–134.
56 Bled, 1992, 41–45.
57 R. J. Rath (1969), The Viennese Revolution. New York, 333–337; Taylor, 1948 (1964), 82ff.
58 Sked, 1989, 55; C. A. Macartney (1978), The House of Austria: The Later Phase, 1790–1918. Edinburgh, 111–114.
59 Zu Windischgrätz' Plan siehe: Corti, 1950, 308.
60 Ebd., 329.
61 Bled, 1992, 48.
62 Sked, 1989, 138f.
63 Redlich, 1929, 38, 52ff.
64 Sked, 1989, 141ff.
65 Ebd., 143f; Kann, 1977, 310ff.
66 Sked, 1989, 143.

67 Kann, 1977, 310.
68 Ebd., 312.
69 E. C. Corti (1952), Mensch und Herrscher: Wege und Schicksale Kaiser Franz Josephs I. zwischen Thronbesteigung und Berliner Kongreß. Graz, 21–25.
70 Sked, 1989, 101f.
71 Corti, 1952, 43ff.
72 Redlich, 1929, 64.
73 Sked, 1979, 190–204.
74 Sked, 1989, 150–157; Bridge, 1990, 45–48.
75 Redlich, 1929, 74–88; Sked, 1989, 144–147.
76 Corti, 1952, 72; Sked, 1989, 148.
77 Corti, 1952, 77.
78 Ebd., 78.
79 Sked, 1989, 149; Redlich, 1929, 88–94.
80 Redlich, 1929, 91.
81 Bled, 1992, 74f.
82 D. Blackbourn (1987), Progress and Piety: Liberals, Catholics and The State in Bismarck's Germany. In: D. Blackbourn (Hg.), Populists and Patricians: Essays in Modern German History. London, 144–155.
83 Corti, 1952, 57; Redlich, 1929, 96.
84 Jászi, 1929, 100ff; Bled, 1992, 72–84, 90–94.
85 Corti, 1952, 122–125; Redlich, 1929, 185ff; 202–205.
86 Redlich, 1929, 100.
87 Franz Joseph gewährte bei den regelmäßigen Audienzen jedoch weiterhin den freien Zugang seiner Untertanen: Redlich, 1929, 245.
88 Ebd., 92f.
89 Barany, 1975, 339–344; Redlich, 1929, 236ff.
90 Corti, 1952, 69; Redlich, 1929, 215.
91 Bled, 1992, 79–82.
92 Corti, 1952, 106.
93 Redlich, 1929, 241f.
94 Ebd., 105; Corti, 1952, 54.
95 Redlich, 1929, 104.
96 Ebd., 43–47, 91f; Corti, 1952, 265f.
97 C. E. Schorske (1980), Fin-de-siècle Vienna: Politics and Culture. London, 27–31.
98 E. C. Hellbling (1975), Die Landesverwaltung in Cisleithanien. In: Wandruszka and Urbanitsch, Bd. 2, Verwaltung und Rechtswesen, 195–208; Barany, 1975, 346.
99 Barany, 1975, 347–360.
100 R. J. W. Evans (1994), Austrian Identity in Hungarian Perspective: The Nineteenth Century. In: Robertson and Timms, 30f.
101 Corti, 1952, 96.
102 Bled, 1992, 83.
103 E. Crankshaw (1963), The Fall of the House of Habsburg. New York, 138ff; Sked, 1979, 191–204.
104 Redlich, 1929, 239–242.
105 H. Lentze (1962), Die Universitätsreform des Ministers Graf Leo Thun-Hohenstein. Wien, 42, 88ff; 271ff.

106 Bridge, 1990, 64; Good, 1984, 239; Sked, 1989, 166.
107 Good, 1984, 78–95; Sked, 1989, 157–166; Bled, 1992, 91ff.
108 Sked, 1989, 167–175; Bridge, 1990, 49–69.
109 Redlich, 1929, 120–123.
110 Corti, 1952, 153.
111 Bridge, 1990, 51–56.
112 Redlich, 1929, 150; Corti, 1952, 150f, 172.
113 Bridge, 1990, 56–60; Sked, 1989, 170f.
114 Crankshaw, 1963, 130.
115 Corti, 1952, 147; vgl. Sked, 1989, 171.
116 Redlich, 1929, 180.
117 Ebd., 170–176.
118 Ebd., 151, 230.
119 Corti, 1952, 161; Bridge, 1990, 55.
120 Corti, 1952, 184.
121 Bridge, 1990, 54f.
122 Ebd., 65f.
123 Ebd., 66; Corti, 1952, 208; Sked, 1989, 173f.
124 Corti, 1952, 221; Bridge, 1990, 67.
125 Corti, 1952, 223.
126 Ebd., 224–227.
127 Ebd., 229–234.
128 Corti, 1952, 85; Sked, 1989, 175; Redlich, 1929, 228ff; G. E. Rothenberg (1976), The Army of Francis Joseph. West Lafayette, 55.
129 Corti, 1952, 237ff; Redlich, 1929, 272ff; Bridge, 1990, 68f.
130 Redlich, 1929, 281–286; Corti, 1952, 245, 256f.
131 Redlich, 1929, 288f.
132 Ebd., 161.
133 Ebd., 102f; Crankshaw, 1963, 78, 87.
134 Redlich, 1929, 253.
135 Bridge, 1990, 52.
136 Sked, 1989, 171.
137 Redlich, 1929, 178, 252.
138 Ebd., 247
139 Ebd., 194; Crankshaw, 1963, 77.
140 Corti, 1952, 247f.
141 Ebd., 248.

LIBERALISMUS, S. 73–102

1 E. Crankshaw (1963), The Fall of the House of Habsburg. New York, 181.
2 J. Redlich (1929), Emperor Francis Joseph of Austria: A Biography. New York, 287f; E. C. Corti (1952), Mensch und Herrscher: Wege und Schicksale Kaiser Franz Josephs I. zwischen Thronbesteigung und Berliner Kongreß. Graz, 275.
3 Redlich, 1929, 289–295.
4 J.-P. Bled (1992), Franz Joseph. Übers. T. Bridgeman. Oxford, 120–123; Redlich, 1929, 296–307.
5 Redlich, 1929, 345.

6 Corti, 1952, 247; Redlich, 1929, 306.

7 Corti, 1952, 268.

8 Ebd., 323, 329.

9 F. R. Bridge (1990), The Habsburg Monarchy among the Great Powers, 1815–1918. Oxford, 74.

10 Redlich, 1929, 275f; vgl. Bridge, 1990, 81.

11 Redlich, 1929, 320f; Bridge, 1990, 74f.

12 Corti, 1952, 309.

13 Redlich, 1929, 321f.

14 J. Kořalka (1993), Deutschland und die Habsburgermonarchie. In: A. Wandruszka, P. Urbanitsch (Hg.), Die Habsburger Monarchie 1848–1918 (6 Bde.). Wien, Bd. 6, Tl. 2, Außenpolitik, 35; Corti, 1952, 290–296; Redlich, 1929, 315–318; Bridge, 1990, 75.

15 Corti, 1952, 323, 329; Bled, 1992, 123f; Redlich, 1929, 304–309.

16 Redlich, 1929, 310–313; Kořalka, 1993, 38.

17 Corti, 1952, 304f.

18 Bridge, 1990, 76f; Kořalka, 1993, 38.

19 Kořalka, 1993, 38.

20 Bridge, 1990, 79.

21 A. Sked (1989), The Decline and Fall of the Habsburg Empire 1815–1918. London, 179ff.

22 Redlich, 1929, 323–328; Sked, 1989, 180f.

23 G. E. Rothenberg (1976), The Army of Francis Joseph. West Lafayette, 67–72; K. Koch (1992), Das Jahr 1866 und die Benedek Kontroverse. Etudes Danubiennes, Bd. 8 (2), 145–152.

24 Siehe G. D. W. Wawro (1992), The Austro-Prussian War: Politics, Strategy and War in the Habsburg Monarchy, 1859–1866 (2 Bde.). Unveröffentlichte PhD Diss. Yale, Bd. 2, 804–815; siehe dazu die kürzere, veröffentlichte Version: G. D. W. Wawro (1996), The Austro-Prussion War: Austria's War with Prussia and Italy in 1866, Cambridge, Mass.

25 Corti, 1952, 349–359; Rothenberg, 1976, 70.

26 Corti, 1952, 358.

27 Rothenberg, 1976, 66; Redlich, 1929, 328; Corti, 1952, 85.

28 G. D. W. Wawro (1996), Inside the Whale: The Tangled Finances of the Austrian Army, 1848–66. In: War in History. Bd. 3, 42–65; Rothenberg, 1976, 66.

29 Sked, 1989, 184f; vgl. Crankshaw, 1963, 153, 212f.

30 Wawro, 1996, 45–53.

31 G. D. W. Wawro (1995), An Army of Pigs: The Technical, Social und Political Bases of Austrian Shock Tactics, 1859–66. In: The Journal of Military History. Bd. 59, 407–437; Rothenberg, 1976, 64.

32 Kořalka, 1993, 43f.

33 Bridge, 1990, 87, 94f.

34 Ebd., 96f.

35 Bled, 1992, 165ff.

36 R. A. Kann (1977), A History of the Habsburg Empire, 1526–1918. Berkeley, 359; Bridge, 1990, 102.

37 Corti, 1952, 451f; Bled, 1992, 178–182; Redlich, 1929, 372–376.

38 Bled, 1992, 148.

39 Ebd., 147ff.

40 Corti, 1952, 396.

41 Siehe zu den Details und den Konsequenzen des Ausgleichs: L. Eisenmann (1971), Le Compromis Austro-Hongrois de 1867: Étude sur le dualisme. Nachdruck von 1904. Hattiesburg; Sked, 1989, 187–197; Redlich, 1929, 348–354.

42 R. Musil (1979), The Man without Qualities (3 Bde.). Übers. E. Wilkins, E. Kaiser. London, Bd. 1, 32f.

43 Eisenmann, 1971, 528.

44 O. Jászi (1929), The Dissolution of the Habsburg Monarchy. Chicago, 349–353 (Studies in the making of Citizens).

45 Ebd., 354f.

46 Kann, 1977, 333f.

47 Jászi, 1929, 355; Sked, 1989, 192f.

48 Redlich, 1929, 353.

49 H. W. Steed (1969), The Habsburg Monarchy. 1914². New York, 30.

50 M. H. Brettner (Hg.) (1973), Die Protokolle des österreichischen Ministerrates 1848–1867. Wien, Tl. 6, Bd. 2, 401–406; vgl. Corti, 1952, 387, wo das Zitat fälschlicherweise Franz Joseph zugeschrieben wird.

51 Ebd., 388.

52 Sked, 1989, 208.

53 Redlich, 1929, 397.

54 A. Palmer (1994), Twilight of the Habsburgs: The Life and Times of Emperor Francis Joseph. London, 146f.

55 Bridge, 1990, 84.

56 Corti, 1952, 382.

57 Kann, 1977, 340; Eisenmann 1971, 499.

58 Redlich, 1929, 370.

59 Corti, 1952, 268.

60 O. Habsburg (1966), Kaiser Franz Joseph. Wien, 3f.

61 Corti, 1952, 336.

62 Redlich, 1929, 374f.

63 Bled, 1992, 163ff.

64 Corti, 1952, 414f; Kann, 1977, 357; Bled, 1992, 158–163.

65 Corti, 1952, 480.

66 E. C. Hellbling (1975), Die Landesverwaltung in Cisleithanien. In: A. Wandruszka, P. Urbanitsch (Hg.), Wien, Bd. 2, Verwaltung und Rechtswesen, 218.

67 Kann, 1977, 358; Hellbling, 1975, 213.

68 I. Deák (1990), Beyond Nationalism: A Social and Political History of the Habsburg Officer Corps 1848–1918. Oxford, 59; Rothenberg, 1976, 74–89.

69 Bled, 1992, 163–167, 178–182; Kann, 1977, 356–360.

70 Bled, 1992, 182–185.

71 Kann, 1977, 364; G. Barany (1975), Ungarns Verwaltung 1848–1918. In: A. Wandruszka, P. Urbanitsch (Hg.), Wien, Bd. 2, 343f, 391–397, 421ff.

72 Kann, 1977, 362ff; Sked, 1989, 208f.

73 Redlich, 1929, 357ff.

74 Barany, 1975, 403ff; L. Péter (1984), The Dualist Character of the 1867 Hungarian Settlement. In: G. Ránki (Hg.), Hungarian History – World History. Bloomington, 151.

75 Barany, 1975, 407.

76 Ebd., 403.
77 Kann, 1977, 339f.
78 L. Höbelt (1993), Kornblume und Kaiseradler: Die deutschfreiheitlichen Parteien Altösterreichs 1882–1918. Wien, 17.
79 Péter, 1984, 147.
80 Bled, 1992, 168–171.
81 Bridge, 1990, 98–102.
82 Ebd., 105f.
83 Ebd., 106–111.
84 Ebd., 87.
85 Zu Bosnien siehe: N. Malcolm (1994), Bosnia: A Short History. London.
86 Malcolm, 1994, 119–134.
87 Bridge, 1990, 112f; Palmer 1994, 195–198.
88 Corti, 1952, 490.
89 Bridge, 1990, 113.
90 Palmer, 1994, 199ff; Bridge, 1990, 111–114.
91 Bridge, 1990, 114–126.
92 Bled, 1992, 173ff.
93 Bridge, 1990, 126f.
94 Corti, 1952, 495.
95 Bridge, 1990, 126–131.
96 Corti, 1952, 514.
97 A. J. P. Taylor (1948) [1964], The Habsburg Monarchy 1809–1918. Harmondworth, 167.
98 Bridge, 1990, 131f.
99 Bled, 1992, 190ff.
100 W. A. Jenks (1965), Austria under the Iron Ring 1879–1893. Charlottesville, 31–36; Höbelt, 1993, 20f.
101 Bridge, 1990, 133; Kořalka, 1993, 74.
102 Bridge, 1990, 134f.

DIE PHASE DES FORTWURSTELNS, S. 103–133

1 J. Redlich (1929), Emperor Franics Joseph of Austria: A Biography. New York, 421.
2 W. A. Jenks (1965), Austria under the Iron Ring 1879–1893. Charlottesville, 35.
3 Ebd., 37.
4 Ebd., 49.
5 Ebd., 56.
6 J. Redlich (1925), Österreichische Regierung und Verwaltung im Weltkriege. Wien, 50ff.
7 E. C. Hellbling (1975), Die Landesverwaltung in Cisleithanien. In: A. Wandruszka, P. Urbanitsch (Hg.), Die Habsburger Monarchie 1848–1918 (6 Bde.). Wien, Bd. 2, Verwaltung und Rechtswesen, 249f.
8 Jenks, 1965, 72.
9 Ebd., 59–62.
10 Ebd., 115f; L. Höbelt (1993), Kornblume und Kaiseradler: Die deutschfreiheitlichen Parteien Altösterreichs 1882–1918. Wien, 141–144.

11 Hellbling, 1975, 252ff.
12 Jenks, 1965, 128–139.
13 Ebd., 184f.
14 D. F. Good (1984), The Economic Rise of the Habsburg Empire, 1750–1914. Berkeley, 226.
15 Jenks, 1965, 162–176, 191–218.
16 Ebd., 67f, 105–112.
17 J. S. Bloch (1922), Erinnerungen aus meinem Leben. Wien, 159.
18 Jenks, 1965, 295.
19 J. K. Hoensch (1988), A History of Modern Hungary, 1867–1986. Übers. K. Traynor. London, 34.
20 Ebd., 30f.
21 Good, 1984, 226ff.
22 W. O. McCagg (1989), A History of Habsburg Jews, 1670–1918. Bloomington, 123–138; Redlich, 1929, 459.
23 C. A. Macartney (1978), The House of Austria: The Later Phase 1790–1918. Edinburgh, 209; A. J. P. Taylor (1948) [1964], The Habsburg Monarchy 1809–1918. Harmondsworth, 207.
24 Macartney, 1978, 209.
25 Vgl. O. Jászi (1929), The Dissolution of the Habsburg Monarchy. Chicago, 346f (Studies in the Making of Citizens).
26 Höbelt, 1993, 30, 35, 181.
27 Redlich, 1929, 418.
28 Höbelt, 1993, 19.
29 Jenks, 1965, 95, 265.
30 Ebd., 83; R. A. Kann (1977), A History of the Habsburg Empire. 1526–1918. Berkeley, 339f.
31 Jenks, 1965, 117f.
32 Ebd., 79.
33 J.-P. Bled (1992), Franz Joseph. Übers. T. Bridgeman, Oxford, 200ff.; A. Palmer (1994), Twilight of the Habsburgs: The Life and Times of Emperor Francis Joseph. London, 276.
34 Redlich, 1929, 407.
35 Ebd., 420, 423, 440.
36 Ebd., 421.
37 I. Deák (1990), Beyond Nationalism: A Social and Political History of the Habsburg Officer Corps 1848–1918. Oxford, 59f; F. R. Bridge (1990), The Habsburg Monarchy among the Great Powers, 1815–1918. Oxford, 149.
38 Vgl. Deák, 1990, 183ff; obwohl Deák die offizielle Zahl anzweifelt, daß 80 Prozent der Offiziere Deutsche waren, gesteht er zu, daß soviele deutschsprachig waren und mehr als die Hälfte der deutschen Nation angehörten.
39 Ebd., 75.
40 Bridge, 1990, 193ff; Deák, 1990, 64.
41 Bled, 1992, 205.
42 E. C. Corti u. H. Sokol (1955), Der alte Kaiser: Franz Joseph I. vom Berliner Kongreß bis zu seinem Tode. Graz, 92.
43 Bridge, 1990, 211.
44 Ebd., 211.
45 Ebd., 178.

46 Ebd., 221ff.

47 Corti u. Sokol, 1955, 55.

48 Bled, 1992, 211f; Anonymous (1904), The Private Life of Two Emperors: William II of Germany and Francis-Joseph of Austria (2 Bde.). London, Bd. 1, 218ff.

49 Vgl. Albrechts Darstellung der Moral der Familie Habsburg. In: B. Hamann (Hg.) (1992), Meine liebe, gute Freundin! Die Briefe Kaiser Franz Josephs an Katharina Schratt. Wien, 158.

50 Anonymous, 1904, 122.

51 Ebd., 129.

52 P. Vasili (1885), Die Wiener Gesellschaft. Leipzig, 72–90.

53 Anonymous, 1904, 184, 193.

54 R. A. Kann (1991), Dynasty, Politics and Culture: Selected Essays. Hg. S. Winters, Social Science Monographs. Boulder, 58f.

55 Bled, 1992, 221; Redlich, 1929, 409; Anonymous, 1904, 264.

56 E. Crankshaw (1963), The Fall of the House of Habsburg. New York, 294.

57 B. Hamann (Hg.) (1979), Majestät, ich warne Sie: Geheime und private Schriften. Wien, 10.

58 Redlich, 1929, 410f.

59 Hamann, 1979, 218.

60 Ebd., 170; vgl. Redlich, 1929, 435–438.

61 Hamann, 1979, 9.

62 Hamann, 1992, 158.

63 Anonymous, 1904, 59.

64 Redlich, 1929, 477; Anonymous, 1904, 60.

65 Hamann, 1992, 16ff; Anonymous, 1904, 25.

66 Corti u. Sokol, 1955, 161.

67 Palmer, 1994, 236; vgl. für die umfassende Darstellung der Korrespondenz Franz Josephs: Hamann, 1992.

68 Palmer, 1994, 260; siehe auch: F. Morton (1979), A Nervous Splendor: Vienna 1888–9. London.

69 Hamann, 1992, 126.

70 Corti u. Sokol, 1955, 142.

71 Ebd., 52.

72 Redlich, 1929, 418; Höbelt, 1993, 30ff.

73 Corti u. Sokol, 1955, 214; vgl. J. W. Boyer (1981), Political Radicalism in Late Imperial Vienna: Origins of the Christian Social Movement 1848–1897. Chicago; R. S. Geehr (1990), Karl Lueger, Mayor of Fin de Siècle Vienna. Detroit.

74 Vgl. W. M. Johnston (1972), The Austrian Mind: An Intellectual and Social History, 1848–1938. Berkeley, 99ff.

75 Jenks, 1965, 244; J. F. N. Bradley (1984), Czech Nationalism in the Nineteenth Century. Boulder, 30–33 (East European Monographs).

76 Hoensch, 1988, 51f.

77 H. W. Steed (1969), The Habsburg Monarchy. 1914[2]. New York, 28.

78 Jászy, 1929, 370f; Palmer, 1994, 213; vgl. Tayler, 1948 (1964), 166f; Kann, 1977, 466f.

79 Corti u. Sokol, 1955, 214; Crankshaw, 1963, 299.

80 Bridge, 1990, 205.

81 J. Kořalka (1993), Deutschland und die Habsburgermonarchie. In: A. Wan-

druszka, P. Urbanitsch (Hg.), Wien, Bd. 6, Tl. 2, Außenpolitik, 86; Bridge, 1990, 184f.

82 Corti u. Sokol, 1955, 55.

83 Kořalka, 1993, 99.

84 Ebd., 97.

85 Jenks, 1965, 253, 256.

86 Ebd., 248.

87 Höbelt, 1993, 61–64.

88 Jenks, 1965, 299–303.

89 Boyer, 1981, 321–349.

90 Höbelt, 1993, 106–115.

91 Redlich, 1929, 443.

92 Crankshaw, 1963, 301; Redlich, 1929, 443.

93 Redlich, 1929, 444.

94 Höbelt, 1993, 116f.

95 A. Sked (1989), The Decline and Fall of the Habsburg Empire 1815–1918. London, 222; A. J. May (1951), The Habsburg Monarchy, 1867–1914. Cambridge, Mass., 325.

96 Höbelt, 1993, 151–155.

97 Kann, 1977, 441; May, 1951, 325.

98 Höbelt, 1993, 163.

99 Redlich, 1929, 447; Höbelt, 1993, 109.

100 Kořalka, 1993, 107–110.

101 Höbelt, 1993, 161–166.

102 Redlich, 1929, 448.

DER ALTERNDE FRANZ JOSEPH, S. 135–178

1 E. C. Corti u. H. Sokol (1955), Der alte Kaiser: Franz Joseph I. vom Berliner Kongreß bis zu seinem Tode. Graz, 234; A. Palmer (1994), Twilight of the Habsburgs: The Life and Times of Emperor Francis Joseph. London, 285.

2 Palmer, 1994, 314.

3 S. Wank (1993c), Desperate Counsel in Vienna in July 1914: Berthold Molden's Unpublished Memorandum. Central European History, Bd. 26 (3), 308; vgl. E. Crankshaw (1963), The Fall of the House of Habsburg. New York, 140.

4 Zum Nationalisproblem siehe: S. Wank (1993a), The Nationalities Question in the Habsburg Monarchy: Reflections on the Historical Record. Working Papers in Austrian Studies, Bd. 93 (3).

5 Vgl. J. Kořalka u. R. J. Crampton (1980), Die Tschechen. In: A. Wandruszka u. P. Urbanitsch (Hg.), Die Habsburger Monarchie 1848–1918 (6 Bde.). Wien, Bd. 3, Tl. 1, Die Völker des Reiches, 521.

6 O. Jászi (1929), The Dissolution of the Habsburg Monarchy. Chicago, 311 (Studies in the Making of Citizens).

7 A. Spitzmüller (1987), Memoirs. Übers. C. de Bussy. Boulder, 28 (East European Monographs).

8 J.-P. Bled (1992), Franz Joseph. Übers. T. Bridgeman, Oxford, 467f.

9 J. Redlich (1929), Emperor Francis Joseph of Austria: A Biography. New York, 450.

10 L. Höbelt (1993), Kornblume und Kaiseradler: Die deutschfreiheitlichen Parteien Altösterreichs 1882–1918. Wien, 199.

11 A. J. May (1951), The Habsburg Monarchy, 1867–1914. Cambridge, Mass., 334.

12 Redlich, 1929, 453ff; Höbelt, 1993, 184f.

13 Höbelt, 1993, 197ff; Jászi, 1929, 167.

14 C. A. Macartney (1978), The House of Austria: The Later Phase, 1790–1918. Edinburgh, 211; Spitzmüller, 1987, 31f.

15 Redlich, 1929, 455.

16 Ebd., 455ff.

17 Jászi, 1929, 295.

18 G. Gudenus (1931), Kaiser und Thronfolger. In: E. von Steinitz (Hg.), Erinnerungen an Franz Joseph I. Berlin, 146.

19 Redlich, 1929, 452.

20 Höbelt, 1993, 182.

21 J. Kořalka (1993), Deutschland und die Habsburgermonarchie. In: A. Wandruszka, P. Urbanitsch (Hg.), Wien, Bd. 6, Tl. 2, Außenpolitik, 125f.

22 J. Lukacs (1989), Budapest 1900: A Historical Portrait of a City and its Culture. London, besonders 71f.

23 Corti u. Sokol, 1955, 237.

24 J. K. Hoensch (1988), A History of Modern Hungary, 1867–1986. Übers. K. Traynor. London, 45; May, 1951, 342–346.

25 Macartney, 1978, 211; Spitzmüller, 1987, 22ff, 31f.

26 Spitzmüller, 1987, 24.

27 Macartney, 1978, 235; May, 1951, 348–352.

28 May, 1951, 353ff; Macartney, 1978, 235; Palmer 1994, 294.

29 Corti u. Sokol, 1955, 289.

30 A. J. P. Taylor (1948) [1964], The Habsburg Monarchy 1809–1918. Harmondsworth, 222; Hoensch, 1988, 63.

31 Corti u. Sokol, 1955, 295.

32 Hoensch, 1988, 64; Macartney, 1978, 236f.

33 G. Barany (1975), Ungarns Verwaltung 1848–1918. In: A. Wandruszka, P. Urbanitsch (Hg.), Wien, Bd. 2, Verwaltung und Rechtswesen, 421–427.

34 Ebd., 442.

35 Corti u. Sokol, 1955, 303f; May, 1951, 358f; Macartney, 1978, 237.

36 Vgl. Jászi, 1929, 362.

37 Ebd., 362f.

38 Corti u. Sokol, 1955, 302f.

39 Redlich, 1929, 468.

40 May, 1951, 337f.

41 Höbelt, 1993, 252.

42 Redlich, 1929, 470.

43 May, 1951, 339.

44 Spitzmüller, 1987, 40.

45 May, 1951, 341f, 425.

46 P. Pulzer (1988), The Rise of Political Anti-Semitism in Germany and Austria. London, 206–210; May, 1951, 428.

47 May, 1951, 434.

48 Macartney, 1978, 239.

49 May, 1951, 440; Macartney, 1978, 240.

50 Hoensch, 1988, 67; May, 1951, 440.
51 D. F. Good (1984), The Economic Rise of the Habsburg Empire, 1750–1914. Berkeley, 245ff.
52 Vgl. S. Beller (1989), Vienna and the Jews, 1867–1938: A Cultural History. Cambridge; C. E. Schorske (1980), Fin-de-siècle Vienna: Politics and Culture. London.
53 Kořalka u. Crampton, 1980, 510; G. B. Cohen (1988), Education and Czech Social Structure in the Late Nineteenth Century. In: H. Lemberg et al., Bildungsgeschichte, Bevölkerungsgeschichte, Gesellschaftsgeschichte in den böhmischen Ländern und in Europa. München, 38f.
54 Jászi, 1929, 329.
55 Barany, 1975, 461; E. C. Hellbling (1975), Die Landesverwaltung in Cisleithanien. In: Wandruszka and Urbanitsch, Bd. 2, 219, 239–242.
56 W. Goldinger (1975), Die Zentralverwaltung in Cisleithanien – Die zivile gemeinsame Zentralverwaltung. In: Wandruszka u. Urbanitsch, Bd. 2, 116.
57 S. Zweig (1970), Die Welt von Gestern: Erinnerungen eines Europäers. Frankfurt am Main, 7.
58 Siehe: G. Stourzh (1980), Die Gleichberechtigung der Volksstämme als Verfassungsprinzip 1848–1918. In: Wandruszka u. Urbanitsch (Hg.), Wien, Bd. 3, Tl. 2, Die Völker des Reiches, 977–1206.
59 Stourzh, 1980, 1171–1200; A. Sked (1989), The Decline and Fall of the Habsburg Empire 1815–1918. London, 225; Wank, 1993a, 12f.
60 Crankshaw, 1963, 305f; Jászi, 1929, 295f.
61 R. A. Kann (1977), A History of the Habsburg Empire. 1526–1918. Berkeley, 448; May, 1951, 442f.
62 Sked, 1989, 264.
63 Ebd., 224
64 Ebd., 208–234.
65 H. W. Steed (1937), The Doom of the Habsburgs. London, 90.
66 Wank, 1993a, 3; vgl. Kořalka u. Crampton, 1980, 515.
67 I. Deák (1990), Beyond Nationalism: A Social and Political History of the Habsburg Officer Corps 1848–1918. Oxford, 77.
68 S. R. Williamson, Jr. (1991), Austria-Hungary and the Origins of the First World War. London, 46; Deák, 1990, 74ff.
69 F. R. Bridge (1990), The Habsburg Monarchy among the Great Powers, 1815–1918. Oxford, 255.
70 Crankshaw, 1963, 306.
71 Barany, 1975, 423–442.
72 Goldinger, 1975, 175.
73 H. W. Steed (1969), The Habsburg Monarchy. 1914^2. New York, 59.
74 Ebd., 80.
75 W. Heindl (1991a), Gehorsame Rebellen: Bürokratie und Beamte in Österreich. 1780–1848. Wien, 322–326 (Studien zu Politik und Verwaltung); Diess., (1991b), Was ist Reform? Überlegungen zum Verhältnis von Bürokratie, Staat und Gesellschaft in Österreich. In: H. Rumpler (Hg.), Innere Staatsbildung und gesellschaftliche Modernisierung in Österreich und Deutschland 1867/71 bis 1914. Wien, 171–174.
76 Steed, 1969, 75–81.
77 Ebd., 88.

78 Goldinger, 1975, 114.
79 Barany, 1975, 415.
80 Steed, 1969, 78.
81 Ebd., 136f.; vgl. Jászi, 1929, 234–237.
82 Hellbling, 1975, 261f.
83 Jászi, 1929, 295; Goldinger, 1975, 111.
84 J. Klabouch (1975), Die Lokalverwaltung in Cisleithanien. In: Wandruszka u. Urbanitsch (Hg.), Bd. 2, 296–299.
85 J. Redlich (1925), Österreichische Regierung und Verwaltung im Weltkriege. Wien, 19f, 25f, 73ff.
86 J. W. Boyer (1995), Culture and Political Crisis in Vienna: Christian Socialism in Power, 1897–1918. Chicago, 1–110, besonders 38f.
87 Hellbling, 1975, 259ff; Taylor, 1948 (1964), 171.
88 Redlich, 1925, 66–81; Jászi, 1929, 167f; Steed, 1969, 77f.
89 Hellbling, 1975, 259.
90 Steed, 1969. Franz Joseph wußte, welche Bedrohung die neue Sprachenpolitik für die habsburgische Bürokratie darstellen würde, doch war er bereit, dies in Kauf zu nehmen, um die Infragestellung seiner kaiserlichen Vorrechte durch die Deutschliberalen niederzuringen.
91 Kann, 1977, 442.
92 Jászi, 1929, 111, 380–383.
93 Steed, 1969, 57.
94 Palmer, 1994, 349.
95 Steed, 1969, 125; vgl. Jászi, 1929, 139.
96 Jászi, 1929, 291f.
97 Redlich, 1929, 485–493; Palmer, 1994, 295ff.
98 Redlich, 1929, 487; Palmer, 1994, 297; Corti u. Sokol, 1955, 306–319.
99 B. Hamann (Hg.) (1992), Meine liebe, gute Freundin! Die Briefe Kaiser Franz Josephs an Katharina Schratt. Wien, 530.
100 A. Margutti (1921), The Emperor Francis Joseph and His Times. London, 209.
101 Palmer, 1994, 308.
102 B. Hamann (Hg.) (1979), Majestät, ich warne Sie: Geheime und private Schriften. Wien, 218.
103 W. A. Jenks (1965), Austria under the Iron Ring 1879–1893. Charlottesville, 50.
104 Z.B. Sked, 1989, 230–234.
105 Williamson, 1991, 34.
106 Sked, 1989, 265–268.
107 Williamson, 1991, 27.
108 Bridge, 1990, 250f.
109 Ebd., 224–277.
110 Jászi, 1929, 323f; Redlich, 1929, 463f.
111 H. & C. Seton-Watson (1981), The Making of a New Europe: R. W. Seton-Watson and the Last Years of Austria-Hungary. Seattle, 60.
112 Williamson, 1991, 63f.
113 May, 1951, 406–410; vgl. Sked, 1989, 245f.
114 Bridge, 1990, 230f.
115 Ebd., 251.
116 Ebd., 261f.
117 Ebd.

118 Jászi, 1929, 417; Bridge, 1990, 262.
119 Bridge, 1990, 268ff.
120 H. Rumbold (1909), The Austrian Court in the Nineteenth Century. London, 183, 330.
121 Vgl. Williamson, 1991, 42.
122 Bridge, 1990, 276–281.
123 Ebd., 280–284.
124 Ebd., 288.
125 Seton-Watson, 1981, 68, 77.
126 Sked, 1989, 216; Steed, 1969, 100–104.
127 Seton-Watson, 1981, 69.
128 Bridge, 1990, 292f.
129 Ebd., 295.
130 May, 1951, 424.
131 Bridge, 1990, 254, 298.
132 Seton-Watson, 1981, 69; Bridge, 1990, 296.
133 Stourzh, 1980, 1054, 1123; F. R. Bridge (1984), British Official Opinion and the Domestic Stiuation in the Habsburg Monarchy, 1900–1914. In: B. J. C. McKercher u. D. J. Moss (Hg.), Shadow and Substance in British Foreign Policy 1895–1939. Edmonton, 100.
134 Bridge, 1990, 306, zitiert nach der Tagebucheintragung vom 7.8.1911 in: J. Redlich (1953), Schicksalsjahre Österreichs: Das politische Tagebuch Josef Redlichs. Hg. F. Fellner. Wien, Bd. 1, 95.
135 Bridge, 1990, 308; Palmer, 1994, 311f.
136 Williamson, 1991, 124; Bridge, 1990, 316.
137 Williamson, 1991, 126–142.
138 R. A. Kann (1991), Dynasty, Politics and Culture: Selected Essays. Hg. S. Winters. Boulder, 300 (Social Science Monographs); Bridge, 1990, 317–321.
139 Jászi, 1929, 405.
140 May, 1951, 410.
141 Bridge, 1984, 99f.
142 Bridge, 1990, 322.
143 Williamson, 1991, 155.
144 Bridge, 1990, 327.
145 Williamson, 1991, 163.
146 Bridge, 1990, 329–333.
147 Jászi, 1929, 419.

TOD UND VERKLÄRUNG, S. 179–194

1 A. Margutti (1921), The Emperor Francis Joseph and His Times. London, 138f.
2 Ebd., 139; vgl. Marie Valeries Tagebucheintragung für 28.–29. Juni 1914. In: E. C. Corti u. H. Sokol (1955), Der alte Kaiser: Franz Joseph I. vom Berliner Kongreß bis zu seinem Tode. Graz, 412.
3 R. A. Kann (1991), Dynasty, Politics and Culture: Selected Essays. Hg. S. Winters. Boulder, 306 (Social Science Monographs).
4 Margutti, 1921, 319.
5 Ebd., 139.

6 S. R. Williamson, Jr. (1991), Austria-Hungary and the Origins of the First World War. London, 192.
7 F. R. Bridge (1990), The Habsburg Monarchy among the Great Powers, 1815–1918. Oxford, 335.
8 Bridge, 1990, 336, 339; Williamson, 1991, 193; L. Berchtold (1931), Der Herrscher wie ich ihn gekannt. In: E. von Steinitz (Hg.), Erinnerungen an Franz Joseph I., Kulturpolitik. Berlin, 314.
9 Margutti, 1921, 286.
10 Ebd., 305–317.
11 O. Jászi (1929), The Dissolution of the Habsburg Monarchy. Chicago, 424 (Studies in the Making of Citizens).
12 Z.B. H. Pogge von Strandmann (1988), Germany and the Coming of War. In: R. J. W. Evans u. H. Pogge von Strandmann (Hg.), The Coming of the First World War. Oxford, 114ff.
13 Bridge, 1990, 342; M. Rauchensteiner (1993), Der Tod des Doppeladlers: Österreich-Ungarn und der Erste Weltkrieg. Graz, 80.
14 Williamson, 1991, 198.
15 Bridge, 1990, 340; Williamson, 1991, 197, 200.
16 Williamson, 1991, 204.
17 Kann, 1991, 300.
18 Ebd., 294.
19 Ebd., 306: Margutti, 1921, 317.
20 Corti u. Sokol, 1955, 420.
21 Berchtold, 1931, 313.
22 A. Sked (1989), The Decline and Fall of the Habsburg Empire 1815–1918. London, 264–268.
23 Williamson, 1991, 179.
24 Margutti, 1921, 205.
25 Berchtold, 1931, 314.
26 Williamson, 1991, 211.
27 Corti u. Sokol, 1955, 431; Jászi, 1929, 424.
28 A. Krobatin (1931), Aus meinen Erinnerungen an den Kaiser. In: E. von Steinitz (Hg.), 325; Corti u. Sokol, 1955, 420.
29 A. Palmer (1994), Twilight of the Habsburgs: The Life and Times of Emperor Francis Joseph. London, 147.
30 Margutti, 1921, 328.
31 Ebd., 330.
32 Williamson, 1991, 206f; Bridge, 1990, 343f; R. Jeřábek (1990), The Eastern Front 1914–1918. In: M. Cornwall (Hg.), The Last Years of Austria-Hungary. Exeter, 104.
33 Bridge, 1990, 343f; Palmer, 1994, 334; I. Deák (1990), Beyond Nationalism: A Social and Political History of the Habsburg Officer Corps 1848–1918. Oxford, 192ff; Jeřábek, 1990, 106f.
34 Palmer, 1994, 334f.
35 Bridge, 1990, 347f.
36 Williamson, 1991, 210.
37 Corti u. Sokol, 1955, 437; vgl. Margutti, 1921, 343.
38 Krobatin, 1931, 326.
39 Margutti, 1921, 343; Bridge, 1990, 349.

40 Bridge, 1990, 350; Kann, 1991, 265.
41 Bridge, 1990, 354.
42 Jeřábek, 1990, 108f.
43 Bridge, 1990, 353.
44 Ebd., 346.
45 Ebd., 356; Corti u. Sokol, 1955, 451.
46 Bridge, 1990, 356; Palmer, 1994, 338f; Jeřábek, 1990, 110f.
47 Bridge, 1990, 355.
48 Corti u. Sokol, 1955, 454.
49 Margutti, 1921, 362.
50 Bridge, 1990, 358; Corti u. Sokol, 1955, 460; Margutti, 1921, 365.
51 M. Sperber (1978), Die Wasserträger Gottes. München, 137.
52 J. Redlich (1929), Emperor Franics Joseph of Austria: A Biography. New York, 530.
53 Bridge, 1990, 358. Ich verdanke den Hinweis auf die Bedeutung dieses Ereignisses Laszlo Péter.
54 Ebd., 359–369.
55 Ebd., 380.
56 M. Cornwall (1990), The Dissolution of Austria-Hungary. In: M. Cornwall (Hg.) 1990, 137ff.
57 Sked, 1989, 264; Bridge, 1990, 370.
58 Cornwall, 1990, 140.
59 J. Roth (1981), Radetzkymarsch. München.
60 Vgl. J. Redlich (1925), Österreichische Regierung und Verwaltung im Weltkriege. Wien, 286f.
61 O. Habsburg (1966), Kaiser Franz Joseph. Wien, 8f.
62 H. W. Steed (1969), The Habsburg Monarchy. 1914^{2}. New York, 295.
63 Jászi, 1929, 436.
64 A. J. P. Taylor (1948) [1964], The Habsburg Monarchy 1809–1918. Harmondsworth, 279.
65 Kann, 1991, 65ff.
66 E. C. Corti (1952), Mensch und Herrscher: Wege und Schicksale Kaiser Franz Josephs I. zwischen Thronbesteigung und Berliner Kongreß. Graz, 537.
67 Corti u. Sokol, 1955, 439.
68 Deák, 1990, 172–178.
69 Redlich, 1929, 540.

Literatur

Anonymous (1904), The Private Life of Two Emperors: William II of Germany and Francis-Joseph of Austria (2 Bde.). London, Bd. 1.

G. Barany (1975), Ungarns Verwaltung 1848–1918. In: A. Wandruszka, P. Urbanitsch (Hg.), Die Habsburger Monarchie 1848–1918 (6 Bde.). Wien, Bd. 2, Verwaltung und Rechtswesen.

S. Beller (1989), Vienna and the Jews, 1867–1938: A Cultural History. Cambridge.

Ders., (1994), Germans and Jews as Central European and »mitteleuropäische« Elites. In: P. Stirk (Hg.), Mitteleuropa: History and Prospects. Edinburgh, 61–74.

L. Berchtold (1931), Der Herrscher wie ich ihn gekannt. In: E. von Steinitz (Hg.), Erinnerungen an Franz Joseph I. Berlin.

D. Blackbourn (1987a), Progress and Piety: Liberals, Catholics and The State in Bismarck's Germany. In: D. Blackbourn, Populists and Patricians: Essays in Modern German History. London, 144–155.

Ders., (1987b), Populists and Patricians: Essays in Modern German History. London.

D. Blackbourn, G. Eley (1984), The Peculiarities of German History: Bourgeois Society and Politics in Nineteenth-Century Germany. Oxford.

T. C. W. Blanning (1989), The French Revolution and the Modernization of Germany. Central European History 22 (2).

Ders., (1994), Joseph II. London (Profiles in Power).

J.-P. Bled (1992), Franz Joseph. Übers. T. Bridgeman, Oxford.

J. S. Bloch (1922), Erinnerungen aus meinem Leben. Wien.

J. W. Boyer (1981), Political Radicalism in Late Imperial Vienna: Origins of the Christian Social Movement 1848–1897. Chicago.

Ders., (1995), Culture and Political Crisis in Vienna: Christian Socialism in Power, 1897–1918. Chicago.

J. F. N. Bradley (1984), Czech Nationalism in the Nineteenth Century. Boulder (East European Monographs).

H. H. Brandt (1987), The Revolution of 1848 and the Problem of Central European Nationalities. In: H. Schulze (Hg.), Nation-Building in Central Europe. Leamington Spa, 107–134.

M. H. Brettner (Hg.) (1973), Die Protokolle des österreichischen Ministerrates 1848–1867. Wien, Tl. 6, Bd. 2, 401–406.

F. R. Bridge (1984), British Official Opinion and the Domestic Stiuation in the Habsburg Monarchy, 1900–1914. In: B. J. C. McKercher u. D. J. Moss (Hg.), Shadow and Substance in British Foreign Policy 1895–1939. Edmonton.

Ders., (1990), The Habsburg Monarchy among the Great Powers, 1815–1918. Oxford.

H. Broch (1984), Hugo von Hofmannsthal and his Time: The European Imagination 1860–1920. Übers. u. hg. M. P. Steinberg. Chicago.

C. M. Cipolla (Hg.), The Fontana Economic History of Europe (5 Bde.). Glasgow.

G. B. Cohen (1988), Education and Czech Social Structure in the Late Nineteenth Century. In: H. Lemberg et al., Bildungsgeschichte, Bevölkerungsgeschichte, Gesellschaftsgeschichte in den böhmischen Ländern und in Europa. München.

M. Cornwall (1990), The Dissolution of Austria-Hungary. In: M. Cornwall (Hg.), The Last Years of Austria-Hungary. Exeter.

Ders., (Hg.) (1990), The Last Years of Austria-Hungary. Exeter.

E. C. Corti (1950), Vom Kind zum Kaiser: Kindheit und erste Jugend Kaiser Franz Josephs I. und seiner Geschwister. Graz.

Ders., (1952), Mensch und Herrscher: Wege und Schicksale Kaiser Franz Josephs I. zwischen Thronbesteigung und Berliner Kongreß. Graz.
E. C. Corti, H. Sokol (1955), Der alte Kaiser: Franz Joseph I. vom Berliner Kongreß bis zu seinem Tode. Graz.
E. Crankshaw (1963), The Fall of the House of Habsburg. New York.
I. Deák (1990), Beyond Nationalism: A Social and Political History of the Habsburg Officer Corps 1848–1918. Oxford.
L. Eisenmann (1971), Le Compromis Austro-Hongrois de 1867: Étude sur le dualisme. Nachdruck von 1904. Hattiesburg.
R. J. W. Evans (1979), The Making of the Habsburg Monarchy, 1550–1700: An Interpretation. Oxford.
Ders., (1988), The Habsburg Monarchy and the Coming of War. In: R. J. W. Evans, Pogge von Strandmann H. (Hg.), The Coming of the First World War. Oxford.
Ders., (1994), Austrian Identity in Hungarian Perspective: The Nineteenth Century. In: R. Robertson, E. Timms (Hg.), The Habsburg Legacy: National Identity in Historical Perspective (Austrian Studies, Bd. 5). Edinburgh.
R. J. W. Evans, Pogge von Strandmann H. (Hg.) (1988), The Coming of the First World War. Oxford.
F. Fischer (1967), Germany's Aims in the First World War. London.
R. S. Geehr (1990), Karl Lueger, Mayor of Fin de Siècle Vienna. Detroit.
E. Gellner (1983), Nations and Nationalism. Oxford.
W. Goldinger (1975), Die Zentralverwaltung in Cisleithanien – Die zivile gemeinsame Zentralverwaltung. In: A. Wandruszka, P. Urbanitsch (Hg.), Die Habsburger Monarchie 1848–1918 (6 Bde.). Wien, Bd. 2, Verwaltung und Rechtswesen.
D. F. Good (1984), The Economic Rise of the Habsburg Empire, 1750–1914. Berkeley.
G. Gottas (1975), Die Deutschen in Ungarn. In: A. Wandruszka, P. Urbanitsch (Hg.) (1975), Die Habsburger Monarchie 1848–1918 (6 Bde.). Wien, Bd. 3, Tl. 1, Die Völker des Reiches.
N. T. Gross (1973), The Habsburg Monarchy. In: C. M. Cipolla (Hg.), The Fontana Economic History of Europe (5 Bde.). Glasgow, Bd. 4, Tl. 1.
G. Gudenus (1931), Kaiser und Thronfolger. In: E. von Steinitz (Hg.), Erinnerungen an Franz Joseph I. Kulturpolitik. Berlin, 146.
O. Habsburg (1966), Kaiser Franz Joseph. Wien.
B. Hamann (Hg.) (1979), Majestät, ich warne Sie: Geheime und private Schriften. Wien.
Diess., (Hg.) (1992), Meine liebe, gute Freundin! Die Briefe Kaiser Franz Josephs an Katharina Schratt. Wien.
J. Havránek (1991), Central Europe. East Central Europe and the Historians 1940–1948. In: E. Somogyi (Hg.), Verbürgerlichung in Mitteleuropa. Budapest, 299–308.
W. Heindl (1991a), Gehorsame Rebellen: Bürokratie und Beamte in Österreich. 1780–1848. Wien (Studien zu Politik und Verwaltung).
Diess., (1991b), Was ist Reform? Überlegungen zum Verhältnis von Bürokratie, Staat und Gesellschaft in Österreich. In: H. Rumpler (Hg.), Innere Staatsbildung und gesellschaftliche Modernisierung in Österreich und Deutschland 1867/71 bis 1914. Wien, 171–174.
E. C. Hellbling (1975), Die Landesverwaltung in Cisleithanien. In: A. Wandruszka, P. Urbanitsch (Hg.), Die Habsburger Monarchie 1848–1918 (6 Bde.). Wien, Bd.

2, Verwaltung und Rechtswesen, 195–208.
L. Höbelt (1993), Kornblume und Kaiseradler: Die deutschfreiheitlichen Parteien Altösterreichs 1882–1918. Wien.
J. K. Hoensch (1988), A History of Modern Hungary, 1867–1986. Übers. K. Traynor. London.
C. Ingrao (1994), The Habsburg Monarchy 1618–1815. Cambridge, Mass. (New Approaches to European History).
O. Jászi (1929), The Dissolution of the Habsburg Monarchy. Chicago (Studies in the Making of Citizens).
W. A. Jenks (1965), Austria under the Iron Ring 1879–1893. Charlottesville.
R. Jeřábek (1990), The Eastern Front 1914–1918. In: M. Cornwall (Hg.), The Last Years of Austria-Hungary. Exeter.
W. M. Johnston (1972), The Austrian Mind: An Intellectual and Social History, 1848–1938. Berkeley.
R. A. Kann (1977), A History of the Habsburg Empire 1526–1918. Berkeley.
Ders., (1991), Dynasty, Politics and Culture: Selected Essays. Hg. S. Winters (Social Science Monographs). Boulder.
J. Klabouch (1975), Die Lokalverwaltung in Cisleithanien. In: A. Wandruszka, P. Urbanitsch (Hg.), Die Habsburger Monarchie 1848–1918 (6 Bde.). Wien, Bd. 2, Verwaltung und Rechtswesen, 296–299.
K. Koch (1992), Das Jahr 1866 und die Benedek Kontroverse. Etudes Danubiennes, Bd. 8 (2), 145–152.
J. Kořalka (1993), Deutschland und die Habsburgermonarchie. In: A. Wandruszka, P. Urbanitsch (Hg.), Die Habsburger Monarchie 1848–1918 (6 Bde.). Wien, Bd. 6, Tl. 2, Außenpolitik.
J. Kořalka, R. J. Crampton (1980), Die Tschechen. In: A. Wandruszka, P. Urbanitsch (Hg.), Die Habsburger Monarchie 1848–1918 (6 Bde.). Wien, Bd. 3, Tl. 1, Die Völker des Reiches.
A. Krobatin (1931), Aus meinen Erinnerungen an den Kaiser. In: E. von Steinitz (Hg.), Erinnerungen an Franz Joseph I. Berlin.
W. L. Langer (1969), Political and Social Upheaval 1832–52. New York (The Rise of Modern Europe).
H. Lemberg et al. (1988), Bildungsgeschichte, Bevölkerungsgeschichte, Gesellschaftsgeschichte in den böhmischen Ländern und in Europa. München.
H. Lentze (1962), Die Universitätsreform des Ministers Graf Leo Thun-Hohenstein. Wien.
D. Lieven (1993), Nicholas II. Emperor of all the Russias. London.
J. Lukacs (1989), Budapest 1900: A Historical Portrait of a City and its Culture. London.
C. A. Macartney (1978), The House of Austria: The Later Phase, 1790–1918. Edinburgh.
N. Malcolm (1994), Bosnia: A Short History. London.
A. Margutti (1921), The Emperor Francis Joseph and His Times. London.
K. Marx (1978), The Eighteenth Brumaire of Louis Bonaparte. In: R. C. Tucker (Hg.), The Marx-Engels Reader. 2. Aufl., New York.
A. J. May (1951), The Habsburg Monarchy, 1867–1914. Cambridge, Mass.
C. S. Maier (1988), The Unmasterable Past: History, Holocaust and German National Identity. Cambridge, Mass.
W. O. McCagg (1989), A History of Habsburg Jews, 1670–1918. Bloomington.

B. J. C. McKercher, D. J. Moss (Hg.) (1984), Shadow and Substance in British Foreign Policy 1895–1939. Edmonton.
F. Morton (1979), A Nervous Splendor: Vienna 1888–9. London.
R. Musil (1979), The Man without Qualities (3 Bde.). Übers. E. Wilkins, E. Kaiser. London, Bd. 1.
L. Namier (1958), Vanished Supremacies: Essays on European History 1812–1918. London.
A. Palmer (1994), Twilight of the Habsburgs: The Life and Times of Emperor Francis Joseph. London.
L. Péter (1984), The Dualist Character of the 1867 Hungarian Settlement. In: G. Ránki (Hg.), Hungarian History – World History. Bloomington.
Ders., (1994), Language, the Constitution and the Past in Hungarian Nationalism. In: R. Robertson, E. Timms (Hg.), The Habsburg Legacy: National Identity in Historical Perspective Edinburgh (Austrian Studies, Bd. 5).
H. Pogge von Strandmann (1988), Germany and the Coming of War. In: R. J. W. Evans, H. Pogge von Strandmann (Hg.), The Coming of the First World War. Oxford.
P. Pulzer (1988), The Rise of Political Anti-Semitism in Germany and Austria. London.
G. Ránki (Hg.), Hungarian History – World History. Bloomington.
Rath (1969), The Viennese Revolution. New York.
M. Rauchensteiner (1993), Der Tod des Doppeladlers: Österreich-Ungarn und der Erste Weltkrieg. Graz.
J. Redlich (1925), Österreichische Regierung und Verwaltung im Weltkriege. Wien.
Ders., (1929), Emperor Franics Joseph of Austria: A Biography. New York.
Ders., (1953), Schicksalsjahre Österreichs: Das politische Tagebuch Josef Redlichs. Hg. F. Fellner. Wien, Bd. 1.
R. Robertson, E. Timms (Hg.), The Habsburg Legacy: National Identity in Historical Perspective Edinburgh (Austrian Studies 5).
J. C. G. Röhl (1987), Kaiser, Hof und Staat: Wilhelm II. und die deutsche Politik. München.
J. Roth (1981), Radetzkymarsch. München.
G. E. Rothenberg (1976), The Army of Francis Joseph. West Lafayette.
H. Rumbold (1909), The Austrian Court in the Nineteenth Century. London.
H. Rumpler (Hg.) (1991), Innere Staatsbildung und gesellschaftliche Modernisierung in Österreich und Deutschland 1867/71 bis 1914. Wien.
C. E. Schorske (1980), Fin-de-siècle Vienna: Politics and Culture. London.
P. W. Schroeder (1976), Munich and the British Tradition. The Historical Journal 19: 225–237.
H. Schulze (Hg.) (1987), Nation-Building in Central Europe. Leamington Spa.
H. & C. Seton-Watson (1981), The Making of a New Europe: R. W. Seton-Watson and the Last Years of Austria-Hungary. Seattle.
A. Sked (1979), The Survival of the Habsburg Empire: Radetzky, the Imperial Army and the Class War, 1848. London.
Ders., (1989), The Decline and Fall of the Habsburg Empire 1815–1918. London.
E. Somogyi (Hg.) (1988), Verbürgerlichung in Mitteleuropa. Budapest.
J. Sperber (1994), The European Revolutions, 1848–1951. Cambridge, Mass. (New Approaches to European History).
M. Sperber (1978), Die Wasserträger Gottes. München.

A. Spitzmüller (1987), Memoirs. Übers. C. de Bussy. Boulder (East European Monographs).
P. N. Stearns (1974), 1848: The Revolutionary Tide in Europe. Norton u. New York (Revolutions in the Modern World).
H. W. Steed (1937), The Doom of the Habsburgs. London.
Ders., (1969), The Habsburg Monarchy. 1914^{2}. New York.
E. von Steinitz (Hg.) (1931), Erinnerungen an Franz Joseph I. Berlin.
P. Stirk (Hg.), Mitteleuropa: History and Prospects. Edinburgh.
G. Stourzh (1980), Die Gleichberechtigung der Volksstämme als Verfassungsprinzip 1848–1918. In: A. Wandruszka, P. Urbanitsch (Hg.) (1980), Die Habsburger Monarchie 1848–1918 (6 Bde.). Wien, Bd. 3, Tl. 2, Die Völker des Reiches, 977–1206.
M. Tanner (1993), The Last Descendant of Aeneas: The Habsburgs and the Mythic Image of the Emperor. New Haven.
A. J. P. Taylor (1948) [1964], The Habsburg Monarchy 1809–1918. Harmondsworth.
R. C. Tucker (Hg.) (1988), The Marx-Engels Reader. 2. Aufl., New York.
P. Urbanitsch (1980), Die Deutschen in Österreich: Statistisch-deskriptiver Überblick. In: A. Wandruszka, P. Urbanitsch (Hg.), Die Habsburger Monarchie 1848–1918 (6 Bde.). Wien, Bd. 3, Tl. 1, Die Völker des Reiches.
P. Vasili (1885), Die Wiener Gesellschaft. Leipzig.
A. Wandruszka, P. Urbanitsch (Hg.) (1975), Die Habsburger Monarchie 1848–1918 (6 Bde.). Wien, Bd. 2, Verwaltung und Rechtswesen.
Diess:, (1980), Bd. 3, Tl. 1 und 2, Die Völker des Reiches.
Diess., (1993), Bd. 6, Tl. 2, Außenpolitik.
S. Wank (1993a), The Nationalities Question in the Habsburg Monarchy: Reflections on the Historical Record. Working Papers in Austrian Studies 93 (3).
Ders., (1993c), Desperate Counsel in Vienna in July 1914: Berthold Molden's Unpublished Memorandum. Central European History, Bd. 26 (3).
G. D. W. Wawro (1992), The Austro-Prussian War: Politics, Strategy and War in the Habsburg Monarchy, 1859–1866 (2 Bde.). Unveröffentlichte PhD Diss. Yale, Bd. 2.
Ders., (1996), The Austro-Prussion War: Austria's War with Prussia and Italy in 1866. Cambridge, Mass.
Ders., (1996), Inside the Whale: The Tangled Finances of the Austrian Army, 1848–66. War in History. Bd. 3, 42–65.
Ders., (1995), An Army of Pigs: The Technical, Social und Political Bases of Austrian Shock Tactics, 1859–66. The Journal of Military History. Bd. 59, 407–437.
J. Whaley (1994), Austria, Germany, and the Dissolution of the Holy Roman Empire. In: R. Robertson, E. Timms (Hg.), The Habsburg Legacy: National Identity in Historical Perspective (Austrian Studies 5). Edinburgh.
S. R. Williamson, Jr. (1991), Austria-Hungary and the Origins of the First World War. London.
S. Zweig (1970), Die Welt von Gestern: Erinnerungen eines Europäers. Frankfurt am Main.

Chronologie

1830 Geburt, 18. August

1835 Tod Kaiser Franz I.; Thronbesteigung Ferdinands

1846 Aufstand in Galizien

1848 Zigarettenrummel in Mailand, Jänner
Abdankung von Louis Philippe, 24. Februar
Rede Kossuths vor dem ungarischen Reichstag, 3. März
Revolution in Wien, 13. März
Bildung einer eigenen ungarischen Regierung, 22. März
Revolution in Berlin; Revolution in Mailand, 18. März
Radetzkys Rückzug aus Mailand, 22. März
Piemont erklärt Österreich den Krieg, 23. März
Niederschlagung des Aufstands von Santa Lucia, 6. Mai
Flucht der kaiserlichen Familie nach Innsbruck, 17. Mai
Erste Tagung des Frankfurter Parlaments, 18. Mai
Eröffnung des Slawenkongresses in Prag, 2. Juni
Pfingstaufstand in Prag, 12. Juni
Belagerung Prags durch Windischgrätz, 16. Juni
Tagung des konstituierenden Reichstags, 22. Juli
Radetzkys Truppen schlagen die Italiener bei Custozza, 25. Juli
Rückkehr der kaiserlichen Familie nach Wien, 9. August
Aufhebung der bäuerlichen Untertänigkeit, 7. September
Jellačić' Truppen marschieren in Ungarn ein, 11. September
Beginn der Oktoberrevolution in Wien, 6. Oktober
Flucht der kaiserlichen Familie nach Olmütz, 7. Oktober
Windischgrätz' Truppen besetzen Wien, 31. Oktober
Schwarzenberg bildet eine Regierung, 21. November
Tagung des Reichstags in Kremsier, 22. November
Abdankung Ferdinands; Franz Joseph besteigt den Thron, 2. Dezember

1849 Auflösung des Kremsierer Reichstags; Verkündung der (oktroyierten) Reichsverfassung, 6. März
Radetzkys Truppen schlagen die Italiener bei Novara, 23. März
König Friedrich Wilhelm IV. von Preußen weist die deutsche Krone zurück, 3. April
Ausrufung der Republik in Ungarn, 14. April
Russische Intervention in Ungarn, Mai bis August
Bildung des Kabinetts Schwarzenberg, 28. Juli
Kapitulation der Ungarn in Világos bei Arad, 13. August

1850 Gründung des Erfurter Parlaments durch die Preußen, 9. Februar
Olmützer Punktation, 29. November

1851 Einsetzung des Reichsrats unter Vorsitz Friedrich von Kübecks, März

1851 Dresdener Konferenz, April
Louis Napoleons Staatsstreich in Frankreich, 2. Dezember
Sylvesterpatent: Wiedererrichtung des Absolutismus in Österreich, 31. Dezember

1852 Tod Schwarzenbergs; Buol Schauenstein wird Außenminister, 5. April
Reise durch Ungarn, Mai bis Juni

1853 Attentat auf Franz Joseph, 18. Februar
Handelsvertrag mit den Staaten des Zollvereins
Rußland nimmt die Donaufürstentümer ein
Verlobung mit Elisabeth von Bayern, 18. August

1853/54–1856
Krim-Krieg

1854 Großbritannien und Frankreich erklären Rußland den Krieg, 27. März
Heirat mit Elisabeth, 24. April
Österreichisches Ultimatum an Rußland, 3. Juni
Österreich tritt dem Bündnis der Westmächte bei, 2. Dezember

1855 Gründung der Credit-Anstalt
Franz Joseph unterzeichnet das Konkordat mit Rom, 18. August

1856 Friede von Paris, 30. März

1856–57
Affäre von Neuchâtel

1857 Beschluß zur Schleifung der Befestigungsmauern von Wien, 20. Dezember

1858 Treffen Napoleon III. mit Cavour in Plombières, 21.bis 22. Juli
Geburt Kronprinz Rudolfs, 21. August

1859 Österreichisch-Französischer Krieg, April bis Juli
Österreich erklärt Piemont den Krieg, 29. April
Rücktritt Buols, Rechberg wird Außenminister, 17. Mai
Niederlage von Magenta, 1. Juni
Tod Metternichs, 11. Juni
Niederlage von Solferino, 24. Juni
Waffenstillstand von Villafranca, 11. Juli
Friede von Zürich, 10. November
Gewerbeordnung, 20. Dezember

1860 Rücktritt und Selbstmord Brucks, 22. April
Zusammentreten des erweiterten Reichsrats, 31. Mai
Oktoberdiplom, 20. Oktober

1861 Februarpatent, 28. Februar
Ungarischer Reichstag weist das Februarpatent zurück, 8. April
Auflösung des ungarischen Reichstags, 22. August

1862 Bismarck wird preußischer Ministerpräsident, 29. September

1863 Tschechen boykottieren den Reichsrat
Fürstenkongreß zu Frankfurt, 16. August bis 1. September

1864 Einmarsch in Schleswig-Holstein, 1. Februar
Erzherzog Maximilian reist nach Mexiko ab, 9. April
Rechberg wird durch Mensdorff-Pouilly ersetzt, 27. Oktober

1865 Osterartikel von Frantisek Deák, 11. April
Eröffnung der Ringstraße, 1. Mai

Schmerling wird durch Belcredi als Ministerpräsident ersetzt, Juli
Aufhebung des Februarpatents, 20. September
Wiedereinberufung des ungarischen Reichstags, 14. Dezember

1866 Preußisch-Italienisches Bündnis , 8. April
Neutralitätsvertrag zwischen Frankreich und Österreich; Einigung über Venetien, 12. Juni
Österreichisch-Preußischer Krieg, Juni bis Juli
Sieg bei Custozza, 24. Juni
Niederlage von Königgrätz, 3. Juli
Friedensvertrag von Nikolsburg, 26. Juli
Friede von Prag, 23. August
Beust wird Außenminister, 30. Oktober

1867 Dualismus, 1. Februar
Andrássy wird ungarischer Ministerpräsident, 17. Februar
Tschechen boykottieren neuerlich den Reichsrat, April
Ungarischer Reichstag votiert für den Ausgleich, 29. Mai
Krönung Franz Josephs zum König von Ungarn in Buda, 8. Juni
Maximilian wird in Mexiko erschossen, 19. Juni
Reichsrat erläßt das Staatsgrundgesetz, 21. Dezember
Ernennung des ›Bürgerministeriums‹ für Cisleithanien; Karl Auersperg wird Ministerpräsident, 30. Dezember

1868 Nagodba (ungarisch-kroatischer Ausgleich) und Nationalitätengesetz in Ungarn erlassen; Erlassung eines neuen Wehrgesetzes für Cisleithanien und Ungarn
Anti-klerikale ›Maigesetze‹ vom Reichsrat angenommen, Mai
Rücktritt Karl Auerspergs, September

1869 Einrichtung des Reichsgerichts
Reise zur Eröffnung des Suezkanals und in das Heilige Land, Oktober bis November
Verkündung des Lehrsatzes der Unfehlbarkeit des Papstes, 8. Dezember
Reichsvolksschulgesetz

1870 ›Beamtenkabinett‹ unter Potocki in Cisleithanien, 4. April
Frankreich erklärt Preußen den Krieg; deutsch-französischer Krieg, 19. Juli
Preußen schlägt Frankreich in Sedan, 1. September

1871 Krönung König Wilhelm I. von Preußen zum deutschen Kaiser; deutsches Kaiserreich, 18. Jänner
Einsetzung des Ministeriums Hohenwart, 7. Februar
Franz Joseph gibt seine Zustimmung zur Errichtung der Autonomie der böhmischen Länder, 14. September
Kaiser Franz Joseph lehnt die neue bömische Landesordnung ab; der böhmische Ausgleich scheitert, 20. bis 22. Oktober
Ministerpräsident Hohenwart dankt ab, 27. Oktober
Außenminister Beust tritt zurück, 8. November
Andrássy wird Außenminister, 13. November
Bildung des Kabinetts Adolf Auersperg, 26. November

1872 Tod der Erzherzogin Sophie, 28. Mai

1873 Einführung direkter Wahlen innerhalb der vier Kurien für den Reichsrat, Februar bis April
Eröffnung der Wiener Weltausstellung, 1. Mai
Börsenkrach, 9. Mai
Erlassung der neuen Strafprozeßordnung, 23. Mai
Deutschland tritt der »Schönbrunner Konvention« zwischen Österreich-Ungarn und Rußland bei, Oktober

1874 Erlassung weiterer anti-klerikaler ›Maigesetze‹, Mai
Gesetzliche Aufhebung des Konkordats, 7. Mai

1875 Reise durch Dalmatien, April bis Mai
Aufstände in Bosnien, der Herzegowina und in Bulgarien gegen die Türken, Juli
Gesetz für den Verwaltungsgerichtshof tritt in Kraft, 24. Oktober
Kálmán Tisza wird ungarischer Ministerpräsident, 20. Oktober

1876 Serbien und Montenegro erklären der Türkei den Krieg, 2. Juli
Vereinbarung von Reichstadt über die österreichische Neutralität im Falle eines russisch-türkischen Krieges; Rußland verspricht sein Stillhalten im Falle der Besetzung Bosniens und der Herzegowina durch Österreich, 8. Juli

1877 Rußland schaltet sich in den Krieg auf dem Balkan ein; russisch-türkischer Krieg, 12. April

1878 Vorfriede von San Stefano bei Konstantinopel zwischen Rußland und der Türkei, 3. März
Berliner Kongreß zur Bereinigung der ›Orientalischen Frage‹, Juni bis Juli
Okkupation Bosnien-Herzegowinas, Juli bis Oktober

1879 Rücktritt Adolf Auerspergs; Karl von Stremayr bildet ein Übergangskabinett zur Abhaltung von Neuwahlen, 15. Februar
Ratifikation der Okkupation von Bosnien durch den Reichsrat, März
»Festzug der Stadt Wien« (künstlerische Gestaltung Hans Markart) anläßlich der silbernen Hochzeit von Franz Joseph und Elisabeth, 27. April
Neuwahlen zum Reichsrat, Juni bis Juli
Eduard Graf Taaffe bildet ein neues Kabinett, 12. August
Rückkehr der tschechischen Abgeordneten in den Reichsrat, 16. September
Zweibund zwischen Österreich-Ungarn und Deutschland, 7. Oktober
Rücktritt Andrássys; sein Nachfolger wird Karl Haymerle, 8. Oktober
Wehrgesetz vom Reichsrat erlassen, Dezember

1880 Sprachenverordnungen für Böhmen und Mähren, April
Gründung des deutschen Schulvereins, 2. Juli
Reise durch Galizien und die Bukowina, September

1881 Beck wird Generalstabschef
Ermordung von Zar Alexander II., 14. März
›Dreikaiservertrag‹ zwischen Zar Alexander, Franz Joseph und Kaiser Wilhelm I., 18. Juni
Österreichisch-serbischer Geheimvertrag; die serbische Politik wird unter österreichisch-ungarische Führung gestellt, 28. Juni
Kálnocky wird Außenminister, 20. November
Brand des Ringtheaters, 8. Dezember

1882 Sprachliche Teilung der Prager Karls-Universität
Wahlrechtsreform, ›5-Gulden-Männer‹
Affäre von Tisza-Eszlár in Ungarn
Bündnisvertrag zwischen Österreich-Ungarn, Deutschland und Italien; ›Dreibund‹, 20. Mai
Veröffentlichung des Linzer Programms, 1. September

1883 Khuen-Hédervány wird Ban von Kroatien
Geheimes Defensivbündnis zwischen Österreich-Ungarn und Rumänien gegen Rußland; Deutschland schließt sich am gleichen Tag an, Italien etwas später, 30. Oktober

1884 Ausnahmegesetzregelung

1884–1885
Nordbahn-Affäre

1885 Handelsgesetz, März
Wahlen zum Reichsrat, Juni bis Juli

1886 Sozialistengesetz; gegen jede Form der Agitation von Sozialisten
Franz Joseph trifft Katharina Schratt, 20. Mai

1887 Abkommen zwischen Österreich-Ungarn und Italien (Orientalischer Dreibund oder Mittelmeer-Entente), März bis Mai
Bildung des ›Christlichsozialen Vereins‹, 25. November

1888 Arbeiterkrankenversicherungsgesetz, 30. März

1889 Einigungsparteitag der österreichischen Sozialdemokratie in Hainfeld, 1. Jänner
Selbstmord Rudolfs in Mayerling, 29. Jänner
Abdankung König Milans von Serbien, März
Tisza tritt als ungarischer Ministerpräsident zurück, 13. März
Gesetz über »obligate Arbeiterunfallversicherung«, 4. April
Neues Wehrgesetz und Neugliederung des Heeres, 17. Oktober
Budgetüberschuß

1889–1890
Krise in Ungarn anläßlich der Debatten über das Wehrbudget

1890 Entwurf des böhmischen Ausgleichs (Alttschechen und Deutschliberale)

1891 Aufhebung des Sozialistengesetzes
Französisch-russische Annäherung, Juli bis August
Reichratswahlen ergeben großen Mandatsgewinn der Jungtschechen, die eine Loslösung von der Monarchie anstreben

1892 Österreich-Ungarn nimmt den Goldstandard an; Einführung der Goldwährung, 11. August

1893 Kriegsrecht in Prag, September
Taaffe führt Wahlrechtreform ein, Oktober
Windischgrätz ersetzt Taaffe als Ministerpräsident von Cisleithanien, ›Koalitionsministerium‹ ohne Tschechen, 11. November

1894 Wahlrechtsdemonstrationen in Wien

1895 Sieg der Christlichsozialen bei den Wiener Wahlen, 1. April
Goluchowski ersetzt Kálnocky als Außenminister, 15. Mai
Rücktritt des Ministerpräsidenten Windischgrätz; interimistisches Beamtenministerium unter Kielmannsegg, 19. Juni
Badeni wird Ministerpräsident von Cisleithanien, 2. Oktober
Lueger zum Bürgermeister von Wien gewählt, 29. Oktober
Franz Joseph weigert sich, Lueger als Bürgermeister zu bestätigen, 5. November

1896 1000-Jahr-Feier in Ungarn
Franz Joseph empfängt Lueger in der Hofburg, Lueger wird Vizebürgermeister, 27. April
Franz Joseph erläßt eine Wahlrechtsreform; ›allgemeine Wählerklasse‹ als fünfte Kurie, Mai
Franz Ferdinand wird nach dem Tod von Karl Ludwig offizieller Thronnachfolger, 19. Mai

1897 Die Wahlen zum Abgeordnetenhaus bringen eine politische Umschichtung; schwere Niederlage der Deutschliberalen, März
Sprachenverordnungen Badenis für Böhmen und Mähren; Tumult und Obstruktion der Deutschen im Reichsrat, 5. April
Franz Joseph bestätigt Lueger als Bürgermeister, 16. April
Französich-russisches Bündnis, August
Deutsche Abgeordnete obstruieren den Reichsrat, um gegen die Sprachenverordnungen zu protestieren; dies führt zu Aufruhr in den Straßen, November
›Lex Falkenhayn‹
Entlassung Badenis, 29. November

1898 Anton Graf Thun wird Ministerpräsident von Cisleithanien, 7. März
Ermordung Elisabeths, 10. September

1899 Manfred Graf Clary-Aldringen wird anstelle von Thun und Hohenstein Ministerpräsident von Cisleithanien und bildet ein Übergangskabinett, 23. September
Aufhebung der Sprachenverordnungen, 17. Oktober

1900 Ernest von Koerber bildet eine neue Regierung; das Abgeordnetenhaus wird aufgelöst; der deutsch-tschechische Konflikt hält an, 18. Jänner
Erzherzog Franz Ferdinand muß auf die Thronfolge für seine Kinder verzichten, 28. Juni
Franz Ferdinand heiratet Sophie von Chotek, 1. Juli

1901 Reichsratswahlen, Jänner
Bündnis zwischen Österreich-Ungarn und Rumänien gegen Rußland, 11. Juni
Reise durch Böhmen, Juni

1902 Erneuerung des Ausgleichsvertrags, 31. Dezember

1903–1804
Krise in Ungarn

1903 Franz Joseph weigert sich, die Abgeordneten von Istrien-Dalmatien zu empfangen
Ermordung der Dynastie Obrenović in Serbien, 11. Juni

Armeebefehl von Chlopý, 17. September
›Mürzsteger Reformplan‹ zwischen Zar Nikolaus II. und Franz Joseph, 3. Oktober
István Tisza wird Ministerpräsident von Ungarn, 3. November

1904 Französisch-britische Entente, 8. April
Rücktritt Koerbers, 31. Dezember

1905–06
Krise in Ungarn

1905 Mährischer Ausgleich
Paul Freiherr von Gautsch bildet zum zweiten Mal eine Regierung, 1. Jänner
Wahlen in Ungarn, Jänner
Fejérváry ersetzt Tisza als Ministerpräsident von Ungarn, 18. Juni
Kristóffy schlägt vor, das ungarische Wahlrecht zu erweitern, September
Fiume-Resolution der Kroaten, 2. Oktober
Zara-Resolution der Serben, 16. Oktober

1906–1910
›Schweinekrieg‹ mit Serbien

1906 Erste Krise in Marokko
Letzter Zahlungsbilanzüberschuß in Österreich-Ungarn
Bildung der kroatisch-serbischen Koalition in Kroatien
Auflösung des ungarischen Reichstags, 19. Februar
Wekerles Koalitionsministerium in Ungarn, 8. April
Conrad Prinz Hohenlohe-Schillingfürst ersetzt Gautsch und bildet ein Übergangskabinett, 30. April
Max Vladimir Freiherr von Beck ersetzt Hohenlohe-Schillingfürst und bildet eine Koalitionsregierung aus Deutschen, Tschechen und Polen, 2. Juni
Wahlen in Ungarn, Mai
Aloys Freiherr Lexa von Aehrenthal wird Außenminister, 24. Oktober
Conrad von Hötzendorf wird Generalstabschef, 18. November
Annahme des allgemeinen männlichen Wahlrechts durch das Abgeordnetenhaus, 20. Dezember

1907 Letzter Budgetüberschuß für Österreich-Ungarn
Franz Joseph erläßt das Gesetz über die Einführung des allgemeinen männlichen Wahlrechts, 20. Jänner
Erste allgemeine Wahlen für Männer, Mai
Unterzeichnung des »neuen Ausgleichs« mit Ungarn, 8. Oktober

1908 Tschechisches Team bei den Olympischen Spielen
Neoslawischer Kongreß in Prag, Juli
Treffen Aehrenthals mit dem russischen Außenminister Iswolsky in Buchlau, 15. bis 16. September
Annexion von Bosnien-Herzegowina, 5. Oktober
Richard Freiherr von Bienerth ersetzt Max Freiherr von Beck und bildet ein Beamtenkabinett, November

1909 Zagreber Hochverratsprozeß; Friedjung-Prozeß
Deutschland bietet militärische Hilfe an, 19. März
Letzter Besuch Franz Josephs bei Manövern, Herbst

1910 Formierung der tschechischen sozialdemokratischen Partei
Ausgleich in der Bukowina
Auflösung des istrischen Landtags
Khuen-Héderváry ersetzt Wekerle als ungarischer Ministerpräsident, 17. Jänner
Tod Karl Luegers, 10. März
Wahlen in Ungarn, Mai

1911 Zweite Krise in Marokko
Neuwahlen zum Reichsrat, Juni
Karl Graf Stürgkh wird Ministerpräsident und bildet ein Kabinett, 3. November
Italien annektiert Teile Libyens, 5. November
Conrad von Hötzendorfs Gespräch mit Franz Joseph, 15. November
Entlassung Conrad von Hötzendorfs, 30. November

1912 Wehrgesetz vom Reichsrat und dem ungarischen Parlament angenommen
Außerkraftsetzung der kroatischen Verfassung
Tod Aehrenthals; Leopold Graf Berchtold wird Außenminister, 17. Februar
Lukács ersetzt Khuen-Héderváry als ungarischer Ministerpräsident, April
›Blutiger Donnerstag‹ in Budapest, 23. Mai
Montenegro erklärt der Türkei den Krieg – Ausbruch des ersten Balkankrieges, 8. Oktober
Wiedereinsetzung Conrad von Hötzendorfs, 12. Dezember

1913 Tisza ersetzt Lukács als Ministerpräsident von Ungarn, 10. Juni
Friede von London; Ende des ersten Balkankrieges, 30. Mai
Bulgarien beginnt den zweiten Balkankrieg, 25. Juni
Böhmischer Landtag durch kaiserliche Landesverwaltungskommission ersetzt, Juli
Friede von Bukarest; Ende des zweiten Balkankrieges, 10. August

1914 Vertagung des Reichsrats bis 1917, 16. März
Matscheko-Memorandum, Juni
Ermordung Franz Ferdinands in Sarajewo, 28. Juni
Hoyos' Mission in Berlin, 5. Juli
Österreichisch-ungarisches Ultimatum an Serbien, 23. Juli
Kriegserklärung Österreich-Ungarns an Serbien, Juli
Generalmobilisierung Österreich-Ungarns und Rußlands, 30. Juli
Ultimatum Deutschlands an Rußland und Frankreich, 31. Juli
Deutschland erklärt Rußland den Krieg, 1. August
Deutschland erklärt Frankreich den Krieg; Italien erklärt seine Neutralität, 3. August
Kriegserklärung Englands an Deutschland, 4. August
Österreich-Ungarische Kriegserklärung an Rußland, 6. August
Englische und französische Kriegserklärung an Österreich-Ungarn, 12. August
Versagen der österreich-ungarischen Startoffensive gegen Serbien, August
›Schlacht von Lemberg‹, Rückzug der k.u.k. Armee, Verlust von Ostgalizien, 23. August bis 12. September

Sieg der k.u.k. Armee bei Limanowa-Lapanówa stoppt den russischen Vorstoß, 3.–12. Dezember
Neuerlicher Fehlschlag einer Offensive gegen Serbien, Dezember

1915 Berchtold tritt zurück; Burián wird Außenminister, 11. Jänner
Geheimvertrag von London zwischen Italien und der Entente; Italien bekommt im Falle des Sieges Südtirol, Istrien und Dalmatien, 26. April
Österreichisch-deutsche Durchbruchschlacht bei Gorlice-Tarnow, Mai
Italienische Kriegserklärung an Österreich-Ungarn, 23. Mai
Rückeroberung von Lemberg, 22. Juni
Österreichisch-deutsche Offensive gegen Serbien, 6. Oktober
Versagen der ›schwarz-gelben‹ Rowno-Offensive, 26. August bis 14. Oktober
Niederlage Serbiens auf dem Amselfeld; Auflösung der serbischen Armee, später November

1916 Versagen der Offensive gegen Italien in Südtirol, Mai bis Juni
Beginn der Brusilov-Offensive, Rußland bricht durch, 4. Juni
Ottokar Graf Czernin ersetzt Burián als Außenminister, 22. Juli
Kriegserklärung Rumäniens an Österreich-Ungarn, 2. August
Deutschland übernimmt das Kommando an der Ostfront, 3. August
Einsetzung eines gemeinsamen österreichisch-deutschen Oberkommandos, 6. September
Ermordung Stürgkhs durch Friedrich Adler, 21. Oktober
Zweite Regierungsbildung durch Koerber, 28. Oktober
Kaiser Franz Joseph stirbt in Schönbrunn, 21. November
Begräbnis Franz Josephs, 30. November

1917 ›Sixtus-Mission‹, März bis Mai
Rücktritt Tiszas, 15. Juni

1918 Aufdeckung der Sixtus-Mission, April
Besuch Kaiser Karl I. bei Kaiser Wilhelm II. in seinem Hauptquartier in Spa; Karl schwört allen Friedensbemühungen ab, 12. Mai
»Völkermanifest« Kaiser Karls I., 16. Oktober
Waffenstillstandsvertrag mit den Alliierten, 3. November
Karl I. verzichtet auf die Kaiserwürde; Ende der Habsburger-Monarchie, 11. November

1. Nationalitäten in der Habsburgermonarchie

2. Die Habsburgermonarchie, 1866–1914

RUSSLAND
Troppau
Krakau (Kraków)
GALIZIEN
Lemberg (Lwow)
T H A N I E N
ESIEN
KARPATEN
Munkács
Czernowitz (Cernauti)
BUKOWINA
Theiss
Debrecen
Budapest
Klausenburg (Cluj)
SIEBENBÜRGEN (TRANSSYLVANIEN)
UNGARN
Hermannstadt (Sibiu)
Kronstadt (Brasov)
Temesvár (Timisoara)
Esseg (Osijek)
RUMÄNIEN
Donau
Sarajevo
SERBIEN
ostar
RZEGOWINA
MONTENEGRO
0
100 km

3. Der Balkan, 1878–1908

4. Der Balkan, 1914